U1019038

农产品区域公用品牌建设研究

王丽丽　著

中国财经出版传媒集团
中国财政经济出版社

图书在版编目（CIP）数据

农产品区域公用品牌建设研究 / 王丽丽著. —北京：中国财政经济出版社，2023.8
ISBN 978-7-5223-2382-4

Ⅰ.①农… Ⅱ.①王… Ⅲ.①农产品-品牌战略-研究-中国 Ⅳ.①F323.7

中国国家版本馆 CIP 数据核字（2023）第 152593 号

责任编辑：张晓丽　　责任印制：刘春年
封面设计：孙俪铭　　责任校对：徐艳丽

农产品区域公用品牌建设研究
NONGCHANPIN QUYU GONGYONG PINPAI JIANSHE YANJIU
中国财政经济出版社 出版

URL：http：//www.cfeph.cn
E-mail：cfeph@cfeph.cn

社址：北京市海淀区阜成路甲 28 号　邮政编码：100142
营销中心电话：010-88191522
天猫网店：中国财政经济出版社旗舰店
网址：https：//zgczjjcbs.tmall.com
北京财经印刷厂印刷　各地新华书店经销
成品尺寸：170mm×240mm　16 开　16.5 印张　260 000 字
2023 年 8 月第 1 版　2023 年 8 月北京第 1 次印刷
定价：80.00 元
ISBN 978-7-5223-2382-4
（图书出现印装问题，本社负责调换，电话：010-88190548）
本社质量投诉电话：010-88190744
打击盗版举报热线：010-88191661　QQ：2242791300

河北省社科基金项目（HB20GL020）：合作治理视域下河北省农产品区域公用品牌建设及维护策略

前言

品牌农业是现代农业的重要标志，也是适应农业供给侧结构性改革和实现乡村振兴战略的必由之路。发展品牌农业对于提高农产品质量、增加农民收入、降低小农户经营风险、适应消费升级新需求、提高农产品的国际竞争力具有重要意义。不同于工业产品，农产品生产具有典型的地域性特点，农产品区域公用品牌更加符合农业品牌建设的实际。

作为农业大国，我国农业资源丰富，农业生产连年丰产丰收，成效显著，农业生产目标已经逐步从追求“数量增长”转化成向“稳量、提质、增效”更高层次的发展。品牌为纲，纲举目张，品牌化建设将是未来一段时期农业发展的总方向，农产品区域公用品牌建设在品牌农业建设过程中作用凸显，对于我国加快实现从“农业大国”到“农业强国”的转变具有重要意义。自2004年起，中央一号文件多次提到要支持农业品牌的建设，尤其是2017年首次提出要推进农产品区域公用品牌建设，支持地方以优势企业和行业协会为依托打造区域特色品牌，各地积极开展农产品区域公用品牌建设的实践探索。

我国农产品区域公用品牌数量逐年递增，品牌价值和溢价能力逐渐显现，品牌农产品的市场销售额和消费者忠诚度逐渐向好，但仍旧面临着品牌总体使用率低、低价值品牌数量多、资源挖掘不充分、品牌总数量与农业资源情况不相匹配、品牌主体作用发挥不够等问题。本书围绕现有问题开展农产品区域公用品牌建设的研究，对破解农产品区域公用品牌建设的困境、提高品牌运行效率具有一定的现实指导意义。

本书在已有的研究基础上应用经济学、管理学、行为学的理论，综合运用定性与定量相结合、规范与实证分析相结合的方法，坚持问题导向，遵循“品牌创建—品牌维护—品牌农产品消费者评价及选择”的思路开展研究。

本书共分为 8 章内容：

第 1 章为绪论，系统阐述农产品区域公用品牌建设的背景、意义，介绍本书的研究方法和特色。

第 2 章为概念界定与相关理论基础，主要包括农产品区域公用品牌及其相关概念的界定，简要概述集体声誉理论、品牌理论、俱乐部产品理论、利益相关者理论、博弈论理论、消费者行为理论等。

第 3 章为我国农产品区域公用品牌建设现状，从品牌发展数量、使用情况、地区分布、品类分布、品牌价值、市场发展等多维度来分析我国农产品区域公用品牌的建设现状，对现存的发展问题做初步诊断。

第 4 章为河北省农产品区域公用品牌建设基础、现状与问题，分析河北省农产品区域公用品牌建设的产业基础，梳理农产品区域公用品牌建设的现状，及存在的品牌总量少、资源挖掘不充分、品牌综合实力弱、价值低等问题。

第 5 章为农产品区域公用品牌创建机理分析，运用扎根理论多案例分析研究方法，通过质性内容研究，以河北省万全鲜食玉米、鸡泽辣椒、威县梨果、迁西板栗、平泉食用菌等多案例原始材料为基础，结合 41 个案例数据资料，从资源区位因素、主体支撑因素、文化传承因素、产品支撑因素、产业竞争因素等方面构建区域公用品牌创建机理模型。

第 6 章为农产品区域公用品牌维护分析，在分析区域公用品牌维护困境的基础上，采用博弈论对策研究方法分析农产品区域公用品牌维护利益相关者行为的选择决策，构建基于利益相关主体行为选择、保障机制、维护原则的农产品区域公用品牌维护运行机制。

第 7 章为农产品区域公用品牌的消费者评价及选择，通过收集河北省、北京市、天津市 3 个省份共计 1395 份调查问卷，基于计划行为理论的分析框架，运用结构方程模型、列联表独立性检验、决策树人群分类等分析方法，研究消费者对于农产品区域公用品牌的选择行为及溢价支付行为。

第 8 章为研究结论与政策启示，基于前面研究提出本书的研究结论及政策建议。

农产品区域公用品牌建设是一项复杂的系统工程，本书仅表达对农产品区域公用品牌建设的理解与见解，也希望书中的研究与分析能够引发更多的讨论与思考。由于知识水平有限，本书的研究还存在许多不足，期待读者的批评指正。

目录

第 1 章

绪　论

1.1 问题的提出

1.1.1 研究背景

（1）必要性，品牌农业建设是现代农业转型升级的战略选择

品牌农业对实现农业高质量发展，加快农业融入“双循环”发展格局，实现农业价值增值、拓宽产销渠道等具有积极作用。品牌农业是农业现代化的标志，也是实现乡村振兴的必由之路，推进农业高质量发展，关键是做好质量兴农、绿色兴农、品牌强农①。2018 年中央一号文件提出实施乡村振兴战略，这是适应我国农业供给侧结构性改革的重大部署，乡村振兴战略的基础保障是产业兴旺，农业产业的提档升级必须要坚持发展质量农业、绿色农业、品牌农业。为此，农业部将 2018 年确定为农业质量提升年，并提出要推进特色农产品优势区创建，实施产业兴县行动，培育农产品品牌。品牌化是现阶段农业工作的总抓手，也是实现农业区域化布局、专业化生产、规模化种养、标准化控制、产业化经营的最终目标。品牌农业建设已成为当前农业供给侧结构性改革的重要内容和现代农业新的增长点。品牌能够加速农业产业结构的升级，推动资本、劳动、技术等生产要素向农村流动，促进农民的就业和农村经济高质量发展②。

发展品牌农业有利于提高农产品质量，现阶段我国农产品阶段性供过于求与供给不足并存，农业的供给质量亟待提高，品牌作为信誉的集中体现，一定程度上代表着高质量。发展品牌农业有利于增加农民收入，“百乡万户”调查显示，当前农民的农业生产性收入不稳定，重要原因就是产品缺乏品牌或是品牌市场认可度低，产品受市场和自然风险的影响大，“绿水青山”尚未转化成“金山银山”。品牌是提高农产品溢价的原因之一，如浙江“丽水山耕”、川内“大凉山”“遂宁鲜”等区域公用品牌在短期内实现农产品溢价

---

① 张玉香. 坚持质量兴农 绿色兴农 品牌强农 全面推进实施乡村振兴战略［J］. 甘肃农业，2018（06）：52－53.

② 张永青，王雪锦. 南京：大力培育优质农产品区域公共品牌［J］. 江苏农村经济，2017（01）：28－29.

20%—30%，品牌农业建设极大带动了农民增收和农业产业发展。“十四五”时期“三农”工作的重要任务之一就是继续拓展巩固脱贫攻坚成果，实现贫困地区特色产业快速发展，品牌农业的建设能够实现优质优价，继续带动贫困地区农民增收。发展品牌农业有利于降低小农户的经营风险，受传统家庭联产承包责任制的影响，我国农业生产土地细碎化，单打独斗经营不利于提高农业竞争力，尤其是近年来多地屡遭农产品“卖难”“滞销”难题，“提篮小卖”无牌销售的经营模式受市场风险的影响巨大。

发展品牌农业有利于适应消费升级的新需求。2021 年我国居民人均可支配收入达到 35128 元，同比增长 9.1%。居民收入已进入中等收入水平，需求层次不断提升，消费者选择更加多样化，人们在追求吃饱的同时要求吃的好，吃的健康、安全、有品质已经成为新时代居民对生活向往的新特征。我国农产品产量大，同质化程度高，但是无法满足消费者越来越高越来越品质化、个性化、象征性的消费新需求，通过农业品牌建设，能够更好适应高端市场①。国务院办公厅 2016 年出台《国务院办公厅关于发挥品牌引领作用推动供需结构升级的意见》提出推动供给侧结构改革和适应消费结构升级应当充分发挥品牌引领作用，要从“增品种、提品质、创品牌”方面满足消费升级的需求。党的十九大报告指出，当前我国进入了新时代，社会主要矛盾转化为“人民日益增长的美好生活需要和不平衡不充分的发展之间的矛盾”，我国经济发展已经由高速度转向高质量发展阶段。自加入 WTO 后，全球经济合作不断加深，进口的国外农产品严重挤压国内农产品的获利空间，打造一批叫得响的农产品品牌有利于在激烈的国际市场中提升竞争力②。此外，农业品牌是承载中华民族历史文化、风俗习惯的主要载体，也是传播我国悠久文化、饮食习惯的具体体现，我国农业历史源远流长，发展品牌农业既能够传承农耕文明，又可唤起文化自觉并彰显民族自信。

（2）可行性，国家和各级地方政府积极支持品牌农业建设

“以农立国，品牌强国”是国家农业战略的核心，党中央、国务院十分重视农业品牌建设工作，不断出台推动品牌农业建设的支持政策，提出深化实施质量兴农、品牌强农战略，要求持续、深入推进农业绿色化、优质化、特色化、品牌化。打好品牌农业这张牌，已成为农村经济转型、农民增收致

---

① 胡晓云．中国农业品牌论［M］．杭州：浙江大学出版社，2021.

② 唐珂．品牌强农与乡村振兴［N］．农民日报，2018－05－10（002）.

富的重要渠道，更成为越来越多农业经营者的共识。

1999 年农业部颁发的《关于创名牌农副产品的若干意见》指出我国农产品已丰年有余，农业发展由资源约束转为市场和资源的双重约束，要努力提高质量和效益。农业发展逐步从“数量农业”向“质量农业”发展，国家多次颁发文件支持品牌农业建设。2004 年到 2023 年中央颁布的一号文件中数次提及发展品牌农业，一号文件连续为品牌农业发展指明方向（见表 1－1）。2004 年 1 月新世纪第一个有关“三农”的中央一号文件，指出继续推进农业的结构调整，促进农业内部增收，并指出强化农业标准示范区建设，完善农产品的检验检测，开展强制性的认证试点，扩大“三品”优质农产品的生产和供应，推行农产品原产地标记制度。此后一号文件又多次聚焦特色农业，指出要整合特色农产品品牌，支持做大做强产品，推进“一村一品”，积极发展优良产品，保护农产品知名品牌，培育壮大主导产业。

表 1－1　　中央一号文件中关于发展农业品牌的内容

年份	主题	支持内容	品牌思路
2004	促进农民增加收入	加快优势农产品的区域布局规划，加强农业标准化示范区建设，推行原产地标记制度	文件未明确提出品牌方案，但是为区域农产品品牌化奠定了基础
2005	提高农业综合生产能力	发挥区域比较优势发展特色农业，建设农产品产业带，推行特色农产品保护和原产地标识制度，整合特色农产品品牌，支持做大做强品牌产品，提高农产品国际竞争力	大力发展特色农业，发挥区域比较优势
2006	社会主义新农村建设	发展优势产业带，保护知名品牌，推进一村一品建设，发展特色农业，加快建设有事农产品产业带，积极发展特色农业、绿色食品和生态农业	培育壮大主导产业，重视“三品一标”（旧“三品”建设，无公害农产品、绿色食品、有机食品认证及农产品地理标志）
2007	积极发展现代农业	搞好无公害农产品、绿色食品、有机食品认证，依法保护农产品注册商标、地理标志和知名品牌，支持农产品出口企业在国外市场注册品牌。支持“三品一标”以及农产品注册商标、知名品牌申请	从“三品一标”到开始关注农业的商标注册、培育知名品牌
2008	加强农业基础建设，加大“三农”投入	培育名牌农产品，积极发展绿色食品和有机食品，加强农产品地理标志认证与保护	农产品质量安全、农业标准化和品牌农业培育关注越来越紧密，对于农业品牌的建设逐渐从无序到有序竞争，趋于市场化

续表

年份	主题	支持内容	品牌思路
2009	促进农业稳定发展农民持续增收	推动农业龙头企业、合作社、种养大户率先实行标准化生产，鼓励支持建设绿色和有机农产品生产基地	农业品牌化进程进一步深化和加强，明确了农产品标准化的重要作用
2010	在统筹城乡发展中加大强农惠农力度	“积极发展无公害农产品、绿色食品、有机农产品”，“充分运用地理标志和农产品商标促进特色农业发展”	截止到2009年年底，核准注册农产品商标95万件，地理标志1040件，强调了地理报纸、农产品商标的重要作用，鼓励特色产业带农业产业结构的调整
2011	加快水利改革发展	中共中央国务院关于加快水利改革发展决定	未提及过多农产品及其支持内容
2012	加快推进农业科技创新	培育具有全国性和地方特色的农产品展会品牌	聚焦农产品，为农产品品牌提供展现舞台和市场流通方面进行保障
2013	进一步增强农村发展活力	深入实施商标富农工程，强化农产品地理标志和商标保护；增加扶持农业产业化资金，支持龙头企业建设原料基地、节能减排、培育品牌	开始强调要加快发展现代农业，首次提出适度规模的理念
2014	全面深化农村改革，加快推进农业现代化	强化农业支持保护制度	保证农产品市场竞争力和品牌生产力
2015	加大改革力度加快农业现代化建设，认识新常态、适应新常态、引领新常态	提高农业附加值，大力发展名特优新农产品，培育知名品牌	提出从追求产量转到数量、质量、效益并重，延长产业链
2016	用发展的新理念破解“三农”新难题	创建优质农产品和食品品牌，积极推动农产品二三产业发展，加快农产品加工业转型升级，培育农产品精深加工领军企业和国内外知名品牌	强调发展绿色农业，培育食品品牌
2017	深入推进农业供给侧结构改革	推进区域农产品公用品牌建设，支持地方以优势企业和行业协会为依托打造区域特色品牌，引入现代要素改造提升传统名优品牌	支持“三品一标”建设，推进农产品商标注册便利化，强化品牌培育

续表

年份	主题	支持内容	品牌思路
2018	对乡村振兴进行战略部署	实施产业兴村强县行动，推行标准化生产，培育农产品品牌，保护地理标志农产品，打造一村一品、一县一业发展新格局	制定和实施国家质量兴农战略规划，深入推进农业绿色化、优质化、特色化、品牌化，培育一批国家级农业品牌
2019	坚持农业农村优先发展做好“三农”工作	健全特色农产品质量标准体系，强化农产品地理标志和商标保护，创响一批“土字号”“乡字号”特色产品品牌	倡导“一村一品”“一县一业”，支持特优区建设
2020	确保如期实现全面小康	实施农产品质量安全保障工作，构建县乡村农产品质量安全监管网格，开展国家农业品牌营销活动	指定质量安全标准，强化绿色食品、有机农产品、地理标志农产品认证管理
2021	全面推进乡村振兴加快农业农村现代化	深入推进农业品种培优、品质提升、品牌打造和标准化生产，指定多项标准，推行食用农产品达标合格证制度	强化特色农产品优势区建设，制定农业品牌建设标准，打造一批精品区域公用品牌
2022	全面推进乡村振兴重点工作	完善全产业链质量安全追溯体系，快推进农业品牌建设，大力发展县域范围内比较优势明显、带动农业农村能力强、就业容量大的产业，推动形成“一县一业”发展格局	从产业链出发重塑品牌农业，新三品一标成为共识；加快推进品牌建设，根据地域特色、产品特性培育有影响力品牌
2023	关于做好2023年全面推进乡村振兴重点工作的意见	支持脱贫地区打造区域公用品牌	推动乡村产业高质量发展

资料来源：历年中央一号文件资料整理。

随着农业品牌化的深入，2008 年 4 月农业部贯彻中央一号文件的政策精神，颁发《关于加强品牌农产品监管管理工作的通知》，阐明了以无公害农产品、绿色食品、有机农产品、地理标志农产品和名牌农产品即“三品一标一名牌”为主题的农业品牌建设。自此品牌农业从无序竞争、探索开拓阶段进入规范管理、认证监督阶段，同时反映出我国农业生产日趋市场化、国际化、标准化、品牌化。党中央、国务院《关于实施乡村振兴战略的意见》中提出“实施产业兴村强县行动，推动标准化生产，培育农产品品牌，保护地理标志农产品打造一村一品、一县一业发展新格局”。2017 年中央一号文件明确提出要推进农产品区域公用品牌的建设，支持地方以优势企业和行业协会为依托打造区域特色品牌，引入现代要素改造传统名优品牌，这是农产品区域公用品牌首次被写入中央一号文件。2017 年又被农业部定义为“品牌推进年”，同年 5 月经国务院批准将每年 5 月 10 日设定为“中国品牌日”。2018 年中央一号文件提出要深入推进绿色化、优质化、特色化、品牌化，调整优化农业生产力布局，推动农业由增产向体制转变，推行标准化生产，培育农产品品牌，保护地理标志农产品，打造“一村一品、一县一业”的新格局，注重发挥新型经营主体带动，打造农产品区域公用品牌，开展“农超对接”“农社对接”，帮助小农户对接大市场。2021 年中央一号文件提出要深入推进农业品种培优、品质提升、品牌打造和标准化生产，制定多项标准，推行食用农产品达标合格证制度，加强育种知识产权的保护。农业“三品一标”的内涵也逐渐从旧“三品一标”转变为“新三品一标”，对农产品的保护逐渐从注重质量转向注重知识产权、注重品牌建设（见表 1－2）。

表 1－2　　我国“三品一标”内涵的演变

年份	提法	含义
2007	“三品一标”	无公害农产品、绿色食品、有机农产品和农产品地理标志
2008	“三品一标”一品牌	无公害农产品、绿色食品、有机农产品、地理标志农产品和名牌农产品
2017	“新三品”	区域品牌、企业品牌、产品品牌
2021	农业生产“三品一标”	品种培优、品质提升、品牌打造和标准化生产

农业品牌建设的问题得到了国家领导人的大力关注。2013 年中央农村工作会议上习近平总书记指出要大力培育食品品牌，用品牌保证人们对产品质量的信心。2014 年 5 月又提出“推动中国制造向中国创造转变，中国速度向中国质量转变，中国产品向中国品牌转变”。2015 年习近平总书记强调要大力发展名特优新农产品，培育知名品牌。2016 年，总书记提出要通过创建优质农产品和食品品牌来培育农民增收新模式。2014 年 12 月李克强总理指出要引导农民瞄准市场需求，适应消费者选择，增加市场紧缺产品和适销产品的生产，大力发展绿色农业、特色农业和品牌农业。2015 韩长赋部长在十二届全国人大四次会议上也指出农业要进行供给侧性结构改革的重大战略，要快速适应消费升级的要求，用改革的办法，提高产品的质量，在保证质量和安全的基础上打造农产品的品牌。

国家各部门也分别制定政策规章保障品牌农业的顺利实施。2005 年国家质量监督检验检疫总局制定《地理标志产品保护规定》，2016 年出台《质量品牌提升“十三五”规划》。2006—2018 年农业农村部分别出台《关于进一步推进农业品牌化工作的意见》《中国名牌农产品管理办法》《农产品地理标志管理办法》《关于推进一村一品强村富民工程的意见》《关于加强品牌建设的指导意见》《“三品一标”品牌提升行动方案》《关于2017 年农业品牌推进年工作的通知》等多项推进政策，联合各部委进行制定《特色农产品优势区建设规划纲要》，组织国家特色农产品优势区评选。2021 年农业农村部发布《农业生产“三品一标”提升行动实施方案》，启动实施农业生产“三品一标”（品种培优、品质提升、品牌打造和标准化生产）提升行动，更高层次、更深领域推进农业绿色发展，提出到2025 年我国育种取得新进展，农产品品质明显提升，农业品牌建设取得较大突破，并指出要打造国家级农产品区域公用品牌 300 个、企业品牌 500 个、农产品品牌 1000 个，绿色食品、有机农产品、地理标志农产品数量达到 6 万个以上，食用农产品达标合格证制度试行取得积极成效。国家工商行政总局从农产品商标注册、地理标志管理等方面也出台多项管理办法。《中华人民共和国国民经济和社会第十四个五年规划和 2035 远景目标纲要》中提出，我国要全面建立健全质量分级制度，开展中国品牌创建行动，保护中华老字号，提升品牌影响力和竞争力。

我国农业发展已进入品牌时代，各地积极探索农产品品牌的发展路径，推进农业品牌化建设。一大批具有地方特色的名、优、特农产品逐渐成长为具有较高知名度、美誉度和较强市场竞争力的品牌。各级政府对品牌建设热情高涨，对品牌重视程度历史空前，各省颁布《关于发挥品牌引领作用推动供需结构升级实施方案或意见》支持品牌化建设。各地掀起农业品牌化热潮，对品牌农业建设重视程度不断增加，持续从绿色优质、品牌营销等多方面推进农业品牌建设。

（3）发力点，农产品区域公用品牌是现阶段农业品牌建设的重要抓手

区域公用品牌建设在品牌建设中十分重要①，与注册农产品商标相比，扶持农产品区域公用品牌建设是一种更优的制度设计②。区域公用品牌不仅

① Allen G. Place Branding: New Tools for Economic Development [J]. Design Management Review, 2010, 18 (2): 60 - 68.

② 涂传清，王爱虎．农产品区域公用品牌的经济学解析：一个基于声誉的信号传递模型［J］．商业经济与管理，2012（11）：15 - 23，32.

能够简化消费者的购买程序①，对于整个产业兴旺的作用不容小觑，这点在工业领域作用已得到证实，如景德镇陶瓷、温州鞋业工业品牌对于整个产业提升的作用重大。农业的特殊性决定了农产品区域品牌建设的重要性②，不同于工业产品，农产品生产本身具有典型的地域性特点，受自然因素影响大，农产品生产很大程度上取决于产地的自然气候特征，地方的民俗文化、历史典故等也能给区域品牌赋予文化内涵。农产品区域公用品牌应是品牌农业的主要存在形式。在农业领域，绝大多数农业生产经营者缺乏相应的品牌建设要素与激励，虽然区域公用品牌有旺盛的需求也更符合农业生产实际，农户和企业还是更愿意建设自有品牌。

（4）困局性，农产品区域公用品牌建设滞后，问题较多

一直以来，中国农业发展面临着“多、小、散、特、贫、弱”的根本特征。以河北省为例，作为农业大省，河北省农业资源丰富，拥有包括小麦、玉米、马铃薯、蔬菜、棉花、油料、水果、中药材、奶牛、生猪、蛋鸡、肉鸡、肉牛、肉羊、饲草、水产等多个农业产业带，但河北省农业发展“大而不强”“多而不精”，叫得响的农产品区域公用品牌更是少之又少。近年来各地高度重视品牌农业的建设，通过举办各种展会、媒体宣传等手段有利带动品牌农业发展，认定了一批农产品区域公用品牌。尽管如此，我国农产品区域公用品牌建设过程中仍旧面临总量少、知名度不高、价值低、互动效应差、综合竞争实力弱等多方面的问题。农产品区域公用品牌创建基础因素尚不明朗，区域公用品牌维护相关利益主体更是无从下手，对市场需求也不甚了解，理论层面缺乏相关指导。因此，新时代新背景下农产品区域公用品牌建设研究显得非常重要和必要。

（5）时代性，互联网时代，数字经济发展赋能农业品牌建设

互联网时代网络购物成为常态，互联网正在不断改变着我们的生活方式。相关数据显示，2019 年全球网民数量已经达到 44.37 亿，全球社交媒体用户达到 35 亿，手机用户中高于 66.7% 以上拥有智能手机设备，网络购物消费已逐渐成为普遍趋势，我国数字消费人数达到 8.55 亿人。2016 年的“互联网＋现代农业大会”上已经提出“互联网＋”将成为农业发展先导力量的

① 赵星．中国食品危机与地理标志体系社会经济学实证研究［M］．北京：经济科学出版社，2015.

② 陈文胜．推进农产品区域品牌建设［J］．智慧中国，2017（06）：88－89.

论述，农业发展要适应新常态，今后农业经济发展不可避免地要顺应数字化、网络化、智能化新趋势①。《"十四五"电子商务发展规划》中提出要实施"数商兴农"行动，农村电商模式成为新业态，不断助力农村经济的发展和农产品的上行。数字经济已经成为农业发展快速发展的新引擎，成为扩大农业品牌消费新的增长点，随着互联网的普及，大数据、人工智能等新一代信息技术快速发展，农产品电商迎来发展热潮，传统的线下农产品销售搬到线上销售，地理标志农产品、地方特产逐渐演化为区域公用品牌，依托各大电商平台培育农业品牌已经成为重要的话题。数字经济时代特色农产品上行渠道更通畅，平台作为数字经济最成功的组织模式，在整个互联网时代占绝对重要的位置，如阿里巴巴、京东、拼多多、快手、抖音、美团优选、叮咚买菜等。互联网时代，数字平台经济更有利于农产品的品牌良好声誉的推广，数字经济、平台经济呼吁农业品牌的建设，农业品牌更应借力互联网要素优势，紧抓机遇提升品牌影响力。

1.1.2 研究意义

第一，理论意义。从创建、维护、消费者评价及选择 3 个方面，供给和需求两个角度构建农产品区域公用品牌建设的研究框架，对农产品区域公用品牌做了清晰的概念界定。运用心理学、管理学、行为学、信息经济学等交叉学科领域的相关知识，采用扎根理论多案例分析、博弈论对策分析、消费者行为实证等研究方法丰富区域公用品牌在农业领域的应用研究。

第二，实践意义。品牌农业是现代农业的重要标志，农业的区域性特点又决定了进行农产品区域公用品牌建设的必要性。农产品区域公用品牌建设有利于增加农民增收，助推现代农业发展。当前农产品区域公用品牌如雨后春笋般出现，但多个地区仍旧面临区域公用品牌少、弱、差，区域公用品牌运行的低效率等问题。基于此，本书从创建、维护、消费者评价及选择 3 个方面内容开展研究，以河北省案例为对象探索性研究农产品区域公用品牌的创建因素，得出相关的结论与对策，对于破解现有困境、提高运行效率、指导农产品区域品牌建设具有一定的现实意义。

---

① 农业农村部市场与信息化司，中国农业大学．中国农业品牌发展报告（2021）［M］．北京：中国农业出版社，2022.

1.1.3 研究问题

本书尝试回答以下问题：

研究农产品区域公用品牌的建设的背景与意义？

农产品区域公用品牌的发展现状如何？

农产品区域公用品牌的创建因素和机理是什么？

农产品区域公用品牌的维护策略该如何开展？

消费者对农产品区域公用品牌的评价及选择行为如何？

1.2 研究目的与方法

1.2.1 研究目的

本书的总目标是在品牌农业建设持续推进的大背景下，分析农产品区域公用品牌发展的现状、存在的问题，探索区域公用品牌的创建机理、利益主体维护的行为、消费者选择等，从供给和需求两个方向共同构建农产品区域公用品牌运行效率提升的机制。研究结论不仅对于政府或相关部门指导农产品区域公用品牌的建设具有参考借鉴意义，还对于农产品区域公用品牌的经营者合理运营品牌，如维护、定价、细分人群等提供相应思路。

具体的研究目标可分为以下几方面：

目标一，提炼剖析多个案例，探索农产品区域公用品牌的创建机理。

目标二，分析农产品区域公用品牌利益相关主体维护行为决策、品牌维护的保障机制、品牌维护的措施，构建农产品区域公用品牌维护运行机制。

目标三，分析消费者在选购区域公用品牌农产品中所关注的核心利益点，从市场需求角度出发研究农产品区域公用品牌建设问题。

1.2.2 研究方法

本书采用实证分析和规范分析相结合的方法，依据“提出问题、分析问题、解决问题”的思路，采用统计与计量模型实证分析方法对农产品区域公用品牌建设进行研究。

（1）具体的研究方法

第一，比较研究法。比较分析法贯穿全书始终，主要应用于农产品区域公用品牌发展现状中各项指标横向和纵向的对比。横向对比包括各省、各市之间的区域公用品牌数量、分布、政策支持重点的对比；纵向对比主要为区域公用品牌发展数量时序变化的比较，通过比较研究进一步了解农产品区域公用品牌的建设现状与特征。

第二，扎根理论多案例研究法。扎根理论多案例研究法是一种质性研究方法，通过对已有的资料进行分析在不设置理论假设的前提下得出相关结论的方法。本书通过运用扎根理论分析方法对万全鲜食玉米、鸡泽辣椒、威县梨果、迁西板栗、平泉食用菌5个案例原始资料进行分析，在原始资料收集、开放编码、主轴编码、选择编码等分析过程的基础上构建农产品区域公用品牌创建机理的理论模型。

第三，博弈对策分析方法。采用博弈对策方法对政府、企业、协会、农户、消费者等区域公用品牌行为主体进行分析，得出农产品区域公用品牌维护中利益相关者采取的行为决策。

第四，问卷调查法与计量模型分析法。采用问卷调查法发放并收集1395份消费者数据，运用结构方程模型（SEM）和列联独立性检验及大数据决策树分析，探究农产品区域公用品牌的消费者评价及选择行为。应用结构方程模型（SEM）对消费者区域公用品牌态度、主观规范、感知行为控制及农产品购买行为进行分析；尝试性应用列联表独立性检验进行分析消费者对区域公用品牌农产品溢价支付行为的相关因素，应用大数据决策树分类分析对消费者进行人群细分。

（2）数据资料的来源与收集

书中的数据资料来源分为一手渠道和二手渠道，一手资料主要包括问卷调查和半结构式访谈资料，二手资料来源主要是各地市报告、公报、年报、规划以及统计年鉴数据等。部分数据资源来源如下：

第一，北京、天津、河北3个省份共计发放收集1395份消费者农产品区域公用品牌评价选择调查问卷数据。

第二，多个案例访谈资料、41份河北省特色农产品优势区申报材料、河北省 11 地级市农产品品牌建设调研报告、各省农业品牌建设的实施方案、关于加快推进农产品品牌建设的意见。

第三，中国绿色食品发展中心数据及报告。全国农产品地理标志登记汇总表（截至 2022 年 2 月 25 日），历年《绿色食品年度统计公报》、历年《中国商标战略年度发展报告》《特色农产品区域布局规划（2013—2020 年）》。

第四，地理标志和农业品牌统计网站。全国地理标志农产品查询系统（农业农村部），全国农产品商务信息公共服务平台，浙江大学中国农村发展研究院中国农业品牌研究中心（CARD）《中国农产品区域公用品牌价值评估报告》，全国地理标志原产地特产信息网，北京中郡经济发展研究所《2005 年第一次全国地理标志调研报告》《2010 年第二次全国地理标志调研报告》《2013 年第三次全国地理标志调研报告》《2020 年第四次全国地理标志调研报告》。

第五，政府官方网站、官方统计年鉴等。农业农村部、国家质量监督检验总局网站、国家工商局网站、国家知识产权局网站、国家统计局网站、河北省统计局网站、河北省工商总局网站、河北省商标行业协会网站、各省农业农村厅网站，《河北农村统计年间（2016—2021）》《山东统计年鉴（2016—2021）》等。

1.3 研究内容与框架

1.3.1 研究内容

农产品区域公用品牌建设是一项巨大的系统工程，涉及多个阶段发展、多主体共同参与、多因素共同影响。政府、协会、农业企业、合作社、农户、消费者等均是农产品区域公用品牌的利益相关者，主体结合当地特有的资源区位、文化传承、产品支撑、产业发展等多因素，共同进行区域公用品牌的创建。由于农产品区域公用品牌“俱乐部”产品属性的外部性特点，导致部分主体会选择“搭便车”和“逆向选择”行为。政府监管、农户和企业采取措施维护、消费需求压力等均会一定程度上维护区域公用品牌的运行。农产品区域公用品牌作为重要的农业品牌类型，从市场需求角度来看，消费者对区域公用品牌农产品产生的认知、态度、主观规范、行为控制、购买意向和购买行为、溢价支付行为等多方面共同拉动农产品区域公用品牌的建设。

本书旨在以农产品区域公用品牌为研究对象，坚持问题导向，对农产品区域公用品牌的现状分析和解剖，遵循“品牌创建—品牌维护—品牌农产品消费者评价及选择”的思路开展研究。结合研究目标，具体内容安排如下：

内容一，农产品区域公用品牌建设现状与问题分析。介绍我国农产品区域公用品牌建设的现状特点，分析河北省农产品区域公用品牌创建的产业基础。采用对比分析法分析农产品区域公用品牌建设在量、质、结构、政策等多方面的现状与成效，对当前农产品区域公用品牌建设存在的问题进行深入探讨。

内容二，农产品区域公用品牌创建分析。运用扎根理论多案例分析的研究方法，通过质性研究，以河北省万全鲜食玉米、鸡泽辣椒、威县梨果、迁西板栗、平泉食用菌等多案例原始材料为基础，结合 41 个特优区案例数据资料，从资源区位因素、主体支撑因素、文化传承因素、产品支撑因素、产业竞争因素等方面构建区域公用品牌创建机理模型。

内容三，农产品区域公用品牌维护分析。在分析农产品区域公用品牌维护困境的基础上，采用博弈论对策研究方法分析利益相关者行为的选择决策，构建基于利益相关主体行为选择、保障机制、维护原则的农产品区域公用品牌维护运行机制。

内容四，农产品区域公用品牌消费者评价及选择。通过收集河北省、北京市、天津市 3 个省份共计 1395 份调查问卷，基于计划行为理论的分析框架，运用结构方程模型、列联表独立性检验、决策树人群分类等分析方法，研究消费者对于农产品区域公用品牌的选择行为及溢价支付行为。

1.3.2 研究框架及思路

结合上述的研究思路与内容，所采用的研究流程如图 1 - 1 所示。

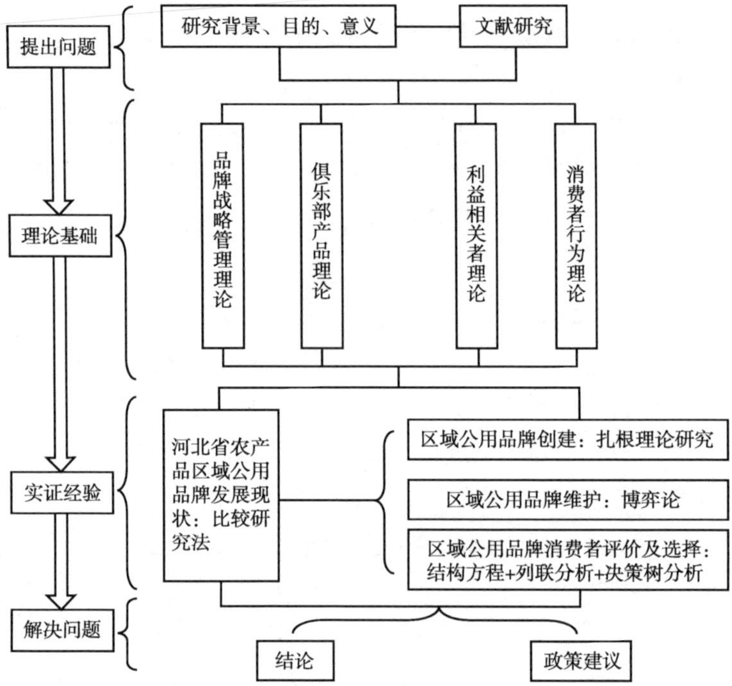

图 1-1 研究技术路线图

1.4 文献综述

1.4.1 文献计量分析

(1) 以"品牌"为主题的文献计量

早在 1955 年学者就关注了"品牌"的相关研究，品牌成为谋求竞争的方法（Kavaratizis M，2005）。以"品牌"为主题词搜索《中国知网》文献材料，截止到 2022 年 4 月 30 日共有文献 790017 篇。从以"品牌"为主题的文献发文数量来看（见图 1-2），自 1998 年发文量呈快速增长趋势，2008 年后发文量趋于稳定。从主题分布来看，主要集中在策略研究、营销策略、消费者研究上，发文量分别占总发文量的 8.9%、8.54% 和 8.49%，以农产品作为主题的文献共计 4158 篇，占发文量总数的 3.85%（见图 1-3），大部分文章集中在开发应用类。从学科分布来看，现有"品牌"为主题的文献中，工业经济领域共有 244741 篇，占总数的 23.48%，企业经济领域共有文献 143308 篇，占总数的 13.75%，农业经济领域的文献共计 87835 篇，占总数的 8.43%，在农业经济领域关于“品牌”的研究明显少于工业经济和企业经济的数量，但工业经济领域发文量处于下降趋势，企业经济和农业经济领域的发文量呈现稳步增长趋势（见图 1－4）。

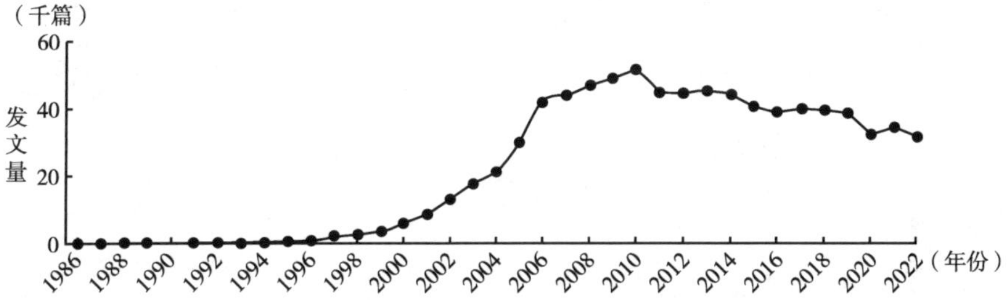

图 1－2　以“品牌”为主题的总体文献发表趋势

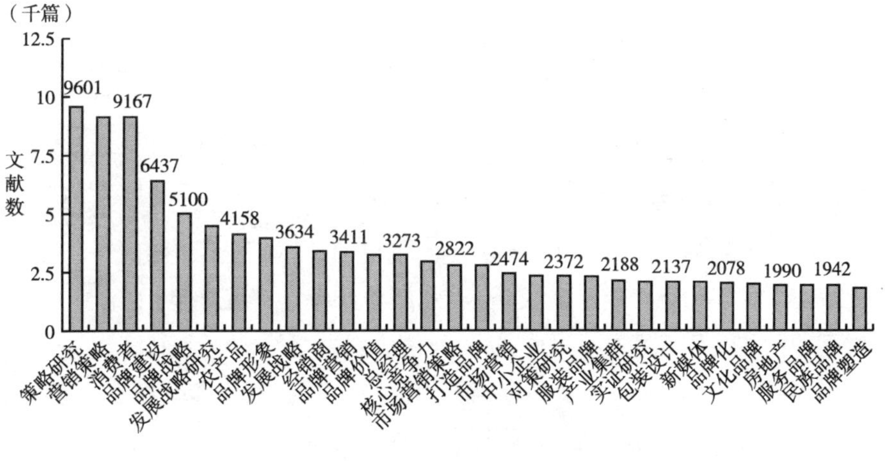

图 1－3　以“品牌”为主题的文献分主题统计

（2）以“地理标志”为主题的文献计量

以“地理标志”为主题词搜索《中国知网》文献材料，截止到 2022 年 4 月 30 日共有文献 16353 篇，发文量从 2002 年呈现增长趋势（见图 1－5）。从学科分布来看，以地理标志为主题的研究在农业经济领域中发文量最多（发文数量为 6736 篇），占发文总数的 33.47%。从研究层次分布来看，主要集中在地理标志产品的开发研究与应用研究。

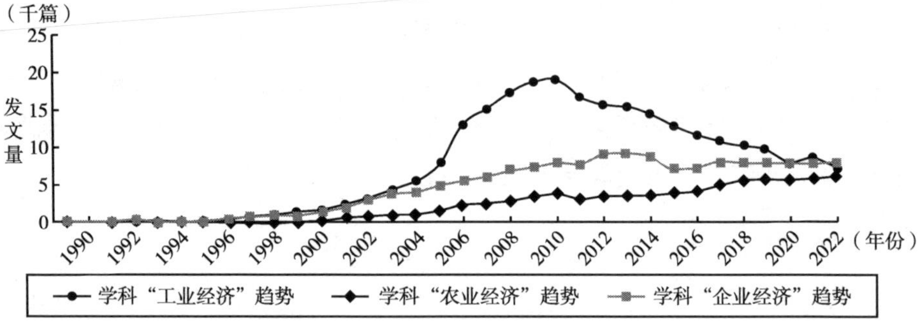

图1-4　以“品牌”为主题文献学科发表趋势

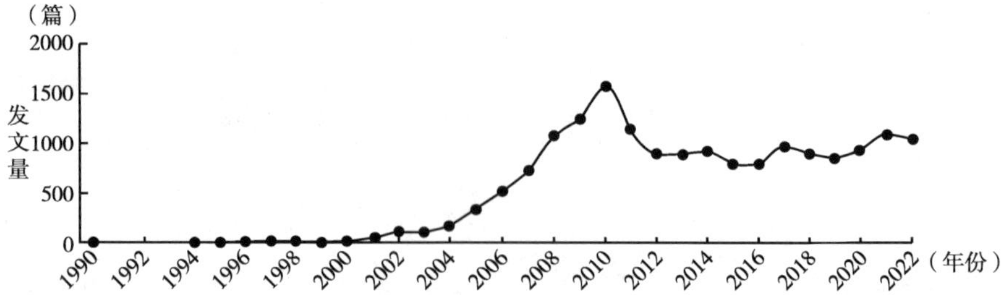

图1-5　以“地理标志”为主题文献学科发表趋势

（3）以“区域品牌”为主题的文献计量

以“区域品牌”为主题词搜索《中国知网》文献材料，截止到2022年4月30日共有文献8891篇，发文量从2002年起呈现增长趋势（见图1-6）。区域品牌的相关研究主要集中在农业经济、企业经济、工业经济领域，发文量分别为3300篇、1957篇、1952篇（见图1-7）。从主题分布发文量来看，2014年之前工业经济在“区域品牌”上的发文量最多，2014年在农业经济领域数量首次赶超工业经济领域，2014年以后在农业经济领域的发文量呈井喷式增长。对区域品牌关注较多的作者为胡晓云（浙江大学）、陈柳钦（中国能源经济研究院）、姚春玲（内蒙古财经大学）、魏春丽（浙江大学）、周发明（湖南人文科技学院）、吴传清（中国区域经济学会）、李道和（江西农业大学）、谢向英（福建农林大学）、赵卫宏（江西师范大学）等（见图1-8）。

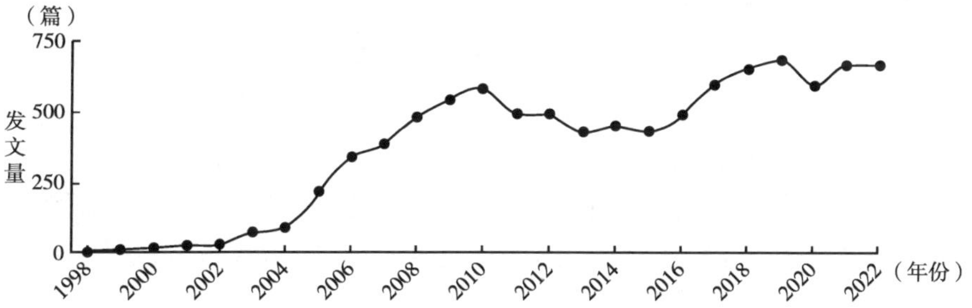

图 1-6　以“区域品牌”为主题文献发表趋势

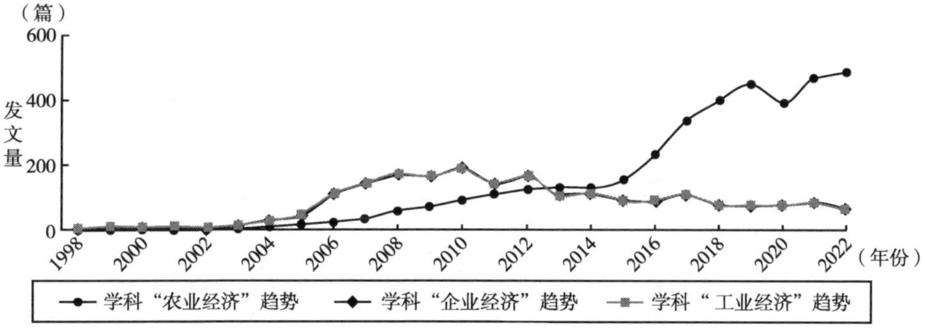

图 1-7　以“区域品牌”为主题的学科文献发表趋势

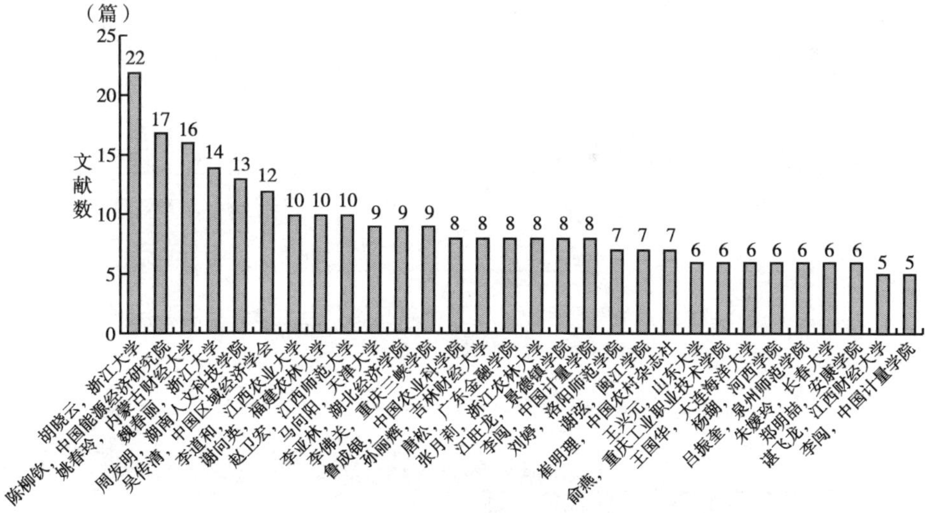

图 1-8　以“区域品牌”为主题的学科文献发表趋势

(4) 以“区域公用品牌”为主题的文献计量

以“区域公用品牌”为主题词搜索《中国知网》文献材料，截止到2022年4月30日共有文献1703篇，文献关于区域公用品牌的提法最早可追溯到2006年。自2015年起，发文量呈快速增长态势，2017年年度发文量为197篇，仅2022年发文量已达310篇（见图1-9）。农业经济领域关于以“区域公用品牌”为主题的研究共计1513篇，占总发文量的73.02%（见图1-10）。

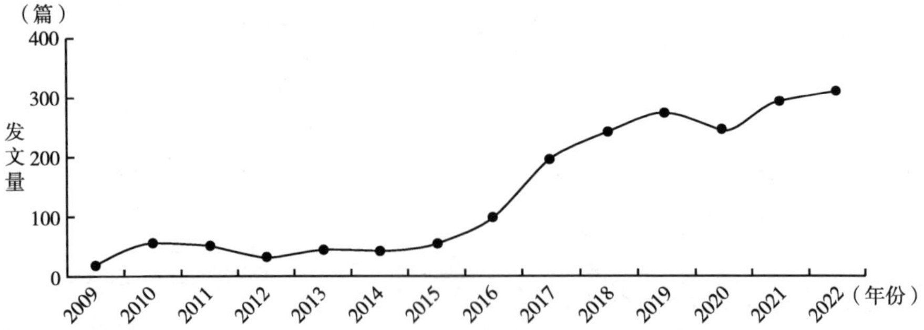

图1-9 以“区域公用品牌”为主题文献发表趋势

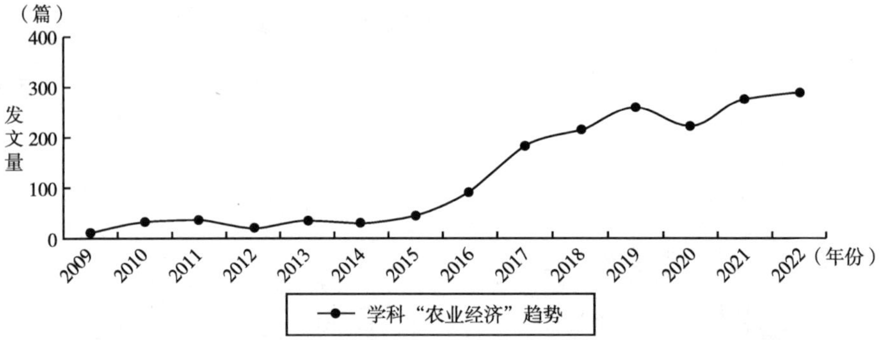

图1-10 农业经济领域中以“区域公用品牌”为主题文献发表趋势

1.4.2 关于农产品品牌的研究

(1) 农产品品牌建设存在的问题

我国农产品品牌建设取得了一定成就，但仍旧面临许多问题。农产品品牌主要有农产品区域品牌和农产品企业品牌两种划分。喻建中（2008）通过对“麻阳柑桔”注册商标进行分析，发现我国农业当前面临农民组织化程度低和农产品品牌建设程度低两大问题①。张月莉和郝放（2013）以“寒地黑土”品牌为例，提出当前我国农产品品牌存在重申请、轻建设，伪劣泛滥，产品质量下滑，集群内众多农产品品牌恶性竞争等多方面的问题②。杨鹏程和周应恒（2014）指出目前农产品市场存在小规模生产者在大市场中的信息传递和声誉形象的问题，并认为政府应该进行质量标准和产品分级等市场干预策略来向消费者传递产品质量的信息③。孙瑜（2010）在对农产品品牌建设过程中存在的问题总结发现，行为主体产品品牌意识淡薄导致品牌力量整体偏弱，农产品的综合质量水平低、产品质量标准体系不完善，激励机制不健全导致农业人才缺乏，农产品在宣传方面的创新力量不足等④。豆志杰（2013）通过分析我国社会食品安全问题频发的现状，从农业生态安全和农产品质量耦合系统发展的角度归纳农产品品牌建设存在环境、要素、技术、经济四方面问题⑤。

（2）品牌农产品消费者行为研究

农产品作为经济学上的信任产品，即便产品消费后也不能精准的判断其质量，供给者和消费主体间存在着严重信息不对称。农产品品牌是降低信息不对称的有效方式，但消费者对农产品品牌的信任处于不稳定状态⑥，食品安全事件的不断曝光增加了消费者品牌的不信任⑦，需要建立安全品牌认证制度来增加消费者的信心和选择意愿⑧。对肉羊⑨、猪肉⑩的研究发现人口统

---

① 喻建中．农业品牌化和地理标识保护策略——以“麻阳柑桔”注册商标为例［J］．经济地理，2008，28（06）：995－998.

② 张月莉，郝放．农业集群品牌营销成功的关键影响因素分析——以黑龙江“寒地黑土”品牌为例［J］．农业经济问题，2013，34（06）：7－13，110.

③ 杨鹏程，周应恒．农产品地理标志的声誉衰退及治理策略［J］．现代经济探讨，2014（03）：47－51.

④ 孙瑜．农产品品牌建设问题分级及对策研究［D］．济南：山东大学，2010.

⑤ 豆志杰．农业生态安全与农产品质量安全耦合系统协同发展研究［D］．长春：吉林农业大学，2013.

⑥ 张立胜，陆娟．质量标志与农产品品牌信任研究［J］．商业研究，2012（02）：42－49.

⑦ 李莉．农产品品牌信任模型与营销建议——基于感知价值的视角［J］．开发研究，2015（02）：60－63，69.

⑧ 徐玲玲．食品可追溯体系中消费者行为研究［D］．南京：江南大学，2010.

⑨ 夏晓平，李秉龙．品牌信任对消费者食品消费行为的影响分析——以羊肉产品为例［J］．中国农村观察，2011（04）：14－26，96.

⑩ 张振，乔娟．品牌信任对消费者猪肉消费行为的影响［J］．技术经济，2014，33（02）：77－82.

计因素、心理学因素、经济学因素等共同对品牌信任产生影响。

关于消费者品牌农产品消费行为多以“绿色品牌”为主题开展研究，对绿色农产品的消费行为又分为选择行为和支付溢价两种，两种行为共同构建起品牌农产品消费行为的研究框架。消费者的选择行为受到多因素的影响，如绿色农产品（包括有机）的选择行为受到消费者个体特征（性别、婚姻、收入、学历等）、消费者心理反应（对产品的认知、态度、意向）、主观行为规范、环境因素、产品涉入度等多方面的影响。Wim Verbeke 等（1999）通过对肉类的研究提出了消费者决策是问题识别、信息搜寻、选择评估并最终选择的结果，具体分为消费者经历认知（学习）、态度（感觉）、意向（打算做）三个层次①。郑伟强（2012）对消费者选择有机食品行为的影响因素分析，消费者性别、婚姻、家庭收入、消费者对有机食品的态度、消费者对食品风险的感知、有机食品市场环境均影响有机食品的选择行为②。

认证农产品具有更高的品质，消费者在选择过程中愿意支付一定的溢价。Rongduo Liu 等（2013）研究发现中国消费者对安全认证食品持有健康的态度，在支付意愿上消费者同意对安全食品支付更高的价格③。余建斌（2012）研究发现 76.21% 的消费者愿意在选择“三品”农产品时支付更高的价格，并且通过与普通的农产品进行对比考察三种认证农产品的支付溢价④。虽然现阶段对认证农产品的支付意愿存在，但是意愿价格往往低于认证农产品的成本，从而使认证农产品的生产量很低，甚至制约了认证农产品规模的扩大。李翔（2015）等的研究发现，消费者有机食品的支付意愿随着选择频率的提高而不断提高，选择经验有助于提升消费者的支付意愿，该研究还应用选择实验方法，验证了欧盟、日本、巴西、中国有机标签认证消费者支付意愿的差异⑤。何浏等（2014）认为品牌信任影响消费者的选择意愿⑥。刘宇翔

---

① Verbeke W, Viaene J. Beliefs, Attitude and Behaviour Towards Fresh Meat Consumption in Belgium: Empirical Evidence from a Consumer Survey [J]. Food Quality & Preference, 1999, 10 (6): 437 – 445.

② 郑伟强. 消费者购买有机食品行为的影响因素分析 [D]. 杭州：浙江大学，2012.

③ Liu R, Pieniak Z, Verbeke W. Consumers' attitudes and Behaviour Towards Safe Food in China: A Review [J]. Food Control, 2013, 33 (1): 93 – 104.

④ 余建斌. 海洋维权装备能力还需提升 [N]. 人民日报，2012 – 04 – 18 (014).

⑤ 李翔，徐迎军，尹世久，高杨. 消费者对不同有机认证标签的支付意愿——基于山东省 752 个消费者样本的实证分析 [J]. 中国软科学，2015 (04): 49 – 56.

⑥ 何浏，杨伊侬，肖纯，陈增祥，卫海英. 消费者对农产品品牌感知负性的反应机制研究——品牌信任的中介效应 [J]. 农业技术经济，2014 (08): 75 – 83.

（2013）研究发现消费者对有机食品溢价支付受到认知程度、对食品安全的关注度、信息获取和选择渠道、选择动机和障碍等因素的考虑①。消费者的支付意愿、行为、溢价额度有差异，如绿色产品的平均溢价意愿为40%—50%，而实际支付溢价为20%—30%，安全蔬菜的支付溢价为10%—20%②；对于有机食品而言，有79.6%的消费者接受不高于15%的溢价选择有机食品③，但仍然有27%消费者拒绝支付溢价部分，即无法完成实际需求④。

（3）发展农产品品牌的对策建议

专家学者献计献策推进品牌农业建设。冷志明（2004）提出应当把握农产品品牌建设的基本原则，科学确定发展战略，优化社会环境⑤。郑璐（2008）从强化农产品品牌意识、夯实质量基础、完善质量安全体系、深化产业化经营、强化政府品牌保护和支持管理、加大行业协会引导和组织开展对策研究⑥。张可成（2009）基于政府的视角提出了建设农产品品牌的对策，认为应该积极推进农产品标准化建设，增加政府对农业企业品牌建设支持⑦。赵晓华和岩甾（2014）以普洱市为研究对象，从提高品牌意识、发展绿色品牌、注重产品包装、塑造绿色形象等方面提出了绿色品牌的发展建议⑧。孙瑜（2010）从加大品牌宣传，保障产品质量、提高农产品综合品质方面提出农产品品牌的建议，在销售方面，积极创建新型的绿色品牌销售渠道，借助媒体宣传，提升绿色品牌形象⑨。

---

① 刘宇翔．消费者对有机粮食溢价支付行为分析——以河南省为例［J］．农业技术经济，2013（12）：43－53.

② 靳明，赵昶．绿色农产品消费意愿的经济学分析［J］．财经论丛，2007（06）：85－91.

③ 王锋，张小栓，穆维松，傅泽田．消费者对可追溯农产品的认知和支付意愿分析［J］．中国农村经济，2009（03）：68－74.

④ 刘军弟，王凯，韩纪琴．消费者对食品安全的支付意愿及其影响因素研究［J］．江海学刊，2009（03）：83－89，238.

⑤ 冷志明．“中华老字号”品牌发展滞后原因及其对策研究［J］．北京工商大学学报（社会科学版），2004（01）：55－57，63.

⑥ 郑璐，徐惠娟．我国农产品自主品牌建设现状及对策分析［J］．中国林副特产，2008（04）：80－83.

⑦ 张可成．略论农产品品牌建设中的政府行为［J］．理论学刊，2009（09）：87－90.

⑧ 赵晓华，岩甾．绿色农产品品牌建设探析——以普洱市为例［J］．生态经济，2014，30（11）：93－96.

⑨ 孙瑜．农产品品牌建设问题分级及对策研究［D］．济南：山东大学，2010.

1.4.3 关于农产品区域公用品牌的研究

农产品区域公用品牌是区域品牌理论在农产品上的具体应用，相关研究逐渐成为热点。关于农产品区域公用品牌的研究主要集中在农产品区域公用品牌的内涵与特征、农产品区域公用品牌建设的影响因素、农产品区域公用品牌发挥的效应、农产品区域公用品牌的发展模式、农产品区域公用品牌建设的阶段、农产品区域公用品牌建设的行为主体及主体的行为选择、农产品区域公用品牌发展的困境与维护特征等方面。

（1）农产品区域公用品牌的内涵与特征

农业区域公用品牌是指在某区域范围内形成的具有相当规模和较强生产能力、较高市场占有率和影响力的农业企业（或家庭）所属品牌的商誉总和[①]。农产品区域公用品牌是区域优势农产品在该地区集聚[②]，是一种特殊的农产品品牌，更强调自然地理条件和人文要素，具有强烈的区域特征与资源依赖性，往往是一个区域农产品独特品质的直接体现[③]。通常农产品区域公用品牌以“区域名＋品类名”形式出现，通过为农产品冠以产地名，能更好传播农产品风味、口感等质量特征[④]。一般认为农产品区域公用品牌包含“区域”“产业”“品牌”三个方面[⑤]，缺一不可[⑥]，具有区域性要素、品牌效应和产业特色内容[⑦]，有独特自然资源及悠久的种植、养殖方式与加工工艺历史，经过长期沉淀具有较高知名度和影响力，消费者认可的品牌[⑧]。

---

① 朱玉林，康文星．基于农业产业集群的区域品牌需求与供给分析［J］．求索，2006（07）：35－37.

② Keller K L，Heckler S E，Houston M J. The Effects of Brand Name Suggestiveness on Advertising Recall［J］. Journal of Marketing，1998，62（1）：48－57.

③ 李德立，宋丽影．农产品区域品牌竞争力影响因素分析［J］．世界农业，2013（05）：85－90，155.

④ 张传统，陆娟．农产品区域品牌购买意愿影响因素研究［J］．软科学，2014，28（10）：96－99，116.

⑤ 俞燕，李艳军．我国传统特色农业集群区域品牌形成机理研究：理论构建与实证分析——以新疆吐鲁番葡萄集群为例［J］．财经论丛，2015（04）：11－18.

⑥ 张月莉，刘峰．农业集群品牌提升的关键影响因素研究［J］．经济经纬，2015，32（01）：31－36.

⑦ 李亚林．湖北省农产品区域品牌发展研究：现状、原因及发展对策［J］．湖北社会科学，2010（10）：66－69.

⑧ 肖雪锋．农产品区域品牌该如何建设、维护和发展［J］．人民论坛，2017（18）：86－87.

（2）农产品区域公用品牌建设的影响因素

农产品区域公用品牌的建设与主体行为、地方资源禀赋等相关[①]，区域公用品牌的建设，需要区域内部多个主体共同推动[②]。品域公用品牌建设过程中会受到区域资源、利益相关主体、区域文化、市场发展水平、政策支持以及竞争机制、监管机制、学习和创新机制、利益机制共同的影响[③]。因此品牌的建设应从多方面考虑，以当地高质资源禀赋及政府扶持为基础要素，以当地历史文化和畅销品牌联合为核心驱动力[④]，同时需要多种机制保证其正常运行[⑤]。沈鹏熠（2012）认为资源、产业、组织、创新、管理和营销很大程度上影响了农产品区域公用品牌的资产[⑥]。陈思（2013）以地理标志保护探讨农产品区域公用品牌的形成原因有区域经济、消费选择、维权保真需求、国际贸易影响四个方面[⑦]。刘德军（2018）从消费者视角入手，应用构建结构方程模型验证农产品地理标志资产的影响因素及其作用机制，包括地理环境因素、文化因素、组织管理因素、技术创新因素、营销策略因素等多方面[⑧]。

（3）农产品区域公用品牌的效应研究

王莉（2015）总结农产品区域公用品牌具有聚合效应、光环效应、磁场效应、裂变效应、内敛效应、宣传效应、带动效应[⑨]。地理标志是农产品区域公用品牌的主要存在形式，孙亚楠（2014）以地理标志为例认为区域公用品牌

① 熊爱华，邢夏子．区域品牌发展对资源禀赋的敏感性研究［J］．中国人口·资源与环境，2017，27（04）：167－176.

② 熊爱华，汪波．基于产业集群的区域品牌形成研究［J］．山东大学学报（哲学社会科学版），2007（02）：84－89.

③ 姚春玲．内蒙古农产品区域品牌建设及存在问题分析［J］．内蒙古财经大学学报，2015，13（06）：43－46.

④ 李艳军．利用地理标志权对茶叶制作类非物质文化遗产的保护——以五峰土家族自治县省级“非遗”采花毛尖制作工艺为视角［J］．湖北民族学院学报（哲学社会科学版），2013，31（06）：48－53.

⑤ 黄俐晔．农产品区域品牌研究——基于主体、机制的角度［J］．贵州社会科学，2008（04）：97－101.

⑥ 沈鹏熠．基于模糊综合评价法的农产品区域品牌竞争力测评［J］．统计与决策，2012（01）：80－82.

⑦ 陈思，王兴元，朱强．原产地品牌塑造及治理博弈模型分析——公共品牌效应视角［J］．经济管理，2017，39（08）：133－145.

⑧ 刘德军．农产品地理标志品牌资产影响因素及其作用机制研究［M］．北京：经济科学出版社，2018.

⑨ 王莉．欧盟地理标志产品管理研究［D］．长春：吉林大学，2015.

农产品具有地域性、排他性、不可转让性、永久性、价值性、衍生性和溯源性[①]。Frank Thiedig 和 Bertil Sylvander（2000）以欧盟地理标志产品为例从共享性、排外性等角度提出了区域公用品牌的构想[②]。

（4）农产品区域公用品牌的发展模式

由于主体要素、区位资源、集群结构等的差异，农产品区域公用品牌发展存在不同的模式。根据品牌产业化发展程度，一般将其划分为公司 + 农户型、龙头带动型、市场中心型、纵向一体化型、同心多元型等 5 种模式。按照品牌经营主体划分可以分为政府带动型、龙头企业带动型、协会协商型、无组织型。根据经营产业类型划分，可分为单品类经营模式、相关产业联合打造模式、多品类共同联合模式。根据产品差异点划分可分为品质打造模式、文化附加模式、深度产品开发模式等多种类型。依据农产品区域公用品牌形成关键因素可分为优势品种资源型、自然地理环境型、传统加工工艺型、历史文化民族资源型、传统产地型、新型产地型等多种。谢向英（2012）以福建茶叶为例，根据区域公用品牌管理方式的不同将其分为市场导向型、品质中心型、科技创新型、主体联动型 4 种不同运作模式[③]。王兴元、朱强（2017）基于公共品牌效应理论将原产地品牌塑造分为 4 种主要模式，即政府主导型、企业自治型、中心领导型和品牌协会主导型[④]。此外农产品品牌经营中还存在"母子品牌"模式、品牌背书模式、渠道经营模式、扶贫带动模式等多种类型。

（5）农产品区域公用品牌建设阶段

农产品区域公用品牌建设主要有三阶段论和四阶段论。王军、李鑫（2014）在对区域品牌形成阶段的研究中发现，区域品牌在潜伏阶段、形成阶段、成长阶段政府分别发挥提供技术和政策支持、推动企业的良性发展、促使产业集聚，形成区域品牌三方面的作用[⑤]。胡正明和王亚卓（2010）将

---

① 孙亚楠．地理标志农产品的品质控制及监管效果研究［D］．南京：南京农业大学，2014.

② Thiedig F，Sylvander B．Welcome to the Club? An Economical Approach to Geographical Indications in the European Union［J］．Agrarwirtschaft，2000，779（2）：161 – 189.

③ 谢向英．地理标志品牌成长研究［D］．福州：福建农林大学，2012.

④ 王兴元，朱强．原产地品牌塑造及治理博弈模型分析——公共品牌效应视角［J］．经济管理，2017，39（08）：133 – 145.

⑤ 王军，李鑫．区域特有农产品品牌整合的政府行为研究——以长白山人参品牌为例［J］．农业经济问题，2014，35（05）：21 – 26.

区域农产品品牌的发展主要分为孕育期、幼稚期、成长期，成熟期，并认为区域农产品、农产品集群、农产品区域品牌形成、农产品区域品牌成长为四个阶段的主要形态①。沈鹏熠（2011）将农产品区域品牌的形成过程分为萌芽期、成长阶段、竞合共存阶段、成熟阶段4个阶段，认为在萌芽时期农产品的区域品牌尚未形成，成长期优势农业产业进一步聚集生合力为农产品区域品牌雏形，竞合共存阶段部分企业开始脱颖而出知名品牌数量增多，到成熟期农产品区域品牌正式确立②。

（6）农产品区域公用品牌的建设主体行为研究

农产品区域公用品牌建设过程有多个主体参与③，主要集中在政府主体④、农民专业合作组织⑤、龙头企业⑥、行业协会⑦、分散的农户和专业户⑧等方面，不同主体在农产品区域公用品牌建设过程中作用迥异。主体参与到农业的产业化经营、质量追溯体系、质量标准体系、物流、电子商务等农产品建设的关键环节中。

政府在农产品区域公用品牌建中发挥引导关心农民生产、提振企业参与决心，提供和管理基础设施与公共产品资源，制定质量标准、完善农产品安全体系、进行品牌的认证和监管、为农产品品牌建设提供支持和服务、营造良好的农产品品牌发展环境等功能。罗高峰（2010）将政府在农产品品牌整合中的行为归纳为倡导、规划、扶持、服务、管理五方面⑨。雷亮（2015）从制定经济政策、提供公共物品、消除外在影响、维护市场秩序和政府营销

---

① 胡正明，王亚卓．农产品区域品牌形成与成长路径研究［J］．江西财经大学学报，2010（06）：64－68.

② 沈鹏熠．农产品区域品牌的形成过程及其运行机制［J］．农业现代化研究，2011，32（05）：588－591.

③ 郑璐，徐惠娟．我国农产品自主品牌建设现状及对策分析［J］．中国林副特产，2008（04）：80－83.

④ 郭守亭．对我国实施农产品品牌工程的几点思考［J］．农业经济问题，2005（12）：61－64.

⑤ 黄俐晔．农产品区域品牌建设主体和机制分析［J］．科技管理研究，2008（05）：51－52，55.

⑥ 易亚兰，项朝阳．试析农产品区域性品牌的创建原则［J］．华中农业大学学报（社会科学版），2010（01）：36－39.

⑦ 文宇．农产品区域品牌管理的效率与公平问题探讨［J］．人民论坛，2013（26）：79－81.

⑧ 李建军．基于农业产业链的农产品品牌建设模式研究［J］．上海对外经贸大学学报，2015，22（05）：14－23.

⑨ 罗高峰．农产品品牌整合中的政府角色研究——以浙江省景宁惠明茶为例［J］．农业经济问题，2010，31（04）：75－79，112.

5个维度总结地方政府的行为[1]。赵晓华和岩甾（2014）通过对普洱市绿色农产品品牌建设的研究提出龙头企业有利于促进绿色农产品品牌的发展[2]。

行业协会在农产品品牌培育过程中的主要行为包括组织农户、维护农民利益，搭建信息服务平台、提供农业信息、支持、控制和监督行业内农产品的质量、开展特色农产品展销活动、完善行业自律等[3]。李美羽和王成敏（2014）研究发现行业协会主要发挥的功能体现在专业技术协会创造各种平台加强农产品品牌企业的交流，流通协会提供技术、方法指导并强化信息共享和沟通方面[4]。张玉香（2014）指出行业协会在为企业提供品牌推介、品牌评估、诚信评价、完善行业自律方面作用不可忽视[5]。

企业是区域品牌建设的中坚力量，也是农产品品牌建设的主力军，通过资金、技术、人才的组合进行产品品牌的建设，有开拓市场、组织生产、深化加工、提供服务、带动农民等综合功能。作为农产品品牌的培育主体，企业选定产品，坚持将高质量作为品牌最基本的保障，做好品牌的危机预防和预警。企业要实现自身利益的最大化，需要做好企业品牌、产品品牌、区域品牌的市场推广工作。孙华美（2016）研究发现农业企业应加大广告宣传投入，积极采用多种形式的媒体广告、网络广告、主题活动等方式对外宣传特色农产品品牌[7]。久牧（2016）认为企业应当打造食品安全可追溯系统来引导品牌的发展[8]。

（7）农产品区域公用品牌建设的发展困境与维护研究

农产品区域公用品牌具有明显的地域性特征和准公共物品属性[9]，由此

---

① 雷亮．地方政府行为对区域品牌发展的影响因素及作用机理研究［D］．兰州：兰州大学，2015.

② 赵晓华，岩甾．绿色农产品品牌建设探析——以普洱市为例［J］．生态经济，2014，30（11）：93－96.

③⑦ 孙华美．结合美日经验论中国特色农产品品牌建设策略［J］．世界农业，2016（06）：36－39.

④ 李美羽，王成敏．河北省培育农产品品牌的实现途径［J］．中国农业资源与区划，2014，35（06）：150－158.

⑤ 张玉香．牢牢把握以品牌化助力现代农业的重要战略机遇期［J］．农业经济问题，2014，35（05）：4－7，110.

⑧ 久牧．武汉矽感：打造食品安全追溯行业领导品牌［J］．中国食品药品监管，2016（09）：64－65.

⑨ 姚春玲．农业产业集群与农产品区域品牌竞争力提升策略［J］．农业现代化研究，2013，34（03）：318－321，327.

导致权力边界模糊，产权不明晰，从而不能避免搭便车现象的发生，进一步导致"柠檬市场""羊群效应"。部分生产者以次充好损害整体利益进而给区域品牌的建设带来风险，使品牌难以逃脱"公地悲剧"的厄运。

农产品区域公用品牌维护方面研究成果数量不多，但近年来农产品区域品牌维护一直是国内外学者专家研究的热点①。Hatch 和 Schultz（2010）认为品牌利益相关者通过制度设计及明确品牌的产权等措施进行品牌维护②。品牌建设过程中，基于区域公用品牌的公共物品属性，生产者有投放低质量农产品倾向，即存在道德风险。袁宇等（2009）认为导致集群品牌公地悲剧的根本原因在于其俱乐部产品属性③。杨鹏程和周应恒（2013）给出了公用品牌的公共资源性质下治理的方法④。集群品牌会提高企业的竞争力，给企业带来正的外部性，所以集群品牌会引致大量"搭便车"者。

沈鹏熠（2011）从利益机制、竞合机制、学习与创新机制、传播机制和监管机制等方面进行农产品区域公用品牌健康运行的路径选择⑤。姚春玲（2015）认为农产品区域公用品牌竞争力的提升包括竞合机制、监管机制、学习和创新机制、利益机制等方面⑥。黄俐晔（2008）从行政推动机制、社区自治机制、质量标准保障机制、法律保障机制、文化融合机制、舆论导向机制、教育保障机制等共同作用角度进行农产品区域品牌的建设和发展研究⑦。Elinor Ostrom（2002）对公共池塘资源研究发现政府和行业协会都会存在一定程度的失灵问题，提出"集群企业社区"可以对集群声誉治理⑧。周绪元等（2016）从品牌的支撑、品质控制、品牌互促、品牌营销等方面提升

① 陈通，李志方．区域品牌农产品质量维护合作机制的演化博弈分析［J］．系统工程，2014，32（05）：133－137．

② Hatch M J，Schultz M．Toward a Theory of Brand Co－creation with Implications for Brand Governance［J］．Journal of Brand Management，2010，17（8）：590－604．

③ 袁宇，吴传清．产业集群品牌"公地悲剧"风险成因和规避方略——以"金华火腿"为例［J］．学习月刊，2009（22）：15－16．

④ 杨鹏程，周应恒．农产品地理标志的声誉衰退及治理策略［J］．现代经济探讨，2014（03）：47－51．

⑤ 沈鹏熠．农产品区域品牌的形成过程及其运行机制［J］．农业现代化研究，2011，32（05）：588－591．

⑥ 姚春玲．内蒙古农产品区域品牌竞争力提升研究［D］．哈尔滨：东北林业大学，2015．

⑦ 黄俐晔．农产品区域品牌建设主体和机制分析［J］．科技管理研究，2008（05）：51－52，55．

⑧ Ostrom E．Reformulating the Commons［J］．Ambiente & Sociedade，2002，6（10）：29－52．

特色农产品的区域品牌发展①。

1.4.4 关于农产品区域公用品牌价值实现与消费者行为研究

国内外学者逐渐意识到市场机制对于农产品价值实现的必要性，有效地市场机制需要品牌赋能实现价值。价值再造是品牌建设的核心，也是农产品尤其是生态农产品价值实现的关键（廖峰，2022）②。廖峰（2020）基于“丽水山耕”个案探索农产品的价值实现与区域公用品牌之间的关系③。赵艳丽（2022）从地理标志农产品的视角下探讨农产品的价值实现与共创。更多学者关注农产品品牌的建立、标识的设计、商标的注册，而从消费者视角对农产品价值实现的研究还较为匮乏④。

农产品区域公用品牌是产品质量的保证，一定程度上可消除信息的不对称，影响消费者的行为⑤。农产品区域品牌能够增强区域的核心竞争力、降低消费者对农产品感知风险，便于认证农产品的生产过程监控⑥。如果消费者没有兴趣或不愿意选择区域公用品牌农产品，那么该区域公用品牌就没有存在的价值⑦。消费者会根据产品的原产地信息来评估产品质量，区域品牌能够传递原产地的质量信息，促进消费者的选择⑧。

消费者选择并为农产品区域公用品牌支付溢价是品牌的拉动力⑨。以地理标志农产品为例，必须得到消费者对地理标志农产品的认可，如果消费者

---

① 周绪元，王梁，苗鹏飞，赵锦彪，卢勇．沂蒙特色农产品区域公用品牌构建模式与提升策略探讨［J］．江西农业学报，2016，28（09）：107－111.

② 廖峰．供求理论视角下农产品区域公用品牌溢价机制研究——基于“丽水山耕”的个案分析［J］．丽水学院学报，2022，44（01）：1－10.

③ 廖峰．生态产品价值实现与山区农产品区域公用品牌研究——基于“丽水山耕”的个案分析［J］．丽水学院学报，2020，42（06）：1－10.

④ 赵艳丽，崔艳阳．地理标志农产品产业集群品牌价值研究综述［J］．经济师，2022（01）：58－59.

⑤ 沈正舜，张言彩．农产品区域品牌标识与消费者购买意愿：理论分析与实证检验［J］．淮阴师范学院学报（哲学社会科学版），2017，39（04）：420－425，432.

⑥ 王丹．绿色消费下认证农产品区域品牌构建探讨［J］．特区经济，2012（10）：287－289.

⑦ 孙亚楠．地理标志农产品的品质控制及监管效果研究［D］．南京：南京农业大学，2014.

⑧ Marber A，Wellen P M，Yoon B S，et al. We're Going to Shop till We Drop. The Japanese Resurgence for Designer and High Fashion Goods：A Case Study［J］. Competitiveness Review An International Business Journal Incorporating Journal of Global Competitiveness，2006，18（18）：217－226.

⑨ 孙曰瑶，刘华军．品牌经济学原理［M］．北京：经济科学出版社，2007.

没有兴趣或不愿意选择，那么地理标志制度也将没有价值①②。占辉斌等（2011）认为地理知识、标签信任程度、个人偏好等是影响消费者对于黄山地理标志茶叶选择的重要原因③。张传统和陆娟（2015）研究表明品牌知名度、品牌原产地、适度品牌溢价、品牌选择环境等能够正向显著影响消费者的选择意愿④。孙亚楠（2015）研究表明对地理标志的知识、信任程度、个人偏好、选择用途等均影响消费者地理标志农产品的选择，消费者愿意为地理标志支付溢价是地理标志价值实现的前提⑤。刘瑞峰（2011）研究结果表明性别、年龄、婚姻、文化程度、职业、个人月均收入、家庭规模、对水果质量的关注、对水果价格高低的关注、对水果原产地的关注和销售员介绍等因素影响着消费者选择行为⑥。周安宁和应瑞瑶（2012）研究表明消费者的情感偏好、认知情况、心理倾向和风险偏好等显著影响对于地理标志农产品“地域”属性的支付⑦。刘瑞峰（2014）通过对北京、郑州、上海585位消费者对选择新疆库尔勒香梨的影响因素研究表明，消费者的年龄、文化、收入、对质量安全要求、新鲜程度、原产地重视、品牌重视等对其选择行为产生正向影响，而对产品的外观、价格、销售推介等对选择行为产生负向影响⑧。农产品区域公用品牌的价值实现很大程度上是基于消费者认可，消费者的偏好和行为影响着区域品牌的治理方向和治理路径⑨。

---

① Marsden T, Banks J, Bristow G. Food Supply Chain Approaches: Exploring their Role in Rural Development [J]. Sociologia Ruralis, 2000, 40 (4): 424 – 438.

② Murdoch J, Marsden T, Banks J. Quality, Nature and Embeddedness: Some Theoretical Considerations in the Context of the Food Sector [J]. Economic Geography, 2000, 76 (2): 107 – 125.

③ 占辉斌，陈超．消费者对地理标志产品的认知程度以及购买意愿研究——基于黄山地理标志茶叶的个案调查分析［J］．消费经济，2010，26（04）：55 – 57.

④ 张传统，陆娟．农产品区域品牌购买意愿影响因素研究［J］．软科学，2014，28（10）：96 – 99，116.

⑤ 孙亚楠，胡浩．地理标志农产品发展对策研究［J］．经济纵横，2015（07）：81 – 84.

⑥ 刘瑞峰，陈彤，于冷，邓峰．消费者地理标志农产品购买行为实证分析——基于上海、北京和郑州市消费者的调查［J］．农业系统科学与综合研究，2011，27（04）：453 – 462.

⑦ 周安宁，应瑞瑶．消费者对地理标志农产品支付意愿及其影响因素研究——基于消费者行为心理因素的分析框架及实证检验［J］．学术探索，2012（05）：110 – 113.

⑧ 刘瑞峰．消费者特征与特色农产品购买行为的实证分析——基于北京、郑州和上海城市居民调查数据［J］．中国农村经济，2014（05）：51 – 61.

⑨ 邱爱梅．消费者视角的区域品牌治理机制研究［J］．广东社会科学，2017（05）：35 – 42.

1.4.5 文献评述

综上所述，关于农产品品牌和农产品区域公用品牌国内外学者进行了大量有益的探索与研究。学者对“品牌”相关研究关注较早，现有文献中以“品牌”为主题的研究较多，但多集中于工业经济和企业经济领域，农业经济领域相对较少。农业经济领域关于“品牌”“区域品牌”的发文量呈增长趋势，关于区域公用品牌的研究也已成为热点和重点。现有的理论落后于实践，已有研究虽然有一定的借鉴意义，但在当前如火如荼的农产品区域公用品牌的实践中并不能提供直接可行的策略方法，现有研究依旧存在以下三个方面的不足：

第一，微观单案例研究多，多案例提炼性少。

现有农产品区域公用品牌的研究多集中在对单个地区或单个农产品区域公用品牌案例解剖分析上，多案例提炼性和总结性的研究较少，区域公用品牌建设借鉴意义与可复制性差。

第二，农产品区域公用品牌创建研究多，品牌维护研究少。

农产品区域公用品牌建设处于初期研究阶段，相关的研究多聚焦于农产品区域公用品牌创建的必要性、建设影响因素和建设困境的分析层面，缺乏农产品区域公用品牌建设中运行维护方面研究。对于区域公用品牌的利益相关者研究也多集中为如政府、协会、农户、农业企业等单一主体行为的分析上，欠缺主体之间相互影响的均衡行为关系研究。

第三，农产品区域公用品牌创建主体关注多，消费者评价及选择关注少。

农产品区域公用品牌建设是一项复杂的系统工程，是品牌供给主体推动和消费者需求主体拉动共同作用的结果。现有研究多选取单一品牌案例从政府、企业、协会等经营者的角度来探讨在区域公用品牌建设中发挥的作用，缺少对于区域公用品牌市场需求主体—消费者的深入探讨，难从市场需求角度对农产品区域公用品牌的建设和价值提升提供可行建议。

本书旨在对现有研究薄弱环节进行完善与补充。

1.5 研究创新与特色说明

本书在已有的研究基础上应用经济学、管理学、行为学的理论，综合运用定性与定量相结合、规范与实证分析相结合的方法，坚持问题导向。主要从农产品区域公用品牌的创建、维护、消费者评价及选择等方面对农产品区域公用品牌建设进行了全面剖析。在以下三个方面有一定的创新：

创新点之一：扎根理论多案例研究法在区域公共品牌创建机理上应用的创新。运用 Glaser 和 Strauss 提出的扎根理论，采用多案例研究方法，选取河北省 5 个区域公用品牌作为实验分析对象，36 个区域公用品牌作为验证案例。通过“原始语句定义现象—现象概念化—范畴化—关系编码—饱和度检验”等过程，构建农产品区域公用品牌创建影响因素的理论模型，从主体支撑、资源区位、文化传承、产品支撑和产业竞争 5 个因素进行创建的影响机理的分析。

创新点之二：博弈论方法在农产品区域公用品牌主体维护策略研究上的创新。针对农产品区域公用品牌面临的困境，在分析搭便车行为和行为主体关系不协调等区域公用品牌公地悲剧成因基础上，从政府与企业之间、企业与企业之间、农户与农户之间、供给主体与消费者之间进行了博弈分析，从而提出农产品区域公用品牌利益相关者主体维护的行为策略。

创新点之三：将计划行为理论与结构方程模型相结合的方法用于消费者选择行为分析中，建立决策树模型对消费者人群进行细分的创新。在对区域公共品牌消费者选择行为进行问卷调查的基础上，将计划行为理论的分析框架与结构方程模型相结合对消费者在农产品区域公用品牌选购行为进行分析，尝试采用列联表相关分析、独立性样本检验、决策树模型，对区域公用品牌溢价支付行为消费者人群进行了细分。

第2章

概念界定与相关理论基础

2.1 主要概念界定

2.1.1 农产品

(1) 内涵

按照涵盖范围可将农产品分为广义和狭义两种。中国社会科学院语言研究所词典编辑室在《现代汉语词典》中将农产品定义为农业中生产的物品，是由农业生产经营者通过栽培农作物和饲养牲畜等生产经营活动而获得的物质成果。《中国大百科全书》中界定的狭义农产品仅包括农作物和畜产品，广义的农产品包括农作物、畜产品、水产品、林产品4大品类。联合国粮农组织界定广义农产品包括：农作物（粮食和经济作物）、水产品、畜产品、林产品；狭义农产品则主要指粮食、水产品、畜产品，以及经济作物中的橡胶、纤维等。

有学者认为农产品应当从是否进行加工的角度进行划分，大体应包括初级农产品及加工品两种类型，按照加工程度可细分为初级、初级加工、深加工3种类型。目前尚无对于农产品加工程度做明确的边界划分，普遍同意将农产品分为初级农产品和加工品的分类①。《中华人民共和国农产品质量安全法》第二条规定，“农产品”是指来源于农业的初级产品，即在农业活动中获得的植物、动物、微生物及其产品。李建军（2014）从农产品品牌建设的角度对农产品的内涵进行了重新界定：只要是能够满足人们使用的，并且来自于农业生产，不管是否经过加工，也不管加工深度如何，都视为农产品品牌建设中的农产品②。

考虑到进行农业品牌建设出发点和归宿点是提高农产品的质量安全，确保民众饮食安全，提高消费者的辨识度，增加农民收入和农产品的综合竞争力，因此农产品界定的属性中应当包括食用性特征。本书将研究的范围进行重新归纳，认为品牌农产品是指以食用性目的为主（无论加工程度如何，具有可食用性特征的来自农业生产的产品）的初级农产品以及加工农产品。例

---

① 李德立．中国农业产业化经营的品牌战略研究［D］．哈尔滨：东北林业大学，2006.

② 李建军．农产品品牌建设——基于农业产业链的研究［M］．北京：经济管理出版社，2014.

如，苹果、梨、小麦等初级农产品及苹果醋、梨干、面粉等初加工产品和深加工产品均属于本书定义的农产品范畴。

（2）特征

农产品有多个特征，其分布的地域性，生产具有的季节性、周期性，质量的隐蔽性、生物性等特点均与区域公用品牌建设相关性较大。

第一，分布的地域性。农业生产是自然生产和社会再生产共同作用的产物，农产品分布在地理空间上存在差异性。据《晏子春秋·内篇杂下》记载："橘生淮南则为橘，生于淮北则为枳，叶徒相似，其实味不同。所以然者何？"这充分说明农产品极强的地域性特征。农产品的生产过程受自然资源如光照、水土、温度等多种因素的影响，形成独特的口味、独特的外观，农产品品质差别非常大，这些差异也正是农产品进行品牌建设的基础要素。

第二，生产的季节性与周期性。"春耕一粒粟，秋收万颗子""不违农时，谷不可胜食也"等古文阐释了农产品生产具有季节性特点。农作物生产周期性明显，具有春耕秋收的特点。除此以外，农业生产受自然环境的影响较大，自然因素随季节呈现周期性变动。随着设施农业（包括日光温室大棚、工厂化畜禽养殖、工厂化水产养殖等）的不断发展，部分农业季节性生产特点逐步弱化。

第三，质量的隐蔽性。农产品质量隐蔽性十分明显，生产者和消费者之间存在信息不对称，农业生产者了解更多产品信息。农产品质量具有搜寻品、经验品和信任品三重特征（见表2－1）①，其中，搜寻品属性表现为消费之前可以了解产品的信息，农产品的外观色泽、大小等属性即具有搜寻品属性特点；经验品属性为消费者只有在消费以后才可以了解的属性，农产品的口感即具有经验品属性特点；信任品属性为即便完全消费以后也不可能完全识别的属性，农产品是否有机、产品含有的农药残留、食品添加剂情况等均具有信任品属性特点。随着商品的分类层次从搜寻品、经验品到信任品的转化，产品的信息不对称程度也逐渐增加，消费者在农产品选购的过程中所需要的选择成本和搜寻成本越高。

---

① 王秀清，孙云峰．我国食品市场上的质量信号问题［J］．中国农村经济，2002（05）：27－32.

表2-1 商品性质分类及特点

层次	搜寻品 Search Goods	经验品 Experience Goods	信任品 Credence Goods
特点	消费者购买前就了解产品质量，生产者无法隐藏产品的质量信息	消费后能够了解产品质量	消费之后也很难了解其质量，但可以通过第三方机构进行检验后鉴别

第四，生物性。所谓农产品的生物性特征可以描述为有生命的机体离开生存条件后，随着时间和环境的改善，农产品会发生变质、腐烂等情况。消费者追求新鲜的农产品，新鲜程度已成为选购农产品的重要因素，确保农产品在流通环节的储藏保鲜已经成为当前农产品品牌建设十分重要的课题。

第五，农产品标准难统一性。农产品的生产受自然资源因素、环境因素等外在的因素影响较大，不同的温度、土壤营养成分含量、光照等条件都会对产品产生极大的影响。即便是同一株植物产出的果实在形状、色泽、口感上也可能存在较大差异，农产品的质量具有不稳定性，很难达到如工业产品高规格的统一标准。由于农产品生产过程中受天气、光照、土质、地势等多重因素的影响，也使不同地域的农产品品质异质性明显。

2.1.2 品牌

“品牌”是舶来语，翻译来自英文“Brand”，最早的意思是“灼烧”“burn”。品牌Brand这一名词来源于古挪威文字Brandr，即西方游牧部落在马背上打上烙印，上边写着一句话“不许动，它是我的”，将各部落的印记进行标识，显示不同部落的财产，用以与别人产品相区别。有学者考证认为中国古人为了记录陶罐的制作者而在陶器上刻画符号标记（胡晓云，2021），最早的品牌行为应该源自中国古代（朱磊，2004）。我国古代有用“招牌”“牌子”来表明品牌的含义，从这层含义上来看，品牌是为了实现差异化，表明与其他产品的异同点。

品牌具有可追溯属性，秦始皇修建长城的“长城砖”，一块长城砖的重量在15公斤左右，当时每一个生产长城砖的工人，都会将自己的名字刻在砖上，一旦发生质量问题，那制造这块长城砖的人也将被严惩。在砖上雕刻自己名字，体现出与长城砖之间的所有关系，意味着“某人制造”，用于实现可追溯。从这层含义来看，品牌是为了实现可追溯，代表权益。

随着物质的极大丰富，消费者在琳琅满目的商品中进行搜寻所花费的时间越来越长，品牌可作为信息的综合载体向消费者传递丰富的质量信息。从这层含义来看，品牌能够实现可识别，也可向消费者传递质量信息，降低消费者的搜寻成本，代表信息的综合。

品牌到底是什么？关于品牌的概念，多数学者认为品牌即为商标、符号、标识。美国市场营销协会（American Marketing Association，AMA）较早的给出了品牌比较权威定义：品牌是一个名称、术语、标记、符号或图案设计，或者是它们的不同组合，用以识别某一个或某个群体销售者的产品或劳务，使之与竞争对手的产品和劳务相区别。菲利普·科特勒（Philip Kotler，1997）提出品牌由价值、属性、文化、个性、利益、消费对象 6 个因素构成，并通过名称和标识进行展示①。

学者根据研究领域的不同对品牌有着不同的定义与理解。有品牌符号论、整合论、关系论、价值论等多种理解。薛可（2003）认为品牌是应当经过设计和注册，彰显个性并能够达成受众识别②。余明阳（2000）界定品牌是能够给拥有者带来溢价、产生增值的一种无形资产，它的载体是用以和其他竞争者的产品或劳务相区分的名称、属性、象征、记号或设计及其组合，增值的源泉来自在消费者心智中形成的关于其载体的印象③。孙曰瑶（2007）定义品牌是与目标顾客达成长期利益均衡，从而降低其选择成本的排他性品类符号，也就是使得目标顾客不假思索且持久购买的理由。熊曦（2013）将品牌定义为一个名称、术语、标记、符号或设计在消费者心目中的形象和位置，是产品或服务的代表。品牌是消费者识别品质最重要的特征，能够影响消费者的选择决策④。胡晓云（2021）认为品牌的本质特征必须具有产品之外的差异化符号体系，具有一定的消费者关系，具有独立于产品特性的品牌价值。

---

① Gary L Lilien，Philip Kotler，Sridhar K Moorthy. Marketing Models［M］. Prentice Hall，1991.

② 薛可，余明阳．品牌延伸：资产价值转移与理论模型创建［J］．南开管理评论，2003（03）：54－60.

③ 余明阳．论品牌延伸的评估模型［J］．特区经济，2000（03）：13－18.

④ 熊曦．区域产业品牌形成机理及其培育策略研究［D］．长沙：中南大学，2013.

总之，品牌是将产品信息传递给消费者的有效手段①，相当于生产者为产品提供了指纹识别②。

部分文献从资产的角度定义品牌，认为品牌是一种无形资产和关系性契约。实际研究中经常把商标等同于品牌，然而品牌并不等同于商标，作为利益符号，品牌包括物质利益和情感利益。《商标法》保护的是商标，市场接受的是品牌，商标需要得到法律机构的认可，商标仅是品牌的法律载体，有商标不等同于有品牌，只有让顾客不假思索选择的商标才形成品牌。因此本书认为品牌具体表现形式多样化，包括一个或多个名称、术语、标记、符号或其组合，凝聚了产品质量、服务等多方面的信息，具有物质利益和情感利益双重价值，是产品特有品质的象征表现，品牌旨在构建消费识别与消费忠诚。

2.1.3 农产品品牌

农产品品牌起源于农产品独特的识别和差异化，包括独特的品质和独特的文化内涵。关于农产品品牌研究较多，学者对农产品品牌的定义有所差异。李敏（2008）认为农产品品牌是品牌概念在农产品中的延伸和运用，是农产品经营者及其产地和质量的识别标志，代表对消费者的承诺，是经营者和消费者沟通的桥梁③。张可成（2009）认为农产品品牌是附着在农产品上的某些独特的标记符号，并从广义和狭义的角度对农产品品牌界定，指出广义的农产品品牌由质量标志、种质标志、集体标志构成，狭义的农产品品牌一般是指农业企业申请注册的产品品牌商标④。孙瑜（2010）也认为广义的农产品品牌应当能够体现农产品的质量、功能属性，如质量标志、体系认证、种质标志、集体品牌等⑤。蔡靖杰（2010）认为农产品品牌是一种向消费者传达农产品产地、品种、质量，并且区别于其他竞争者对手的标记或名称⑥。

---

① 王志刚，毛燕娜，陈传波. HACCP认证标签对商品价格有影响吗？——来自北京市海淀区六大超市奶制品的调查研究 [J]. 中国软科学，2006 (04)：75-82，54.

② 王雅芬，兰萍. 食品标签制度对消费者行为模式影响的实证研究——以杭州市的调查为例 [J]. 江苏商论，2007 (10)：43-46.

③ 李敏. 我国农产品品牌价值及品牌战略管理研究 [D]. 武汉：华中农业大学，2008.

④ 张可成. 略论农产品品牌建设中的政府行为 [J]. 理论学刊，2009 (09)：87-90.

⑤ 孙瑜. 农产品品牌建设问题分级及对策研究 [D]. 济南：山东大学，2010.

⑥ 蔡靖杰. 福建农产品品牌竞争力评价 [D]. 福州：福建农林大学，2010.

胡晓云（2016）认为农产品品牌是基于农业生产和经营所产生的物质产品和服务体系，包括消费者对农产品的体验感知、品牌符号体系与意义生产等要素的系统生产、互动沟通、利益消费而形成的，独特的利益载体、价值系统和信用体系。

农业品牌包括农业生产资料品牌、农业服务类品牌、农业产业品牌、农产品品牌以及与农业生产和销售过程中给有关系的农业流通品牌和农业综合品牌等。从概念边界来看，农产品品牌是农业品牌的一种，属于农业品牌的范畴。

本书认为农产品品牌是“农产品”与“品牌”的组合，以农产品区分和识别为目的，表现为一个或多个名称、术语、标记、符号或设计的组合。农产品品牌既可以是农业企业品牌，也可以为集体共有表现形成的农产品区域公用品牌。

2.1.4 区域公用品牌

（1）区域品牌

区域品牌的概念来自对旅游目的地的研究，最早用来吸引游客到度假胜地[①]。地理位置同产品和服务一样能够进行品牌化，是一种特殊的品牌[②]。不同于普通独立的生产经营自有品牌，区域品牌是指一个地区区域特征和整体形象。区域公用品牌由一系列子品牌构成，如产业与企业品牌等集群品牌、区域文化品牌、名胜品牌和景观品牌等。区域品牌最早在《战略品牌管理》中提出，认为同产品和人一样，地理位置或者是某一空间区域也可以成为品牌。区域品牌分为不同的层次，包括国家品牌[③]、城市品牌[④]、目的地品牌[⑤]、

---

① Ward R, Perrier R. Brand Valuation: The Times are a Changing [J]. Journal of Brand Management, 1998, 5 (4): 283-289.

② 凯文·凯勒. 工商管理经典译丛：市场营销系列：战略品牌管理 [M]. 吴水龙，何云，译. 北京：中国人民大学出版社，2014.

③ Philip Kotler, David Gertner. Why Nation Branding is Important [J]. Journal of Brand Management, 2000 (04).

④ Keller K. Branding and Brand Equity [J]. Handbook of Marketing, 2002.

⑤ Mihalis Kavaratzis. Place Branding: A Review of Trends and Conceptual Models [J]. The Marketing Review, 2005 (5): 329-342.

集群品牌[①]等多种。国外一般有 Regional Brand、Place Brand、Geo - Brand、Community Branding、Location Brand、Cluster Brand 等表述，国内学者一般将区域品牌分为产业集群、区域产业集群品牌、区位品牌、区域公用品牌、区域公共产品、地方品牌等多种相近表述[②③]。区域品牌具有地域依赖性、准公共物品性、产业集群相关性和主体多元性等特征，一般是"地区+产业（产品）"的形式来表明，地区可以是国家或省市名称，也可以是县级名称，或者"一村一"等。给出完整的区域品牌的信息组合十分困难，学界对区域品牌内涵尚无统一界定。

王志刚（2010）通过对地方特产的研究，认为区域品牌是当地传统产业、传统文化、地方特色景象集合而成的品牌[④]。雷亮（2015）从产业集群的视角进行区域品牌研究，认为区域品牌是指在某个行政或地理区域范围内形成，并在生产能力、市场份额、市场知名度和市场美誉度等方面具有独特领先优势的品牌[⑤]。曹爱兵（2017）综合地理环境、自然资源和农产品生产等角度定义区域品牌[⑥]。

（2）区域公用品牌

区域公用品牌概念类似于区域产业品牌，但更加强调"公用性"，是特定地域内所有的主体达到一定的标准后，均可以使用的品牌。区域品牌与区域公用品牌差别在于"公用"，是否为一个地区所有的主体共同使用是最根本的区别，从概念上来看区域品牌包含区域公用品牌。

区域品牌是全球经济一体化和区域竞争背景下发展起来的，是一种以地理区域来命名的公共品牌的统称[⑦]。区域品牌具有区域性、产业性和品牌效应三大属性，一般由"地区+产品"名称组合。区域公用品牌作为品牌的重

---

① Rosenfeld S. A. Creating Smart Systems: A Guide to Cluster Strategies in Less Favoured Regions [J]. Regional Technology Strategies, 2002.

② 吴传清，从佳佳．区域产业集群品牌风险的成因及防范策略——基于文献述评与拓展研究的视角［J］．学习与实践，2011（02）：31-40.

③ 陆国庆．区位品牌：农产品品牌经营的新思路［J］．中国农村经济，2002（05）：59-62.

④ 王志刚，谭梦琳，包书政．日本农产品区域品牌保护制度及其启示［J］．中国农学通报，2010，26（16）：63-67.

⑤ 雷亮．地方政府行为对区域品牌发展的影响因素及作用机理研究［D］．兰州：兰州大学，2015.

⑥ 曹爱兵．发展公共品牌农产品；推进农业供给侧改革［J］．江苏农村经济，2017（03）：19-21.

⑦ 孙丽辉．区域品牌形成与效应机理研究——基于温州集群品牌的实证分析［M］．北京：人民出版社，2010.

要类型，是指特定区域内相关组织和机构所共有的，在品牌建立的地域范围内，品牌品质管理、品牌使用许可、品牌营销与传播等方面具有共同诉求与行动，以联合提高区域内外消费者评价，使区域产品与区域形象共同发展的品牌（胡晓云，2007）。《关于推进农业供给侧结构改革加快培育农业农村发展新动能的若干意见》中定义的区域公用品牌定义为以集体商标、证明商标注册的品牌。

本书认为，区域公用品牌与区域品牌具有相似的概念边界，是随着产业集群的产生和成长逐步形成的，区域经济发展到一定阶段产生，在特定的地域范围内，行为主体（机构、企业、农户）共同参与建设和使用共享的品牌。

（3）相近概念辨析

区域公用品牌与区域性的企业品牌从表述上较为相近，如表 2－2 所示。区域公用品牌与区域性的企业品牌、企业自有品牌最本质的区别在于品牌的拥有者和使用者。区域公用品牌的品牌持有者可以是政府主体、准政府机构、行业协会、企业家联盟等，品牌可以供区域内部主体共同使用，品牌的影响力大且长久，如赞皇大枣区域公用品牌的使用者可以是区域内部的企业、农户等多个主体。区域公用品牌并不局限于单个使用主体，区域内多个主体均可以使用该品牌。

表 2－2　　多类型品牌概念对比

区分内容	区域公用品牌（区域品牌）	区域性的企业品牌	企业品牌
品牌拥有者	可以是政府主体、准政府机构、行业协会、企业家联盟、龙头企业主导等五种类型	单个企业	单个企业
影响力范围	超过区域	区域及周边地区	不局限地区
品牌使用者	多个主体共同使用	企业自身使用	企业自身使用
性质	区域内部具有非竞争性	排他性、竞争性	排他性、竞争性
品牌效应	长久	小且短暂	持久
举例	赞皇大枣	槐茂酱菜	猴菇饼干

资料来源：根据文献资料整理。

区域性的企业品牌属于企业品牌，品牌拥有和使用者均为自身，品牌具有排他性和竞争性，区域性的企业品牌影响力范围是区域及其周边地区，企业品牌影响力范围由品牌定位确定。区域性的企业品牌是指某个地区所特有的品牌，如“槐茂”酱菜是保定地区的特产，但是仅“槐茂”公司生产的产品可以添加的商标。

从字面意思很难确定“区域品牌”指的是区域性企业品牌还是区域产业公用品牌。区域品牌强调一定地域范围内所拥有使用的品牌，不能将区域品牌与区域内某个企业生产的品牌相混淆，这一点国内学者观点一致①。

2.1.5 农产品区域公用品牌

（1）农产品区域品牌

朱玉林等（2006）从产业集群的角度对农产品区域品牌进行研究，认为农业产业集群的发展是区域品牌的重要载体，是某区域范围内形成的具有相当规模和较强生产能力 、较高市场占有率和影响力的农业企业（或家庭）所属品牌的商誉总和②。李亚林（2010）基于要素的角度对农产品区域品牌进行研究，认为区域品牌主要包含区域性要素、品牌效应要素和产业特色要素3个方面③。王丹（2012）从认证的角度发现质量标志、农产品集体品牌和产品品牌共同构成农产品区域品牌④。李德立和宋丽影（2013）认为农产品区域品牌是具有区域优势的农产品特定地区集聚，具有强烈的区域特征与资源依赖性，强调自然地理条件和人为要素，往往是一个区域农产品独特品质的直接体现⑤。张传统和陆娟（2014）认为农产品区域品牌以“区域名 + 品类名”形式出现，通过为农产品冠以产地名，能更好传播农产品风味、口感等质量特征⑥。从农产品区域品牌的定义来看，学者主要强调其区域性的

---

① 李永刚．企业品牌、区域产业品牌与地方产业集群发展［J］．财经论丛（浙江财经学院学报），2005（01）：22－27．

② 朱玉林，康文星．基于农业产业集群的区域品牌需求与供给分析［J］．求索，2006（07）：35－37．

③ 李亚林．湖北省农产品区域品牌发展研究：现状、原因及发展对策［J］．湖北社会科学，2010（10）：66－69．

④ 王丹．绿色消费下认证农产品区域品牌构建探讨［J］．特区经济，2012（10）：287－289．

⑤ 李德立，宋丽影．农产品区域品牌竞争力影响因素分析［J］．世界农业，2013（05）：85－90，155．

⑥ 张传统，陆娟．农产品区域品牌购买意愿影响因素研究［J］．软科学，2014，28（10）：96－99，116．

特点。

（2）农产品区域公用品牌

林敏（2010）认为农产品区域公用品牌是一个地域性的标志，是以地方特色的自然资源经过悠久种植、养殖、加工技术和工艺为基础，具有较高知名度、美誉度和影响力的名称标识，以地理标志为主①。楼晓东（2014）认为农产品区域公用品牌的概念指特定区域内相关组织、企业、农户等所共有的，产地范围、品牌许可使用、品种质量管理、品牌营销等方面具有相同的诉求与行为，联合提升区域内外客户的评价，区域产品与区域形象共同发展的农产品品牌②。俞燕（2015）通过地理标志观、特色资源观、产业集群观、品牌观、区域形象观、契约观等多种标准来将区域公用品牌进行划分，认为农产品区域公用品牌应当在一定的地理区域内，具有较高的市场占有率、知名度和美誉度，并且由“地理名+产业名或产品名”组成③。徐兴兵（2018）界定农产品区域公用品牌为特定地理范围界限内的品牌，是一种独特的地理标志，代表地区优势农产品④。

《中国农产品品牌发展报告》关于农产品区域公用品牌的定义较为完整：在一个具有特定的自然生态环境、历史人文因素的区域内，由相关机构、企业、农户等所共有，在生产地域范围、品种品质管理、品牌许可使用、品牌行销与传播等方面具有共同诉求与行动，以联合提高区域内外消费者评价、使区域产品与区域形象共同发展的农产品品牌。

区域公用品牌界定的“区域”范围可以是省级、地市级、县（区）级、乡镇级 4 个等级，根据中国农业农村部发布的《中国农业品牌目录 2019 农产品区域公用品牌》所示的 300 个来看绝大多数农产品区域公用品牌属于县（区）级品牌，300 个品牌中省级 5 个，地市级 42 个、县（区）级 247 个、乡镇级 6 个。县域区域公用品牌的数量占比较大，程虹等⑤认为

---

① 林敏．区域品牌建设研究［D］．上海：华东师范大学，2010.

② 楼晓东．农产品区域公用品牌风险评估方法探讨——基于质量安全视角［J］．社会科学家，2014（03）：73－76.

③ 俞燕．新疆特色农产品区域品牌：形成机理、效应及提升对策研究［D］．武汉：华中农业大学，2015.

④ 徐兴兵．农民专业合作社联合下我国农产品区域品牌构建与运行机理［J］．改革与战略，2018，34（02）：102－105.

⑤ 程虹，乔怡迪，覃美华．区域公用品牌：对基本概念的理论研究［J/OL］．宏观质量研究：1－11［2023－04－27］．http：//kns. cnki. net/kcms/detail/42. 1848. C. 20230421. 0945. 001. html.

这与由于我国农业一直以县域治理为主，县域是农业发展的责任单位和最小单元有关。

虽然农产品区域品牌在概念上强调农产品的区域性特点，农产品区域公用品牌在概念上强调其公用性特点，但本书认为二者并无显著差异，具有相同的概念边界。本书界定的农产品区域公用品牌是一定地域范围内区域内部主体共同拥有的农产品品牌，能够代表该产品独特的质量和特性，并已经形成一定的市场份额和美誉度，此品牌为区域内所有主体共有的集体声誉。农产品区域公用品牌与农产品区域品牌的概念边界相似，由“区域农产品 + 公用特点 + 品牌属性”组成。

(3) 农产品区域公用品牌表现形式

我国农产品区域公用品牌主要以地理标志农产品和地方特色农产品两种形式存在。

第一，地理标志农产品。地理标志最早起源于19世纪的法国，得益于法国原产地保护制度的建立，在1883年被纳入《保护工业产权巴黎公约》，自此后作为工业产权逐渐得到国际社会认可，受到各国的高度重视[①]（见表2-3）。农产品地理标志作为服务于农业知识产权的特殊服务保护，可为农产品提供巨大的附加值，有利于传承农业文化、保护农业传统的优势和人文资源，保障地域特色农产品的发展等具有重要的价值。地理标志属于一种特殊的知识产权，代表着产品的品质与信誉，具有良好的公信力和市场号召力[②]。

表2-3　　地理标志的概念和特征

年份	名称	约定	备注
1883	《保护工业产权巴黎公约》（简称《巴黎公约》）	“货源标记（Indication of Source）”和“原产地名称（Appellation of Origin）”	《巴黎公约》没有对货源标记和原产地名称的具体含义和范围进行解释，但它将货源标记、原产地名称与专利、商标等知识产权并列，首次将地理标志与其他知识产权进行明确的区分，使之有了独立的产权地位。

① 严立冬等．农产品地理标志保护利用与产业发展研究［M］．武汉：湖北人民出版社，2012.

② 黄炳凯，耿献辉．地理标志农产品生产者机会主义行为治理研究——基于集体行动视角［J］．经济与管理，2022，36（02）：19-26.

续表

年份	名称	约定	备注
1891	《制止商品产地虚假或欺骗性标记马德里协定》(简称《马德里协定》)	对虚假或欺骗性标记问题作出专门规定的多边协定，为地理标志提供了更强的保护。	“货源标记（Indication of Source）”最广泛地使用，世界知识产权组织认为通过《马德里协定》明确了“货源标记”的内涵，它注重的是产品的来源，而产品的质量信誉等不作为考量依据。
1958	《保护原产地名称及国际注册里斯本协定》(简称《里斯本协定》) 并于 2015 年修订为《原产地名称和地理标志里斯本协定日内瓦文本》(简称《日内瓦文本》)	对“原产地名称”进行了定义：“在本协定中，原产地名称系指一个国家、地区或地方的地理名称，用于指示一项产品来源于该地，其质量或特征完全或主要取决于地理环境，包括自然和人为因素。”	该协定对“原产地名称（Appellation of Origin）”作出了明确的定义，并且对于原产地名称的保护，从实体到程序规定了较为详细的措施。建立了一个原产地名称国际注册体系。
1994	《与贸易有关的知识产权协定》（简称 TRIPs 协议）	TRIPs 协议第二十二条规定：“就本协定而言，‘地理标识’指识别一货物来源于一成员领土或该领土内一地区或地方的标识，该货物的特定质量、声誉或其他特性主要归因于其地理来源。”	TRIPs 协议增加了“声誉”的要素。地理标志产品的声誉往往是归因于其特有的质量和特点，而不是凭空产生的或是仅由其来源产生而与该来源的有关的特定品质无关。

资料来源：国家知识产权局（中国商标网）。

地理标志是农产品区域公用品牌的重要表现形式①，也是知识产权制度的重要组成部分。1883 年《保护工业产权巴黎公约》最早将地理标志纳入国际法律保护，随后产生货源标记、原产地名称、地理标志等一系列的概念。1994 年《贸易知识产权协定（TRIPs》对地理标志进行界定，认为地理标志是指某货物来源于某成员的领土或领土内的某个地区或地方的任何标志，该货物所具有的特定质量、声誉或其他特征主要取决于其地理来源（第二十二条第一款），与世贸组织对地理标志的定义大致一致（地理标志是鉴别原产于一成员国领土或该领土的一个地区或一地点的产品的标志，但标志产品的

① 刘丽．基于地理标志的农产品区域品牌建设与推广研究——以辽宁西北地区为例［J］．农业经济，2016（07）：136－138．

质量、声誉或其他确定的特性应主要决定于其原产地)。

我国原有地理标志产品绝大多数跟农产品有关，由原农业部、国家质检总局、工商总局三部门进行认证（农业部现称农业农村部）（见表2－4）。2005年以前主要根据国家质监局颁布实施的《原产地产品保护规定》以原产地进行命名，2005年质检总局颁布《地理标志产品保护规定》后普遍采用地理标志。2001年国家工商总局修订《商标法》开始对农产品地理标志以法律形式进行保护。农业农村部自2008年依据《农产品地理标志管理办法》对农产品地理标志实施认证。表2－4所示为三部门的标志图案、名称、施行时间、认证本质、申请人要求、使用形式、质量把控差别以及三部门的认证总量。地理标志认证产品以农产品为主，包括资源性农产品、道地药材、地方特色农产品（食品)、非遗工艺品、地方特色工艺品及其他类别。2018年根据国务院机构改革方案，将国家知识产权局（商标局）纳入国家市场监督管理总局管理，从机构上来讲目前地理标志的管理部门为中国农业农村部（原农业部)、国家知识产权局（包括原工商局商标局、原质监局）的两个及以上部门登记（或注册商标）保护的地理标志农产品（见表2－5)。

表2－4　　原三个部门地理标志保护体系

	原农业部	质检总局	工商总局
原标图案			
名称	农产品地理标志	地理标志保护产品	中国地理标志（地理标志商标）
记法	AGI	PGI	GI
施行时间	2008年	1999年	1993年
本质	认证保护	便于监管、保障产品质量	知识产权
对象	只涉及农产品，“农产品地理标志”认证保护体系	“地理标志保护产品”登记保护体系	“集体商标”和“证明商标”注册保护体系
依据	《农产品地理标志管理办法》	《地理标志产品保护规定》	《商标法》

续表

	原农业部	质检总局	工商总局
申请人	县级以上地方人们政府根据认定条件择优确定的农民专业合作经济组织、行业协会等	县级以上人民政府制定的地理标志产品保护机构或人民政府认定的协会和企业	人民政府或者行业主管部门授权申请人
使用形式	公共标识与地域产品名称相结合的标注制度	每个产品专用标志	每个产品注册为证明商标或集体商标
质量把控	提供地理标志产品鉴定报告和质量控制技术范围	国家或地方标准或相关的管理规范	无
认定总量	2242（截止到2017年12月份）	1897	2896

资料来源：根据农业部、质检总局、工商总局网站资料整理（现数据已经进行整合）。

注：数据为本书整理，其中国家质量监督检疫总局数据和国家工商行政管理总局商标局数据截止到2016年年底，农业农村部（全国农产品地理标志查询系统）数据截止到2017年12月份。农产品地理标志的管理工作在2018年以前由农业农村部、国家质检总局、国家工商局等三个部门负共同负责。

表2-5　　我国地理标志新保护体系

管理部门	国家知识产权局	农业农村部
改组部门	原工商总局商标局和原质检总局改组成国家知识产权局（红标）	原农业部
依据	《地理标志专用标志使用管理办法（试行）》	《农产品地理标志管理办法》
专用标志		
产品	涵盖农林产品、中药材、食品、手工艺品等	主要为农业初级产品：包括蔬菜、果品、粮食、食用菌、油料、糖料、茶及饮料植物、香料、药材、花卉、烟草、棉麻桑蚕、畜兽产品

第二，地方特色农产品。农产品区域公用品牌的另外一种常见形式是地方特色农产品，简称“地方特产”。地方特色产品可为具有地方特色属性的

任何产品，包括有形的产品和无形的服务等，有文化内涵或历史，也有某特定地点生产的产品。中国农业农村部自2005年起将人们俗称的“土货”定义为特色农产品，并发布了《特色农产品区域布局规划（2006—2015）》《特色农产品区域布局规划（2013—2020年）》，规划中的特色农产品如门头沟大核桃、大同沙棘、漕河驴肉等。

《特色农产品区域布局规划（2013—2020年）》中将特色农产品按照品质特色、开发价值、市场前景的标准，并根据生产条件、产业基础、区域分工的原则，分为特色蔬菜、特色果品、特色粮油、特色饮料、特色花卉、特色纤维、中药材、特色草食性畜、特色猪禽蜂、特色水产10个主攻方向（见表2-6）。《规划》着重进行特色农产品的品种保护、创新、改良；注重特色农产品标准化管理，包括制定和完善国家标准、行业标准，鼓励企业标准，建立特色农产品生产、加工的标准化体系；鼓励特色农产品技术创新与推广，包括生产技术研发、加工储藏技术研发、生产技术培训等；加工方面发展具有地方和民族特色的加工，保持发扬传统工艺，立足当前市场均衡化和多样的需求，改进技术提高精深加工能力。

表2-6　我国特色农产品分类

品类	品种
特色蔬菜	莲藕、魔芋、莼菜、藠头、芋头、竹笋、黄花菜、荸荠、山药、黑木耳、银耳、辣椒、花椒、大料
特色果品	葡萄、特色梨、特色桃、樱桃、石榴、杨梅、枇杷、特色柚、猕猴桃、特色枣、特色杏、特色核桃、板栗、柿子、香榧、龙眼、荔枝、腰果、菠萝、芒果、番木瓜、槟榔
特色粮油	芸豆、绿豆、红小豆、蚕豆、豌豆、豇豆、荞麦、燕麦、青稞、谷子、糜子、高粱、薏苡、啤酒大麦、啤酒花、芝麻、胡麻、向日葵、木本油料
特色饮料	红茶、乌龙茶、普洱茶、绿茶、咖啡
特色花卉	鲜切花、种球花卉、盆栽花卉、园林花卉
特色纤维	蚕茧、苎麻、亚麻、剑麻
道地中药材	三七、川贝母、天麻、怀药、杜仲、枸杞、黄芪、人参、丹参、林蛙、鹿茸、当归、罗汉果、北五味子、浙贝母、川芎、金银花、白术、藏药、桔梗、细辛、龙胆草、山茱萸
特色食草畜	耗牛、延边牛、渤海黑牛、陕县红牛、复州牛、湘西黄牛、奶水牛、德州驴、关中驴、晋南驴、广灵驴、泌阳驴、福建黄兔、闽西南黑兔、九嶷山兔、吉林梅花鹿、东北马鹿、细毛羊、绒山羊、藏系绵羊、滩羊、奶山羊

续表

品类	品种
特色猪禽蜂	金华猪、乌金猪、香猪、藏猪、滇南小耳猪、八眉猪、太湖猪、优质地方鸡、特色水禽、特色肉鸽、特色蜂产品
特色水产	鲍鱼、海参、海胆、珍珠、鳜鱼、鳟鲟鱼、长吻鮠、青虾、锯缘青蟹、黄颡鱼、黄鳝、乌鳢、鲶鱼、龟鳖、海蜇

资料来源：中华人民共和国农业农村部网站整理而得。

特色农产品具有独特的经济、文化和社会价值，更容易受到更多地方政府和企业的青睐。“特”指相对于一般的，意为独特，特色农产品就是相对于一般农产品具有独特的特点。特色农产品分为3个层次：第一，特有的地区，是指在一定区域范围内的农产品，如烟台苹果、新疆大枣等，指建立在特定环境和人文因素下所具有的品类；第二，特有的品种，例如湘西土家族苗族自治州的黑土猪等，强调区域特有的品种，消费者根据当地特有的饮食习惯和民俗特点不断优选形成，特有品种是特色农产品基础；第三，特殊的品质，由于地理环境或种养技术形成的特殊品质，如小溪自然产出的鲫鱼、放养鸡鸭禽类等，强调特殊的品质。因此，特色的农产品具有特殊的品类、品种、品质3大类。

2.2 相关理论基础

2.2.1 集体声誉理论

声誉作为一种隐性激励机制，可以保证短期内的承诺行动，降低市场信息不对称程度，在一定程度上能够缓解道德风险和逆向选择问题（鲍宗客，2015）[①]。亚当·斯密将声誉作为一种保证性的契约，早期的声誉模型主要是研究声誉机制对于个人或单个管理者的行为决策[②]。

泰勒最早在1996年“Theory of Collective Reputation”中首次提出集体声誉的概念，随后集体声誉理论得到了一定程度的发展。泰勒将声誉视为集体

① 鲍宗客．集体声誉下虚假认证的形成及治理机制研究［D］．大连：大连理工大学，2015.

② 范鸿飞．区域声誉对农产品质量安全治理的激励机制研究［D］．杭州：浙江工商大学，2015.

性资产，认为集体的声誉就是个人声誉的组合，其依赖于集体组织过去提供的产品或服务的质量，声誉的高低取决于交易者之间多次动态重复博弈形成的信用。泰勒认为集体声誉具有4个特征：集体内成员共有共享、个体过去行为无法观测、集体过去行为可预测当前个体行为、集体成员受其他成员过去行为的影响①。

个体声誉机制的失效是集体声誉产生的必然②，个体声誉通常无法直接观测，消费者通常通过集体声誉做整体判断。从区域性角度来看，集体的声誉应该由区域内所有生产该品类的同质企业历史平均质量形成。1998年迈克尔·波特将“集群声誉”视为产业集群发展的整体形象资产，能够有效、准确披露产品的信息，并认为集群可以通过不断提高集体声誉来提高消费者的满意程度，进而可吸引消费者转向卖者聚集地。以农产品为例，由于特定区域内农产品同质性严重，政府倡导通过集体声誉机制建立农产品区域公用品牌，进而产生地区特有的特色农产品质量信号。Winfree 和 Mccluskey（2005）以华盛顿苹果为例表明当区域的生产者众多且分散没有独立的品牌时，消费者无法识别产品的质量，此时所有生产者的平均质量共同决定集体声誉，成员之间的质量“搭便车”行为严重影响了区域品牌产品质量的提升，单个农户没有生产高于平均质量产品的激励③。

集体声誉机制可通过增加企业的利润发挥溢价效应，约束生产者生产行为，增强企业生命力。集体声誉具有高溢价的特点，声誉的提升可提高产品的知名度、美誉度，因此声誉可以作为特殊的市场激励机制。同样集体声誉具有准公共产品属性，较高的集体声誉可以使区域内每个个体享受收益，集体声誉需要由集体中的个体共同维护。一旦集体声誉下发生“搭便车”行为，将严重降低个体提升和维护产品质量的激励。尤其是当集体中成员数量增加时，集体的约束管理就会变得更为困难，一般而言，成员的数量与集体声誉呈抛物线的关系。

集体声誉机制可降低消费者的选择成本。根据信息披露的程度，产品市场可以分为搜寻品、经验品和信用品3大类，随着产品信息的不对称程度越

① 鲍宗客．集体声誉下虚假认证的形成及治理机制研究［D］．大连：大连理工大学，2015.

②③ Winfree J. A.，McCluskey J. Collective Reputation and Quality［J］．American Journal of Agricultural Economics，2005，87：206－213.

高，声誉机制发挥的作用越大①。以农产品为例，作为典型的经验产品、信任产品，即便完全消费之后，消费者对产品质量的信息也不能完全了解，如无法明确感知农药残留、激素含量等。区域公用品牌作为一种产品信息披露机制，借助声誉机制能够很好地缓解农产品的信任品属性。

2.2.2 品牌相关理论

(1) 品牌战略管理理论

品牌已经成为当今市场竞争优势的主要因素之一，作为一项长期的战略，是产品经营的高级阶段。品牌战略管理理论包括四个步骤：①识别和建立品牌规划；②设计并执行品牌营销活动；③评估和诠释品牌绩效；④提升和维系品牌资产（见表2-7）。

表2-7　　品牌战略管理步骤

步骤	管理内容
识别和建立规划	品牌定位
设计并执行营销活动	品牌元素、品牌整合及营销、品牌联想
评估和诠释品牌绩效	评估、审计、追踪、管理
提升和维系品牌资产	定义品牌结构、长期管理品牌资产

关于品牌创建理论较多，包括USP理论（品牌形象和定位）、营销整合理论、品牌识别理论、品牌价值和声誉理论等。USP理论强调产品卖点与消费者独特的消费主张相一致，该理论注重消费者品牌忠诚。品牌的营销整合理论主要包括Kevin Lane Keller（1993）的“营销整合”品牌创建理论和大卫·艾格（1998）的品牌识别理论。前者依托品牌的构成要素，强调消费者对品牌认知的目标；后者强调从消费者、对手、企业品牌方面共同推进消费者的品牌忠诚。莱斯利·德·彻纳东的品牌价值和声誉理论主要强调品牌后期的价值评估与维护②。

农产品区域公用品牌的形成过程较复杂，需要地区有特殊的资源要素禀赋、历史文化积淀、产业优势，也需要向公众传递持续的信赖感。农产品区

① 王二龙．集体声誉下地理标志认证的有效性研究［D］．大连：大连理工大学，2014.
② 王莉．欧盟地理标志产品管理研究［D］．长春：吉林大学，2015.

域公用品牌的理论基础包括政府营销理论、共生营销理论和区域产业品牌关联理论①。农产品区域公用品牌的品牌战略包括多个元素，从农业的标准化、规模化、组织化、信息化到精致化、产业化、资本化、科技化、市场化、跨界化、精品化等多个方面。通过对区域公用品牌的有效评估、审计、追踪和管理，可以提高区域的整体形象和声誉，能够吸收、聚集和利用更多的促进区域经济和社会发展的资源要素，最终达到对区域公用品牌的长期管理与绩效提升。

品牌的战略管理理论将品牌划分为不同的生命周期，具体包括初创期、成长期、强化期、成熟期4个阶段②（见图2－1），农产品区域公用品牌的生命周期也应当如此。初创期，品牌主体数量较少，品牌主体分散经营。成长期，从业主体数量增加，部分主体之间相互合作，此阶段是区域公用品牌发展的雏形期。强化期表现为区域内部主体间合作逐步强化，运行更加有效。发展成熟期会出现两种情境：第一，区域公用品牌由于运行不善逐步衰退；第二，区域公用品牌竞争力逐渐提升。农产品区域公用品牌所处的周期不同，不同的阶段政府主体发挥作用也不同，处于品牌初创期、成长期和强化期时，政府作用逐渐增强，农产品区域公用品牌处于成熟期，政府逐渐退出管理，此时看不见的手——市场将会发挥作用。从农产品区域公用品牌消费者的识别度来看，初创期品牌并不被消费者所熟知和认可，随着区域公用品牌的逐

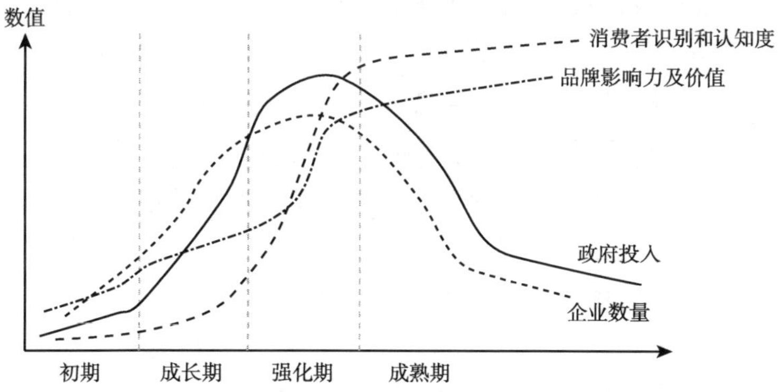

图2－1　品牌生命周期理论

① 熊曦．区域产业品牌形成机理及其培育策略研究［D］．长沙：中南大学，2013．

② 余明阳．中国家族企业接班的现状、困境与对策研究——基于54家企业的样本分析［J］．管理观察，2013（27）：93－101．

渐发展，消费者对于区域公用品牌的识别和认可逐步增强；当达到成熟期后，区域公用品牌农产品将拥有一批稳定的消费者。企业（包括合作社等主体）数量随着区域公用品牌的逐步发展呈现倒“U”形，先增后降。协会或政府主体所持有的区域公用品牌的影响力从初创期到强化期呈现逐步提升的趋势，成熟期趋于稳定。

（2）品牌经济学相关理论

品牌经济是以品牌作为核心整合各种经济要素，带动经济整体运行的经济形态。张五常认为经济学最基本的理论就是价格理论，而当产品过剩时代经济学的分析框架中应当关注消费者的品牌选择，国内学者孙曰瑶、刘华军较早对品牌经济学开展研究。

首先，品牌能够降低消费者的选择成本。

消费者选择商品所消耗的成本又称为选择成本，具体指的是消费者在选择决策中所花费的成本，如为了在多个同类产品中做出决策而进行对比所花费的时间成本、学习成本等，消费者在购买商品和服务所支付的价格并不属于选择成本的内容。生活中时刻面临选择，人类的基本行为也是在比较选择中进行，经济学分析的最基本单位是选择而不是交易。人们生活在物质极大丰富的时代，可选择的商品或服务正在实现爆炸式增长，消费者挑选物品面临着困难，品牌正是通过降低消费者的选择成本从而提高选择效率，在生产过剩时代，理性的消费者会选择那些选择成本相对较低的产品进行购买。消费者在作出选择和购买行为之前都有一定的目的，或是物质利益，或是情感利益。经济学的研究主要关注人类选择行为在特定的假定条件下如何实现利益的最大化。相比于商品短缺，物质匮乏时代不构成选择问题，物质丰富后我们首先面临的是品类选择，随着物质进一步的丰富，相同品类的商品种类增加，消费范围也会持续增加，货比三家，选择成本也会随之增加，此时通过筛选特定品牌能够降低选择成本。因此选择成本问题分析是消费者品牌经济学的主要研究范式。

其次，品牌能够提高生产者（企业）的生产效率。

对于无品牌条件或是商品短缺时代，厂商关心的是如何提高生产能力，消费者关心买到足量更多的商品，而到进入了买方市场，物质丰富时代，商品的同质化严重，厂商需要改变以往以产品为核心的经营模式，让自己的产品在众多商品中脱颖而出。消费者在不断挑选更符合需求和核心利益点的商品，而由于有限理性、选择时间和技术的限制（消费者并不是商品的技术鉴别专家），消费者期望能够提高选择的效率，降低选择成本，品牌成为影响消费者选择行为的关键。消费者完成购买需要经历“需求—信息搜寻—备选集合—择优决策—消费者使用—结果验证—后续选择”等过程（见图2-2），品牌能够让消费者节省做出决策所需要的选择成本。降低选择成本的机制即实现消费者心目中的单一利益点（Single Benefit Point，SBP），品牌提高了消费者的选择效率，进一步提高了企业的生产效率。所谓的单一利益点又称为品类度，为厂商和顾客对产品的诉求和基本象征，利益点分为物质利益和情感利益两个层次，如飘柔的单一利益点就是柔顺，消费者在购买过程中单一利益点的需求具有不可替代性。单一品牌核心利益点确定后，厂商可以通过“品牌”达到让消费者对产品的高评价的目的。

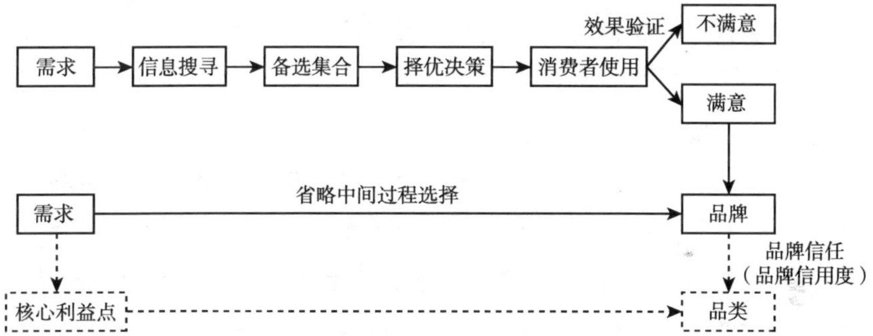

图2-2 品牌形成及消费者选择一般过程

资料来源：孙曰瑶．品牌经济学［M］．北京：经济科学出版社，2005。

品牌是商品质量性能的体现，一旦消费者购买的产品出现质量问题，会降低企业的品牌信任度，降低厂商的生产效率。品牌信任度又称为品牌信用，品牌信任度与选择成本呈负相关关系，提高品牌信任度会降低选择成本，当品牌信任度为1时，选择成本几乎为0。如图2-3所示，提高品牌信任度（品牌信任度指的是利用排他性的符号向目标顾客做出并做到某种品类承诺的程度）[①] 会降低选择成本，提高选择效率。

最后，“价格机制作为唯一确定资源配置效率”的论点在品牌经济背景下不再完全有效。

① 孙曰瑶，刘华军．品牌经济学原理［M］．北京：经济科学出版社，2007.

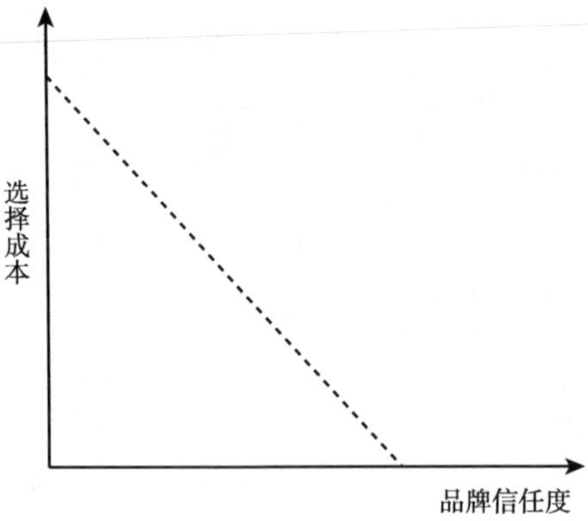

图 2－3　选择信任度与选择成本的关系

主流经济学认为在传统的商品中价格具有调整市场供给量和需求量的作用，价格作为资源配置的协调机制是最有效率的，“看不见的手”指挥人们的行动和选择。当价格高时，厂商扩大生产，消费者需求数量降低，最终在价格机制作用下商品实现供需平衡。然而现实情况并不完全与上述表述一致。当产品供给过剩后，消费者可以在众多商品中做出取舍选择，价格机制的调节作用失败。对于厂商而言，在提高生产效率的同时，更应当提高品牌信任度，创造同消费者一致的单一核心利益点，让消费者无条件信任并购买产品。当价格机制的调节作用并不完全有效，消费者选择品牌的核心利益点才能让厂商实现产品溢价。如红牛的单一利益点（品类）是“能量饮料”、士力架的单一利益点“能量回来，最佳状态”、鸿星尔克的单一利益点是“To Be No. 1”，这些均能够为消费者传递“购买的强硬理由”的信息。

2.2.3　俱乐部产品理论

（1）俱乐部产品

根据产品的排他性和竞争性特点，可将产品分为私人物品、纯公共品、公共池塘资源、俱乐部产品等（见表 2－8），其中公共池塘资源和俱乐部产品统称为准公共物品。俱乐部产品经常用来研究非纯公共物品问题，起源于 20 世纪。产品的排他性是指物品或服务能够排除潜在的用户，竞争性是指消费者的增加引起生产成本的增加，每多提供一件或一种私人物品，都要增加生产成本。

表 2-8 公共品性质分类

		排他性	
		有	无
竞争性	有	私人品	公共池塘资源
	无	俱乐部产品	纯公共品

俱乐部产品具有排他性和非竞争性。"俱乐部理论"是一种合作成员理论，俱乐部物品的消费特征为：第一，非竞争性，俱乐部成员内部单个成员的消费不会影响其他成员的消费，超过某个临界点后非竞争性的现象就会消失，导致成员付出的代价大于收益；第二，排他属性，俱乐部产品只有成员可以消费，非成员不能消费①。

农产品区域公共品牌具有典型的俱乐部产品特征。区域公用品牌非竞争性体现在可以被更多的主体共同使用，且多个主体的共同使用在短期内不会影响其效用②。增加一个区域公用品牌的使用主体并不会导致其主体私人成本的增长，即边际成本为零；增加一个区域公用品牌的使用者，也不会因此而减损其他主体而获得的预期收益，即边际拥挤成本为零。例如使用"迁西板栗"的厂商 A 对品牌商标的使用，不增加厂商 B 对这一品牌商标的使用成本。区域公用品牌对外排他体现在只能由"俱乐部"内的成员共同消费，对地域范围和使用权限也有一定的限制。

农产品区域公用品牌的俱乐部产品特征导致其面临许多问题：第一，"搭便车"问题，生产经营者坐享区域公用品牌的收益不愿意付出任何成本；第二，囚徒困境问题，单个生产者追求自身利益最大化的理性行为造成集体的非理性，生产经营者提供的农产品以次充好，不维护公用品牌，获得高品牌收益的同时最终造成区域公用品牌蒙受损失。

（2）外部性理论

俱乐部产品是特殊的公共物品，具有外部性特点。马歇尔在《经济学原理》中最早界定外部性概念（Marshall，1890），后 Pigou 在《福利经济学》中将该理论进一步完善。外部性是个体参与集体活动中，私人成本与社会成

① 程乐．俱乐部产品的经济学分析［D］．兰州：兰州财经大学，2015．

② 侯可．区域品牌建设初探［J］．科技和产业，2007（01）：10－11，41．

本、私人收益与社会收益不一致的现象。外部性分为正外部性和负外部性，正外部性又称为外部经济，负外部性也称为外部不经济①。正外部性是个人或企业的私人行为给他人带来好处，但却不能获得额外的补偿，私人收益小于社会总收益；负外部性是个人或企业行为给他人或企业带来损害，但是却不支付弥补损失的成本，此时私人成本小于社会总成本②。

农产品区域公用品牌具有外部性特点。市场上符合规定的（合规）生产经营者提供优质农产品，违规生产经营者提供劣质农产品。消费者根据经验选择农产品，当以优质农产品的价格选择不合规的农产品时，违规的生产经营者获得高收益却未支付相应成本而获得正外部性，反之当消费者不愿意为优质农产品支付较高的价格，合规的生产经营者付出高成本却不能得到相应的收益而获得负外部性。避免低质量农产品的高价销售并且实现农产品优质优价，减少外部性对于区域公用品牌的良性发展十分必要。

2.2.4 利益相关者理论

20 世纪 60 年代，斯坦福研究所首次提出利益相关者的基本理论，美国 Leland Stanford Junior 研究小组将其定义为企业失去其支持便无法生存的利益群体，代表与企业具有密切关系的所有人。学者普遍认为组织应当由多个利益相关者共同组成，因此组织的职能之一就是保证众多利益相关者的合法权益。Freeman 的利益相关者理论将政府、社区及多个组织共同纳入到研究的范畴中，界定利益相关者的定义为：组织实现目标过程中所有影响的个人或群体。

管理学上的利益相关者（Stakeholder）是指组织外部环境中受组织决策和行动影响的所有相关者。《战略管理：利益相关者管理的分析方法》指出企业的经营管理者为综合平衡各个利益相关者的利益所进行的管理活动，并认为利益相关者包括企业的股东、债权人、雇员、消费者、供应商等交易伙伴，甚至包括自然环境、人类后代等受到企业经营活动直接或间接影响的客体。

---

① 沈满洪，何灵巧．外部性的分类及外部性理论的演化［J］．浙江大学学报（人文社会科学版），2002（01）：152－160.

② 李志方．地理标志农产品质量维护策略研究［D］．天津：天津大学，2013.

如果将品牌视为一个生命体，从生态的观点来看，品牌及其环境共同构成的一种生态系统，具有生态系统最基本的特征。王兴元（2004）较早提出品牌生态系统理论①，认为品牌由多个利益相关者共同参与运营。农产品区域公用品牌的建设是一项复杂的系统工程，品牌建设需要经过多个环节，利益相关者是参与区域公用品牌创建、维护、使用、受益的主体，包括政府主体、生产者结成的行业协会主体、农业企业主体、合作社主体、农户主体以及市场需求的消费者主体。利益相关者的行为共同决定着农产品区域公用品牌的建设。

2.2.5 博弈论理论

博弈论，又称为对策论（Game Theory）、赛局理论等，博弈论是研究不同的策略环境中行为人采取策略行动的理论，属于运筹学的分支。博弈论思想早在《孙子兵法》中有所提及，是对个体预测行为和实际行为的研究，并给出最优的策略集合。经济文献中最早出现博弈论的研究是关于垄断定价和生产的文章（古诺，1838；波特兰，1883；埃奇沃斯，1925），约翰·冯·诺依曼和奥斯卡·摩根斯坦在《博弈论和经济行为》（Theory of Games and Economic Behavior）一书中引出了博弈理论的思想，证明了零和博弈的存在。1950 年纳什（Nash）提出来“纳什均衡”的概念，将“零和博弈”拓展到“非零和博弈”领域。1950 年塔克（Tucker）关于“囚徒困境”的研究也引发了学者的深度思考。

关于博弈论的分类，根据双方参与者有无约束协议分为合作博弈和非合作博弈，根据参与人对其他参与人的了解程度又分为完全信息博弈和非完全信息博弈；根据行为的时间顺序又分为静态博弈和动态博弈。不同的博弈类型又可交叉相互进行，例如纳什均衡的拓展版本的完全信息的静态博弈、完全信息的动态博弈、不完全信息的静态博弈、不完全信息的动态博弈多个专题（见表 2-9）。

---

① 王兴元. 品牌生态学产生的背景与研究框架［J］. 科技进步与对策，2004（07）：121-124.

表 2-9　博弈信息分类表

	静态	动态
完全信息	完全信息静态博弈 纳什均衡	完全信息动态博弈 子博弈精炼纳什均衡
不完全信息	不完全信息静态博弈 贝叶斯纳什均衡	不完全信息动态博弈 精炼贝叶斯纳什均衡

资料来源：蒋文华．用博弈的思维看世界［M］．杭州：浙江大学出版社，2014。

关于博弈论中的构成要素有多种提法，如博弈论中的要素应该分为参与者、行为、信息、策略、秩序、收益、结果、均衡八要素论，或者是参与者、策略、支付、信息、均衡五要素论，也有局中人、策略、得失、结果、均衡的五要素论的提法。总体来看参与者、策略、收益是构成博弈论中最主要和最基本的要素。参与人，一般是理性的行为主体，至少两个。信息是参与者有关的博弈知识。行动，指参与者能够做出的行为选择。策略，指参与者在行动之前的行动方案又称为预案。

博弈论中蕴含基本假定：第一，决策者追求个体利益最大化，所做的决策是合乎理性的，包括认知理性和行为理性两个层面。第二，共同知识（Common Knowledge）假设，表明博弈论中的行为主体都是理性的，且所有人都知道所有人是理性的，以致无穷（无限套娃），理性是一个共同知识，行为主体对博弈的规则达成共识，共同知识不仅要求博弈主体自身知晓规则，还知道其他所有博弈主体都知道规则。第三，声誉对博弈策略的选择有影响，即多次博弈中博弈论中考虑声誉效应，声誉能够激励和约束人们的行为，可以作为有效的激励机制。

在不完全信息的情况下，只要博弈次数足够多，参与人就有建立“合作”声誉行为的积极性。一个重复参与相同博弈的参与人可能试图建立一个对于特定行为方式的声誉。具体思路为，一个参与人如果总是用相同的策略博弈，则其对手预期他将来继续采用此行为，即为“合作到对手背叛，并且从此以后背叛”，在消费者—厂商双方博弈中，消费者采用的策略为“预期产品高质量”。声誉效应也可以在消费者购买农产品的品牌选择中有体现。购物之前，消费者事先有一个厂商会供给好商品的先验假设，通过购买产品得到一次判断，如果产品为质量优等则提高品牌的信任度，如果产品劣质则降低品牌信任度，直至放弃该品牌商品的购买。

2.2.6 消费者行为理论

（1）消费者行为理论的模式及内涵

关于消费者行为理论是将行为科学与消费者结合的研究范式，目前较为成熟的消费者行为理论研究模式主要分为5类：第一，1968年恩格尔以心理学、社会学和人类学相关知识为基础的恩格尔模式（EKB模式）；第二，1978年希夫曼开创了“用广告来图解消费者行为”的方式，主要以消费者个体为研究对象，阐释消费者个体内部产生行动的驱动力进而满足尚未满足的自身需求的希夫曼模式[①]；第三，1980年霍金斯等人立足于西方文化，将消费者行为与营销管理相结合，强调消费者行为的相关知识在营销战略中的应用的霍金斯模式；第四，1985年，在受限意向行为理论上从信息加工角度出发，解释个体行为的一般决策过程，包括行为信念、行为态度、主观规范和感知行为控制4个方面的艾森模式；第五，2001年科特勒认为消费者选择决策的过程需要经过消费者黑箱，从而作出反应，形成了科特勒模式[②③]。

综上所述，消费者行为是指消费者为获取、使用、处置消费品并形成的行为和所采取的各种行动，以及先于且决定这些行动的决策过程等多方面内容。消费者行为包括行为需要满足的过程，消费者有需求并受到多种因素的影响，产生行为意向以及最终产生一系列的行为（见图2-4）。本书涉及的消费者行为部分主要是对消费者决策中“选择评估”过程对信息处理的反应进行探讨，具体包括消费者的认知、态度、主观行为规范、意向形成及其影响因素的分析。

（2）计划行为理论在消费者行为理论中的应用

Ajzen提出的计划行为理论（TPB）由理性行为理论发展而来，广泛应用于行为科学，该理论是一种了解人类行为模式的理论，对人类行为具有很好的解释力和预测力。TPB理论从信息加工角度出发，解释个体行为的一般决策过程，认为影响行为的因素都是经由行为意向来间接影响。TPB理论共包

---

① Schiffman, Leon G., Wisenblit, Joseph L. Consumer Behavior Plus Mymarketinglab with Pearson Etext Access Card Package [M]. Nog Niet Verschenen. Titel Kan Gereserveerd Worden.

② J. 布莱思．消费者行为学精要［M］．北京：中信出版社，2003.

③ 卢泰宏，周懿瑾．消费者行为学——中国消费者透视［M］．北京：中国人民大学出版社，2015.

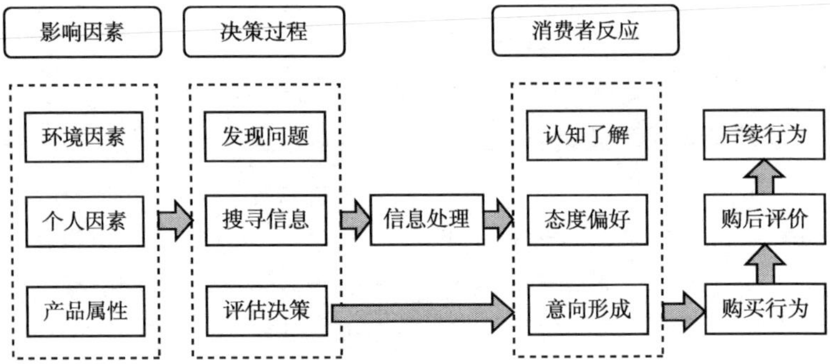

图 2-4　消费者行为框架

含行为态度、主观行为规范、知觉行为控制、行为意愿和实际行为等变量：①行为态度是个体对特定行为喜欢或不喜欢的评估；②主观规范是个体执行决策所感受到的社会压力，具体反映具有重要性的他人或团体对于决策的影响；③知觉行为控制是个体感到行为的难易程度，是个体执行行为因素的知觉，反映个人过去的经验和预期的阻碍；④行为意愿是指个人对于采取某项特定行为的主观机率的判定，它反映了个人对于某一项特定行为的采行意愿；⑤实际行为，是个人实际采取的行为。大量研究表明消费者的行为态度、主观规范、知觉行为控制、行为意向等能够对消费者实际行为产生直接或间接的影响[①②]。

① 消费者对安全食品支付意愿的影响因素分析——基于计划行为理论框架［J］. 中国农村观察，2010（06）：22－34.

② 劳可夫，吴佳. 基于 Ajzen 计划行为理论的绿色消费行为的影响机制［J］. 财经科学，2013（02）：91－100.

第3章

我国农产品区域公用品牌建设现状

本章节使用的数据来自于中郡研究所2005年、2011年、2013年、2020年四次全国地理标志调研报告数据，全国农产品商务信息公共服务平台区域农产数据，浙江大学中国农村发展研究院中国农业品牌研究中心历年品牌价值评估报告数据，国家统计局数据等。根据第2章相关概念的界定，农产品区域公用品牌表现形式主要有地理标志农产品和地方特产两种，考虑到数据的可得性，本章所讨论的农产品区域公用品牌数据均以地理标志数据来代表，地理标志可以看成是农产品区域品牌的主要表现形式，可以在一定程度上反映我国农产品区域公用品牌的发展情况。虽然二者概念上存在一定的差异性，但是总体发展程度和趋势一致，将讨论农产品区域公用品牌的数量、分布、价值、使用、市场等情况均转为讨论地理标志农产品的特征具有可行性，另外，本章中数据范围由中国31个省级行政区域（不含港、澳、台）构成。

3.1 各地积极推进农产品区域公用品牌建设

近年来中国农业发展已经取得了显著成效，2022年全年粮食继续增产丰收，实现12年连丰，肉蛋奶产量也超过了世界平均水平，农业发展目标已经逐步从单纯追求“数量”转化成追求“稳量、提质、增效”更高层次的发展。我国农业发展已逐步从过度依赖资源消耗向绿色生态可持续转变，消费者对农产品的需求从主要满足量的需求逐步转向满足质的需求。深入推进农业绿色化、优质化、特色化、品牌化将是未来一段时期农业发展的总方向，而品牌化是我国农业现代化的必然趋势和根本着力点。品牌农业对于提高农产品的竞争力、满足消费需求、促进农民增收、加快实现中国从农业大国到强国的转变具有重要意义。将品牌优势转化成实际的效益是品牌农业的主要目标，农产品区域公用品牌是农业品牌的重要形式，我国正积极推进农产品区域公用品牌建设。

2016年国务院办公厅出台《关于发挥品牌引领作用推动供需结构升级的意见》，提出要积极发挥品牌引领的作用，推动供需结构升级。2017年的中央一号文件提出要发展农产品区域公用品牌，农业部将2017定义为农业品牌推进年。各级政府积极响应，各省同步制定推进农产品区域公用品牌建设的文件支持发展农业品牌发展（见表3－1）。结合相关省份的《关于加快推进农产品品牌建设的意见》《农产品品牌建设实施方案》《农产品行动方案》《品牌农业规划》《中国农业品牌发展报告（2022）》等文件资料，总结提炼部分先进省份的经验做法和突破性进展（见表3－2），如河南省构建“金字塔”式品牌体系、江苏省创新农业经营主体等。

表3－1　各地关于加快品牌农业的指导意见或措施

地区	指导意见或措施
天津市	关于加快推进农产品品牌建设的实施方案
河北省	农业厅关于农业品牌建设和农产品营销的推进方案
内蒙古自治区	人民政府关于加快推进品牌农牧业发展的意见
江苏省	农业厅关于加快推进农产品品牌建设的意见
安徽省	农业委员会关于“绿色皖农”品牌培育计划实施方案
福建省	农业厅关于实施品牌带动战略促进品牌农业发展的若干意见
江西省	农业厅印发关于加快推进农产品品牌建设的意见
山东省	人民政府办公厅关于加快推进农产品品牌建设的意见
	人民政府关于印发山东省农产品品牌建设实施方案
湖北省	工商局湖北省农业厅关于加快推进农产品品牌建设
湖南省	人民政府办公厅关于进一步加快推进农产品品牌建设的指导意见
广东省	农业厅关于印发广东省名特优新农产品评选推介活动方案
广西壮族自治区	广西现代特色农业产业品种品质品牌“10＋3”提升行动方案
海南省	人民政府关于加快推进品牌农业发展的意见
重庆市	人民政府办公厅关于加强农产品品牌培育的意见
四川省	关于加快四川农业区域品牌建设的意见
青海省	青海省推进农畜产品商标和地理标志品牌战略实施意见
宁夏回族自治区	推进“宁字号”特色优质农产品品牌战略工作意见
甘肃省	关于深入实施商标品牌战略意见
新疆维吾尔自治区	关于加快推进农产品品牌建设工作的意见

表3－2　各省区域公用品牌亮点经验做法

省份	亮点做法
陕西省	围绕主导产业建立现代农业产业链“链长制”
广西壮族自治区	打造品牌联合体，带动多环节的新型经营主体联合
河南省	构建“国家级和省级区域公用品牌＋县区域公用品牌＋企业品牌和产品品牌”“金字塔”式品牌发展体系

续表

省份	亮点做法
江苏省	引领带动新型主体打造品牌、推介品牌、树立品牌，通过“公用品牌+行业协会+农户”等形式，积极打造农产品区域公用品牌
河北省	发布《河北农业品牌评价规范（农产品企业品牌和农产品区域公用品牌两项）》
黑龙江	制定团体品质标准、评价标准
云南省	构建“绿色云品”管理平台促进品牌管理
江西省	依托多因素融合产业发展，构建稻米区域公用品牌，将品牌保护纳入法治轨道，构建良好的品牌保护法治环境
福建省	聚焦茶叶、蔬菜、水果、畜禽、水产、林竹、花卉苗木、食用菌、粮油、中药材等区域公用品牌
山西省	促进豆、麦、栗、薯、黍等杂粮类品牌建设
内蒙古	印发三年行动方案，打造地域特色鲜明的农畜产品区域公用品牌，实行区域公用品牌的动态管理，建立市场准入和退出的机制
甘肃省	打造“甘味”，围绕牛、羊、菜、果、薯、药六大产业，建设“蒙”字认证监管平台
青海省	促进高原特色畜牧业高质量发展
四川省	聚焦川字号，打造川茶、川果、川粮油、川猪等特色
贵州省	发布《关于加快山地农业现代化推进农业高质量发展的实施意见》，集中力量提高影响力
吉林省	发布《关于打造吉林区域品牌推动高质量发展的实施意见》重点打造区域公用品牌
重庆市	出台奖补政策，每年奖金达到6500万元

资料来源：由各省份农产品品牌支持政策、《中国农业品牌发展报告（2022）》整理。

3.2 农产品区域公用品牌总量逐年递增

根据《全国第四次地理标志调研报告》数据（见表3－3），2020年我国区域公用品牌总量为8421个，其中涉及农产品区域公用品牌的有8273个，占总数的98.24%，绝大多数登记的区域公用品牌均是农产品。从总量发展来看，我国区域公用品牌总量呈现逐年增长态势，2005年登记的区域公用品牌数量为323个，2020年总量增加至的8421个，2020年是2005年总量的26倍。从农产品区域公用品牌总量的增速来看，2005—2011年年均增速为

34.93%，后增速逐渐放缓，2013—2020年年均增速为14.77%，15年间年均增速为24.28%。

表3-3　　四次区域公用品牌数量变化情况

年份	区域公用品牌数量（个）	年均增长率（%）
2005	323	
2011	1949	34.93
2013	3210	28.34
2020	8421	14.77

数据来源：郡县地标特产大全网（WWW.SINOGI.CN），全国四次区域公用品牌调研报告。

各地通过"一村一品""一镇一特""一县一业"不断打造区域公用品牌，把不少"小产业""土特产"培育成为当地农民的支柱产业。从区域公用品牌涉及的地域层次来看，绝大多数的区域公用品牌集中在县级层面（见表3-4）。截至2020年年底，我国共拥有县级行政区域2844个，8421个区域公用品牌中有7509个属于县级区域公用品牌，占区域公用品牌总数的89.17%，平均每个县级行政区域拥有区域公用品牌2.64个，全国省级区域公用品牌数量仅有78个，占区域公用品牌区域范围等级总数的0.93%。

表3-4　　区域公用品牌区域范围等级统计

	数量（个）	占比（%）
省域	78	0.93
地市	834	9.9
县域	7509	89.17

数据来源：郡县地标特产大全网（WWW.SINOGI.CN）。

农产品地理标志登记（区域公用品牌）中重复登记情况较为普遍。我国原有的地理标志登记类型包括地理标志产品（PGI）、地理标志商标（GI）、农产品地理标志（AGI）3种类型，如表3-5所示。第四次地理标志调研报告显示，3种类型的地理标志超中过21.3%的产品存在重复登记的情况，以地理标志商标登记的地理标志商标数量为4858个，占总数的57.68%；以地理标志产品登记的数量为2269个，占总数的26.95%。8421个区域公用品牌中，只有单一一种地理标志登记的产品有6835种，占总数的81.05%，其余地理标志均存在重复登记的现象。

表3－5　　三部门地理标志重复登记情况汇总

	记号	登记	占比（%）
地理标志产品	PGI	2269（含重复登记）	26.95
地理标志商标	GI	4858（含重复登记）	57.68
农产品地理标志	AGI	3088（含重复登记）	36.67
地理标志	单一注册	6825	81.05
	注册其中两种	1398	16.60
	三种标志同时注册	198	2.35

数据来源：郡县地标特产大全网（WWW.SINOGI.CN），全国四次地理标志调研报告。

3.3　农产品区域公用品牌总体使用率较低

农产品区域公用品牌具有公共属性，可以授权给区域内的企业使用，企业使用区域公用品牌又可以进一步提升公用品牌的知名度。郡县地理标志网相关数据显示，我国地理标志使用率呈逐月增长趋势（如表3－6，图3－1所示），2021年3月份，统计可使用地理标志的企业数量为17203个，涉及的地理标志共计2108个，地理标志使用率为23.84%，截止到2022年11月份，全国地理标志核准授权许可可用企业共计27522家，涉及的地理标志个数为3250个，地理标志使用率为33.23%。

表3－6　　地理标志核准授权使用情况汇总表

时间	月份	可使用企业数量	涉及地理标志	地理标志使用率（%）
2021年	3月	17203	2108	23.84
	4月	17547	2141	23.97
	5月	18813	2277	25.15
	6月	20078	2412	26.33
	7月	21406	2539	27.67
	8月	21778	2591	28.19
	9月	22158	2633	28.63
	10月	22622	2685	29.17
	11月	22693	2736	29.53
	12月	22763	2786	29.89

续表

时间	月份	可使用企业数量	涉及地理标志	地理标志使用率（%）
2022 年	1 月	23064	2887	30.75
	2 月	23334	2905	30.75
	3 月	24142	3005	31.61
	4 月	24670	3013	31.62
	5 月	24810	3036	31.72
	6 月	25107	3061	31.91
	7 月	25729	3112	32.12
	8 月	26586	3161	32.58
	9 月	26755	3190	32.78
	10 月	27163	3211	32.9
	11 月	27522	3250	33.23

注：2021 年 5 月、11 月份的数据缺失，为了保证数据的可比性，5 月份和 11 月份的数据采用临近插值法补齐（即 5 月份的数据等于 4 月份和 6 月份数据的算术平均数）。

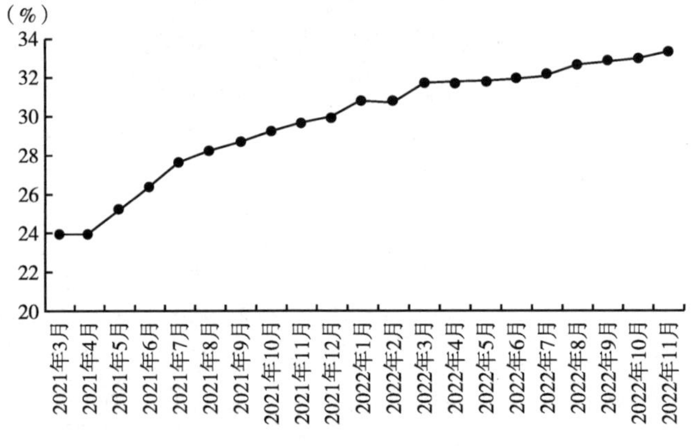

图 3－1　地理标志使用率趋势

从单个地理标志授权情况来看，2021 年 4 月份全国核准授权许可使用的地理标志中可使用企业调研涉及 2141 个地理标志和 17547 家地理标志企业，地理标志使用率为 23.97%，接近总数的 1/4，平均每个地理标志核准授权 8.2 家企业。不同地理标志授权企业个数之间存在显著差异，如表 3－7 所示，授权企业在 100 个及以上的地理标志数量为 23 个，占总数的 1.08%，武夷岩茶地理标志产品核准企业数量最多，核准企业 575 家；授权企业在 51—

99 个及以上的地理标志数量为 33 个，占总数的 1.54%；授权企业在 11—50 个的共计 264 个，占总数的 12.33%；地理标志授权企业可使用的数量在 10 个及以下的共计 1821 个，占总数的 85.05%，其中仅授权为单个企业使用的地理标志为 948 个，占比为总数的 44.28%。绝大多数地理标志授权给 10 个及以下企业，地理标志整体授权企业个数较少。

表 3-7　地理标志核准授权可使用企业数量分布情况（2021 年 4 月份）

授权企业数量（个）	地理标志数量（个）	占比	举例
100 及以上	23	1.08%	盘锦大米、阳澄湖大闸蟹、西湖龙井
51-99	33	1.54%	奉节脐橙、中宁枸杞、大连海参
11-50	264	12.33%	宁夏枸杞、威海刺身、涪陵榨菜
10 及以下	1821	85.05%	洛川苹果、柞水木耳、沁州黄小米 其中授权 1 个企业的共计 948 个（44.28%），如安龙石斛、湄潭翠芽、周至猕猴桃

如表 3-8 所示，月报数据显示 2021 年 4 月份农产品地理标志的使用率普遍较低，10 大产品类别中地理标志使用率最高的是酒品类，占 53.16%，最低的是蔬菜类，仅为 17.08%。酒品类、茶叶类、食品类、粮油类、综合类的地理标志使用率平均值高于平均水平（23.97%）。

表 3-8　2021 年 4 月份地理标志保护与发展月报统计

产品类别	排序	地理标志使用率（%）
酒品类	1	53.16
茶叶类	2	39.20
食品类	3	31.18
粮油类	4	24.89
综合类	5	24.78
中药材类	6	22.57
果品类	7	21.83
水产类	8	21.26
畜禽品类	9	17.98
蔬菜类	10	17.08

3.4 农产品区域公用品牌在空间和品类分布上差异明显

3.4.1 农产品区域公用品牌区域分布状况

（1）空间分布差异大

“橘生淮南则为橘，生于淮北则为枳”，农产品生产地域性明显。如图3－2所示，2020年底，我国8421个区域公用品牌分布在31个省份，平均每个省份拥有品牌数量为272个，其中12个省份品牌数量超过平均值，分别为山东省（964）、四川省（678）、湖北省（605）、福建省（533）、江苏省（366）、云南省（310）、浙江省（306）、贵州省（298）、河南省（278）、重庆市

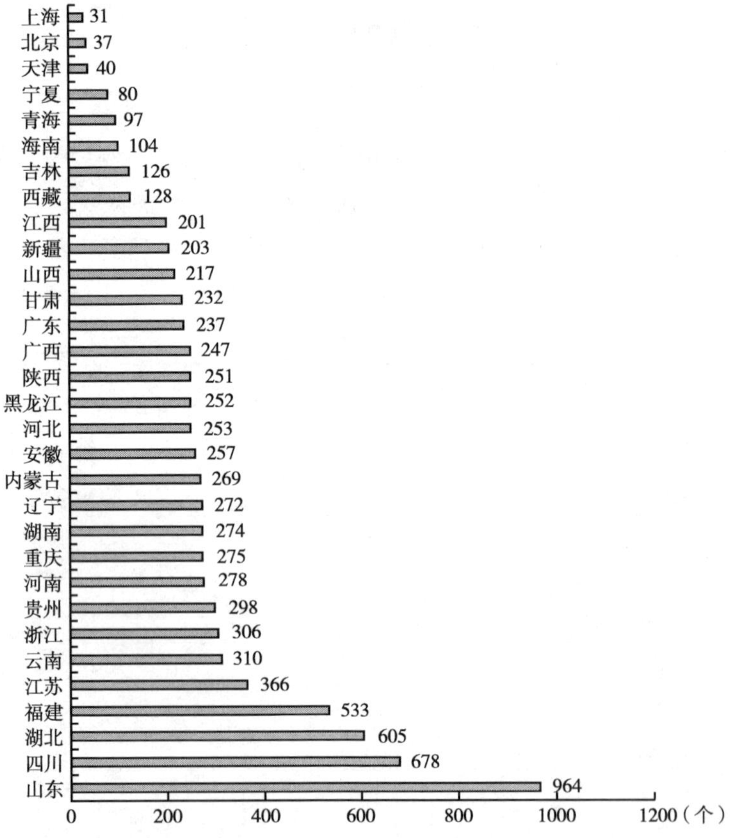

图3－2 各地区农产品区域公用品牌登记分布

（275）、湖南省（274）、辽宁省（272）。排名第1的山东省拥有农产品区域公用品牌共计964个，排名最后的上海市农产品区域公用品牌共计31个，山东省数量为上海市的31倍，二者极差为933个，分布的不均衡程度极为显著。如表3-9所示，农产品区域公用品牌在全国的分布呈现出“中间多，两头少”的分布状态，绝大多数（16个）省份区域公用品牌集中在200—300个（见表3-9）。

表3-9　　各省农产品区域公用品牌数量分布情况统计表

地理标志数量等级（个）	数量（个）	地区
大于500	4	山东省、四川省、湖北省、福建省
400—500	0	无
300—400	3	江苏省、云南省、浙江省
200—300	16	贵州省、河南省、重庆市、湖南省、辽宁省、内蒙古自治区、安徽省、河北省、黑龙江省、陕西省、广西壮族自治区、广东省、甘肃省、山西省、新疆维吾尔自治区、江西省
100—200	3	西藏自治区、吉林省、海南省
100以下	5	青海省、宁夏回族自治区、天津市、北京市、上海市
合计	31	

（2）农产品区域公用品牌区域集中度较高

2022年我国各省平均拥有农产品区域公用品牌的数量为272个，排名靠前的山东省、四川省、湖北省、福建省4省区域公用品牌数量共计2780个，占全国总量的33%。表3-10展示2020年农产品区域公用品牌省域数量排名前10的省份区域公用品牌总量为4613个，占总量的54.78%，即不足全国1/3的省份占据全国一半数量以上的区域公用品牌，一定程度上说明我国农产品区域公用品牌具有较高的地区集中度。

表3-10　　2020年农产品区域公用品牌省域排名前十分布

省份	数值（个）	比例（%）	排序
山东	964	11.45	1
四川	678	8.05	2
湖北	605	7.18	3
福建	533	6.33	4

续表

省份	数值（个）	比例（%）	排序
江苏	366	4.35	5
云南	310	3.68	6
浙江	306	3.63	7
贵州	298	3.54	8
河南	278	3.30	9
重庆	275	3.27	10

农产品区域公用品牌数量在各省中的排名与各省 GDP 水平和农业发展水平相适应。对比分析数量排名，前 10 位区域公用品牌省份所对应省份的经济发展总量和农林牧渔业增加值排名也较为靠前。如表 3－11 所示，除云南省、贵州省、重庆市外，农产品区域公用品牌数量前 10 的省份 GDP 总量排名也在前 10 位。除福建省、浙江省、贵州省、重庆市外，区域公用品牌数量前 10 的省份农业总量也排名在前 10 位，即前 10 名中多数省份为农业大省。农产品区域公用品牌数量排名与各省的经济总量排名、农业总产值排名高度吻合。

表 3－11　2020 年农产品区域公用品牌数量排名前 10 与 GDP、农林牧渔业增加值排名对比

单位：亿元

省份	品牌数量排名	GDP 总量	排名	农林牧渔增加值	排名
山东	1	72798.2	3	5750.1	1
四川	2	48501.6	6	5701.2	2
湖北	3	43004.5	8	4359	7
福建	4	43608.6	7	2831.8	13
江苏	5	102807.7	2	4868.5	5
云南	6	24555.7	18	3674.5	10
浙江	7	64689.1	4	2221.4	18
贵州	8	17860.4	20	2675.6	14
河南	9	54259.4	5	5600.5	3
重庆	10	25041.4	16	1837	21

将全国 31 个省份划分为东北地区、中部地区、东部地区、西部地区（见表 3－13）。结合四次地理标志农产品的调研数量变化趋势，可看出农产品区

域公用品牌总量均呈现一定程度增长。如表 3 – 12 所示，从统计的四次地理标志调研数量来看，2020 年数量为 2005 年品牌数量的 26 倍，2005—2020 年区域公用品牌累计总量增长 8098 个，西部地区增长最快，从 2005 年的 94 个增长到 2020 年的 3068 个，增长 31.64 倍。

表 3 – 12　　全国四次地理标志农产品调研情况　　单位：个

地区	第一次 2005 年	第二次 2011 年	第三次 2013 年	第四次 2020 年	累计增长量	累计增长倍数
东北地区	16	188	310	650	634	39.63
东部地区	135	715	1145	2871	2736	20.27
西部地区	94	642	1098	3068	2974	31.64
中部地区	78	404	657	1832	1754	22.49
合计	323	1949	3210	8421	8098	25.07

注：增长量 = 2020 年总量 – 2005 年总量，增长倍数 = 2020 年总量/2005 年总量 – 1。

从区域公用品牌分布的密集程度来看，西部地区农产品区域公用品牌分布较为稀疏，东部地区、中部地区品牌分布较为密集。2020 年西部地区农产品区域公用品牌数量首次超过东北地区、中部地区、东部地区，但西部地区区域公用品牌密度仅为为 4.46 个/万平方千米，东部地区区域公用品牌密度为 31.23 个/万平方千米，东部为西部地区的 7 倍（见表 3 – 13）。

表 3 – 13　　2020 年第四次地理标志统计

地区	区域公用品牌（个）	占比（%）	地标密度（个/万平方千米）	地区
东北地区	650	7.72	8.13	辽宁、吉林、黑龙江
中部地区	1832	21.76	17.62	山西、安徽、江西、河南、湖北、湖南
东部地区	2871	34.09	31.23	北京、天津、河北、上海、江苏、浙江、福建、山东、广东、海南
西部地区	3068	36.43	4.46	内蒙古、广西、重庆、四川、贵州、云南、西藏、陕西、甘肃、青海、宁夏、新疆
合计	8421	100		

3.4.2 农产品区域公用品牌品类分布状况

不同品类间农产品区域公用品牌数量差异明显。第四次全国地理标志调研报告中将农产品区域公用品牌划分为果品类、蔬菜类、粮油类、畜禽品类、食品类、中药材类、水产品类、综合类、茶叶类、酒品类共计10个品类。报告显示，从品类分布数量来看，果品类、蔬菜类、粮油类三个品类个数最多，数量分别为1676个、1182个、1088个，三大品类占全部区域公用品牌的47%，品类集中度高。同期，酒品类区域公用品牌数量仅为189个，与果品类（1676个）相差1487个。

表3－14　　2020年全国地理标志产品品类分布

产品类别	排序	数量（个）	排名前3省份
果品类	1	1676	山东、四川、福建
蔬菜类	2	1182	山东、湖北、四川
粮油类	3	1088	黑龙江、山东、湖北
畜禽品类	4	997	四川、山东、内蒙古
食品类	5	837	四川、山东、福建
中药材类	6	709	湖北、四川、山东
水产品类	7	680	山东、江苏、福建
综合类	8	535	山东、福建、四川
茶叶类	9	528	湖北、福建、浙江
酒品类	10	189	四川、安徽、河北

农业农村部网站为农产品区域公用品牌提供了更为详细的品类划分（见表3－15）。从农产品品类来看，具体划分为种养殖类（包括蔬菜类、果品类、粮食类、食用菌类、油料类、糖料类、茶叶类、香料类、药材类、花卉类、烟草类、棉麻蚕丝类、热带作物类、其他植物类）、畜牧业类（肉类产品类、蛋类产品类、奶制品产品类、蜂类产品类、其他畜牧产品类）、水产业类（水产动物类、水产植物类、水产初级加工品类）。截止到2021年年底，从农业农村部注册的农产品区域公用品牌数量来看，种植业类数量最多为2669个，水产类最少为270个，种植业类中的蔬菜类（589个）、果品类

（933 个）、粮食类（405）区域公用品牌数量位列前 3，畜牧业类的肉类产品类（431 个）区域公用品牌数量最多，水产类中水产动物类（258 个）区域公用品牌数量最多。数量较多的几种品类与居民生活相关性最高，均为消费者日常购物选择频率最高的品类。

表 3－15　　农业农村部区域公用品牌农产品数量分布

项目	项目细分	数量	项目	项目细分	数量
种植业类 2669	蔬菜类	589	畜牧业类 515	肉类产品类	431
	果品类	933		蛋类产品类	19
	粮食类	405		奶制品产品类	4
	食用菌类	71		蜂类产品类	54
	油料类	80		其他畜牧产品类	7
	糖料类	11	水产业类 270	水产动物类	258
	茶叶类	239		水产植物类	8
	香料类	34		水产初级加工品类	4
	药材类	232			
	花卉类	33			
	烟草类	16			
	棉麻蚕丝类	19			
	热带作物类	2			
	其他植物类	5			

数据来源：浙大卡特—企研中国涉农研究数据库企研 · 社科大数据平台（qiyandata. com）根据农产品地理标志查询系统整理得（截止到 2021 年年底）。

3.5　农产品区域公用品牌的品牌效应逐渐显现

3.5.1　农产品区域公用品牌价值逐年提升

根据浙江大学 CARD 品牌中心研究数据显示，从 2009 年到 2021 年农产品区域公用品牌的平均价值、最大价值、最小价值均呈逐年增长趋势[①]。以稳居水果类区域公用品牌价值榜榜首的烟台苹果为例（见图 3－3），2009 年

① 品牌价值 = 品牌收益 × 品牌忠诚度因子 × 品牌强度乘数。

CARD 中心第一次对农产品区域公用品牌进行评比，烟台苹果的品牌以价值 80.97 亿元位列第 1。从 2009 年到 2013 年烟台苹果区域公用品牌价值变化不大，此阶段处于稳步增长阶段，年均增长 3.27%。2013 年开始，受多因素影响，烟台苹果区域公用品牌价值处于高速增长阶段，从 2013 年到 2017 年短短 4 年间增长 38%，年均增长率为 9.48%。2021 年烟台苹果区域公用品牌价值达到 150.34 亿元，比 2009 年高 69.37 亿元。

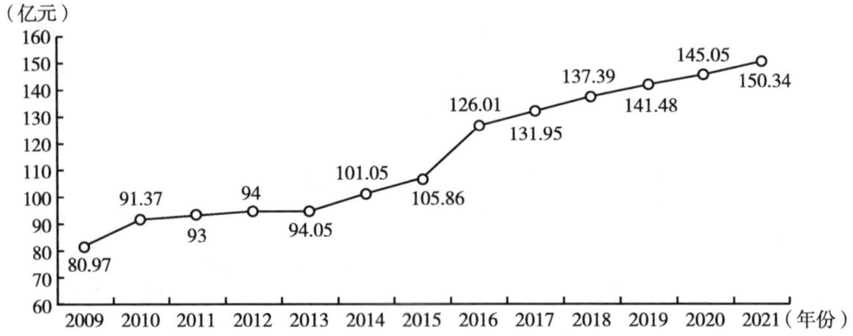

图 3-3　烟台苹果区域公用品牌价值

3.5.2　品牌间的价值差距大，低价值品牌数量多

不同品牌间呈现较大差异性，头部高价值品牌数量少，低价值的区域公用品牌数量较多。以 2017 年浙大品牌中心进行评估的百强品牌为例，排名前 100 的区域公用品牌中，仅有 34 个品牌的价值高于平均水平（38.6425 亿元），其余区域公用品牌的价值全部处于平均值以下（见图 3-4）。

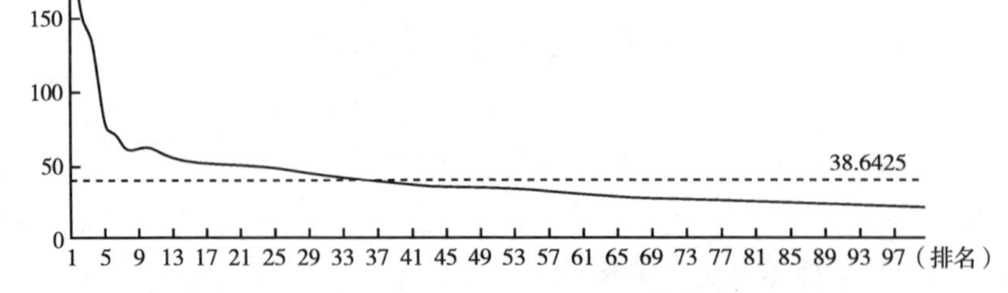

图 3-4　2017 年农产品区域公用品牌百行榜价值比较

果品类中头部区域公用品牌价值差异性较大，2021 年中国果品类区域公用品牌价值榜中，山东烟台苹果以总价值 150.34 亿元位居榜首，新疆库尔勒香梨排名第 2，品牌总价值为 127.52 亿元，二者价值相差 22.82 亿元。陕西延安苹果以 75.48 亿元，位居品牌价值榜第 3 位，其价值与排名第 1 的烟台苹果、第 2 的库尔勒香梨分别相差 73.86 亿元、51.04 亿元（见表 3 – 16）。不同品牌间价值差异较大。

表 3 – 16　　2021 中国果品区域公用品牌前 10 名价值榜

排名	省份	名称	价值（亿元）
1	山东	烟台苹果	150.34
2	新疆	库尔勒香梨	127.52
3	陕西	延安苹果	76.48
4	陕西	咸阳马栏红	69.14
5	山东	栖霞苹果	68.29
6	河南	灵宝苹果	66.33
7	陕西	白水苹果	59.99
8	陕西	周至猕猴桃	58.28
9	山西	运城苹果	56.01
10	山东	烟台大樱桃	55.96

从果品区域公用品牌价值分布来看，高价值果品类区域公用品牌集中在少数头部品牌中。2016—2018 年仅有烟台苹果超过区域公用品牌价值，并持续稳定在 100 亿元以上，2019 年库尔勒香梨品牌价值首次超过 100 亿元。2016—2021 年果品类农产品区域公用品牌价值在 50 亿—100 亿元的数量从 3 个增加到 13 个，总数量有所增加，但增速不明显，绝大多数品牌价值集中在 10 亿—50 亿元。以 2021 年为例，品牌价值在 10 亿—50 亿元的共计 73 个，占总数的一半以上（63%），占比最大，可见果品区域公用品牌价值还有很大的提升空间（见表 3 – 17）。

经营主体品牌观念意识不断增强，低价值品牌数量依旧较多。对比 2016 年和 2017 年果品类区域公用品牌的数据可知，短短 1 年间，参与果品区域公用品牌有效评比的数量从 113 个增加到 148 个，可以一定程度上表明果品类

表3-17　　2016—2021年果品类区域公用品牌价值区间分布

		100亿以上	50亿—100亿	20亿—50亿	10亿—20亿	1亿—10亿	不足1亿	合计
2016	数量	1	3	30	27	45	7	113
	占比	0.88%	2.65%	26.55%	23.89%	39.82%	6.19%	100%
2017	数量	1	5	34	33	61	14	148
	占比	0.68%	3.38%	22.97%	22.30%	41.22%	9.46%	100%
2018	数量	1	6	30	37	44	3	121
	占比	0.83%	4.96%	24.79%	30.58%	36.36%	2.48%	100%
2019	数量	2	6	33	38	46	2	127
	占比	1.57%	4.72%	25.98%	29.92%	36.22%	1.57%	100%
2020	数量	2	9	39	39	40	1	130
	占比	1.54%	6.92%	30.00%	30.00%	30.77%	0.77%	100%
2021	数量	2	13	38	35	28	0	116
	占比	1.72%	11.21%	32.76%	30.17%	24.14%	0.00%	100%

数据来源：根据历年《中国果品品牌价值评估报告》整理。

经营主体逐渐意识到开展区域公用品牌价值评估的重要价值和意义。虽然2017年参评的果品区域公用品牌总价值较高，但从中位数值来看2016年的区域公用品牌中位数（11.39亿元）要远高于2017年（9.46亿元），从平均价值来看2016年的区域公用品牌平均数（17.39亿元）要远高于2017年（15.56亿元），这一定程度上与2017年参评的品牌中含有更多低价值的区域品牌有关，这点从20亿元以下品牌数量指标也能得到证实。烟台苹果的品牌价值在2016年、2017年分别为126.01亿元、131.95亿元，与2016年位列第2的赣南脐橙（69.68亿元）、2017年位列第2的洛川苹果（69.20亿元）的品牌价值相差较大，更是远高于品牌价值排名最低的山阳大梨（2016年）、江津乌皮樱桃（2017年）（见表3-18）。

表3-18　　2016年与2017年果品区域公用品牌对比

年份	2016年	2017年
评比数量	113	148
总价值（亿元）	1964.78	2302.92

续表

年份	2016 年	2017 年
中位值（亿元）	11.39	9.46
平均价值（亿元）	17.39	15.56
20 亿元以下品牌数量（个）	79	108
上百亿元品牌数量（个）	1	1
果品最高价值（亿元）	126.01（烟台苹果）	131.95（烟台苹果）
果品最低价值（亿元）	0.22（山阳大梨）	0.05（江津乌皮樱桃）
果品品牌价值排名第二	69.68（赣南脐橙）	69.20（洛川苹果）
平均品牌受益（亿元）	1.08	0.953
平均品牌忠诚度因子	0.88	0.88

数据来源：2016 年、2017 年《中国果品品牌价值评估报告》。

3.5.3　农产品区域公用品牌收益逐渐显现

农产品区域公用品牌收益逐年增加。以果品和茶叶为对象，浙江大学品牌研究中心在 2016 年和 2017 年分别对 90 个果品类和 92 个茶叶类农产品区域公用品牌进行了连续价值和收益评估。2017 年连续参评的果品类区域公用品牌中，90 个果品类的平均品牌收益为 12156.65 万元，比 2016 年高出 525.05 万元。2017 年 92 个参评的茶叶区域公用品牌平均收益为 8697.82 万元，比 2016 年高出 58.45 万元。从平均单位销量品牌收益来看，连续登记的果品类的平均单位销量品牌收益从 2016 年的 1.24 元/千克上涨到 1.3 元/千克，收益有所增加（见表 3－19）。

表 3－19　　2016 年与 2017 年品牌平均收益

年份	90 个果品类品牌	92 个茶叶品牌
	平均品牌收益（万元）	平均品牌收益（万元）
2016 年	11631.60	8639.37
2017 年	12156.65	8697.82

数据来源：浙江农业品牌研究院，未查到茶叶品牌的单位销量品牌收益数据

2019—2021 年连续登记的 84 个果品类区域公用品牌的收益从 13370.53 万元增长至 2021 年 16317.67 万元，茶叶类区域公用品牌的收益从 2019 年的 10577.73 万元，增加到 2021 年的 13271.93 万元（见表 3－20）。中国农业品牌研究中心统计数据显示，西湖龙井在 2020 年单位销量品牌收益为 911.8 元/千克，2022 年此数值上升至 2326.45 元/千克，品牌收益增加明显。

表 3－20　2019—2021 年区域公用品牌收益　单位：万元

年份	果品类区域公用品牌	茶叶类区域公用品牌
2019	13370.53	10577.73
2020	14448.72	11910.68
2021	16317.67	13271.93

注：果品类为 2019—2021 年连续登记的 84 个区域公用品牌；2019 年 107 个茶叶区域公用品牌，2020 年 98 个茶叶区域公用品牌，2021 年 108 个茶叶区域公用品牌。品牌收益是年销量 ×（品牌零售均价－原料收购价）×（1－产品经营费率）。

3.5.4　农产品区域公用品牌溢价能力更强

农产品区域公用品牌的溢价能力逐渐显现，消费者也更愿意为区域公用品牌支付更高的价格。区域公用品牌产地收购价格增加，2007 年毛茶品牌平均收购价格为 187.39 元/千克，2021 年平均收购价格上升为 391.95 元/千克，增长 109.16%。福鼎白茶 2007 年毛茶收购单价为 22 元，2021 年收购单价为 230 元，增长近 10 倍。

原国家商标局《地理标志商标与区域经济发展研究》报告显示，地理标志完成商标登记后，产品价格平均提高了 50.11%。区域公用品牌农产品溢价明显，根据文献资料整理①，食品类、水产品类农产品的平均溢价率超过 60%，蔬菜水果类的平均溢价率超过 40%，茶叶类的平均溢价率超过 50%，其中五常大米、盱眙龙虾品牌溢价率超过 100%，安吉白茶品牌溢价超过 85%（见表 3－21）。

① 王小璟，万怡，邱欢．我国区域公用品牌基本状况分析［J］．宏观质量研究，2023，11（02）：12－23．

表3－21　　农产品品牌溢价情况分类汇总

品类	平均溢价率	案例
食品类、水产品类	超过60%	五常大米平均售价24元/公斤，普通大米平均售价2.29元/公斤
茶叶类	超过50%	西湖龙井3715元/斤，普通绿茶138元/斤
蔬菜类、水果类	超过40%	赣南脐橙5.27元/斤，普通脐橙3.75元/斤
畜牧类、中药材类	超过15%	

数据来源：根据《阿里电商培育农业品牌研究》及王小璟，万怡，邱欢．我国区域公用品牌基本状况分析［J］．宏观质量研究，2023，11（02）：12－23整理而得。

3.6　农产品区域公用品牌市场发展向好

3.6.1　农产品区域公用品牌销售额增速明显

农产品区域公用品牌线上渠道优势明显。2021年农业农村部结合阿里研究院共同发布《农业品牌数字消费分析的报告》数据显示，平台成交单数逐年增长，京东、淘宝、美团优选、多多买菜、盒马生鲜等平台中国农业品牌目录中的300个农产品区域公用品牌交易总额达到42亿元，成交总笔数5660万笔。京东发布的《2018—2022年地标农产品上行趋势报告》数据显示，地理标志农产品上行已经成为新的增长点，2019—2022年区域公用品牌农产品线上销售额在所有线上农产品中的销售额占比逐年递增，2019年区域公用品牌农产品销售额达175.3亿元，2020年达232.5亿元，2021年小幅增加至238.9亿元，市场份额逐步提升。2021年区域公用品牌农产品线上销售额占农产品销售额总量的比例首次超过10%（见表3－22）。

表3－22　　区域公用品牌农产品销售额

年份	2019	2020	2021
销售额（亿元）	175.3	232.5	238.9
全国占比（%）	9.60	9.90	10.10

数据来源：京东发布《地标农产品上行趋势报告》。

区域公用品牌的销售额增速明显高于普通农产品的整体增速，海鲜水产地标产品销售额年增速为81%。猪牛羊肉、禽肉蛋品、蔬菜等地标产品成交额年均增速普遍高于一般农产品（见表3－23），其中地标猪肉销售成交额年增300%，木瓜、荔枝、鱼类等成交额增速超150%。近5年区域共用品牌农产品成交额年均增长36%，高出普通农产品成交额增长的4%左右。

表3－23　部分农产品成交额年均增速　单位:%

类别	地标农产品	普通农产品
猪牛羊肉	68	40
禽肉蛋品	45	39
蔬菜	49	40
水果	33	34
粮油调味	29	30

数据来源：京东发布《地标农产品上行趋势报告》。

农产品区域公用品牌品类间成交额占比差异较大。2018—2021年，水果类农产品区域公用品牌成交额占比维持在30%左右，蔬菜类地理标志成交额占比维持在26%左右，粮油调味维持在8%左右，三者变化幅度不大。猪牛羊肉的地理标志成交额占比从2018年的9%，提升至2021年的18%，增幅较为显著（见表3－24）。

表3－24　分品类地标农产品成交额占比　单位:%

品类	水果	蔬菜	猪牛羊肉	粮油调味	海鲜水产
2018年	33	27	9	7	1
2019年	29	24	12	9	2
2020年	32	25	13	10	2
2021年	30	27	18	8	4

数据来源：京东发布《地标农产品上行趋势报告》。

3.6.2　农产品区域公用品牌市场份额集中度较高

处于头部的农产品区域公用品牌市场销售额集中度较高，市场认可度高。头部品牌优势明显，如黑龙江大米区域品牌成交额占黑龙江上行农产品的93.40%，云南普洱茶占比87.9%（见图3－5）。

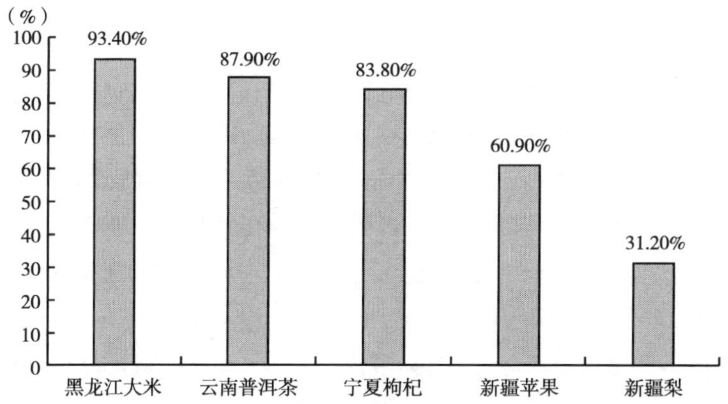

图3－5　部分地区头部品牌市场份额占比

数据来源：京东发布《地标农产品上行趋势报告》。

2021年，云南省、黑龙江省、宁夏回族自治区三省份区域公用品牌农产品销售额超过本省农产品总销售额的50%。云南省区域公用品牌农产品销售额占全省农产品销售额的87.0%（见表3－25），远超其他省份，其中云南省品牌茶叶优势明显，销售额占全省茶叶总销售额的91.7%。

表3－25　　区域公用品牌前十名省份农产品销售额占比

地区	占比（%）
云南	87.0
黑龙江	60.2
宁夏	57.7
新疆	48.4
辽宁	31.7
西藏	29.9
福建	19.3
吉林	19.2
江西	17.9
陕西	15.6

数据来源：京东发布《地标农产品上行趋势报告》。

3.6.3 农产品区域公用品牌的品牌忠诚度更高

阿里研究院对《中国农业品牌目录（2019）》中的300个农产品区域公用品牌进行线上消费数据跟踪，4年间复购单数逐年递增，2018年复购单数为1269.7万单，2021年增长至1518.9万单，优质农产品区域公用品牌消费者忠诚逐渐提高，复购单数稳步增加（见表3－26）。数据显示，消费者对于在京东、淘宝、天猫、拼多多、盒马生鲜和山姆6大电商平台购买的300个农产品区域公用品牌评价更加积极，好评率呈上升趋势，差评率总体下降。

表3－26　区域公用品牌农产品的复购单数

年份	复购单数（万单）
2018	1269.7
2019	1340.6
2020	1485.4
2021	1518.9

数据来源：《阿里电商培育农业品牌研究》。

消费者在选购农产品时更加关注产地信息，从消费者的平台购物农产品搜索情况来看，新疆、重庆、宁夏、云南、湖南为消费者搜索量最高的5个产地，合计占比为66%，其中新疆是搜索量最高的农产品产地，占比为28%（见表3－27）。足以看出有品牌的农产品备受青消费者睐。

表3－27　前5名被消费者搜索到的农产品产地

地区	占比（%）
新疆	28
重庆	12
宁夏	11
云南	8
湖南	7
合计	66

数据来源：京东发布《地标农产品上行趋势报告》。

3.7　本章小结

本章采用横纵向对比的方法分析我国农产品区域公用品牌建设的现状，从政策层面来看，国家高度重视品牌农业的建设，各级政府立足本地特色积极推进农产品区域公用品牌的创建工作。从品牌数量趋势看，我国农产品区域公用品牌总量呈现逐年递增趋势，年均增速为24.28%，但总体来看企业区域公用品牌的使用率较低，2022年11月使用率仅为33.23%，区域公用品牌授权企业个数在100个以上的为23个，占比1.08%。农产品区域公用品牌在区域上分布集中度较高，山东省、四川省、湖北省、福建省4省品牌总量超过500个，大多数省份的区域公用品牌总量集中在200—300个。从品类分布来看，果品类、蔬菜类、粮油类3大类区域公用品牌数量最多，总量超过1000个，其中种植业类占总量的77.27%。区域公用品牌的品牌价值增长势头明显，呈现头部高价值品牌数量少，低价值品牌数量多的特点，区域公用品牌收益逐渐显现，溢价能力更强。区域公用品牌销售额增速明显，消费者品牌忠诚度更高，市场表现整体向好。

第4章

河北省农产品区域公用品牌建设基础、现状与问题

4.1 河北省农产品区域公用品牌建设的产业基础

河北省内环京津、外临渤海，西为太行山，北为燕山，总面积 18.85 万平方公里，全省常住总人口 7470.05 万人。河北省地域广阔、地貌复杂多样，是全国唯一具有高原、山地、丘陵、平原、盆地、湖泊、海滨和湿地的省份。丰富多样的资源禀赋条件造就了河北省丰富的物产，河北省是全国重要的"米袋子""菜篮子"产品供应基地，特色农业产业占河北农业总量的 75%。

4.1.1 农作物产量基本情况

河北为农业大省，粮食、棉花、油料、蔬菜、园林水果、肉类等农产品产量均位于全国前 10 位，棉花、蔬菜、牛奶、禽蛋、蔬菜稳居全国前 3。水产品产量在全国的排名略靠后（见表 4－1）。

表 4－1 河北省主要农产品总产量全国排名

指标	1990 年	1995 年	2000 年	2005 年	2010 年	2015 年	2020 年
粮食	9	5	6	8	7	8	6
棉花	3	6	6	4	3	3	2
油料	7	8	7	7	8	8	8
蔬菜	2	2	2	2	2	2	3
园林水果	3	2	2	2	4	4	
肉类	8	5	5	5	6	5	6
猪牛羊肉	8	5	5	5	5	6	6
牛奶	13	4	2	3	3	3	3
禽蛋	5	2	2	2	3	3	3
水产品	14	14	13	13	13	14	17

数据来源：《河北农村统计年鉴（2016）》《河北农村统计年鉴（2021）》。

河北省是农业大省，农产品生产情况较为稳定，畜牧、蔬菜、果品三大产业一直是河北省的优势产业。《河北省 2022 年国民经济和社会发展统计公报》数据显示，与 2021 年相比，除去棉花播种面积和产量、油料播种面积和产量呈现不同程度下降外，全年粮食作物播种面积（比上年增长0.24%）、粮食总产量（比上年增长1.05%）、中草药播种面积（比上年增长7.8%）、蔬菜播种面积（比上年增长3%）、蔬菜产量（比上年增长2.3%）、园林水果产量（比上年增长7.7%）、食用坚果产量（比上年增长12.8%）、猪牛羊禽肉产量（比上年增长3.1%）、水产品总产量（比上年增长4.9%）等主要农作物均呈现上涨趋势（见表4－2）。

表4－2　　河北省农产品生产主要数据

名称	播种面积（万公顷）	产量（万吨）
粮食	644.38	3865.06
棉花	11.61	13.9
油料	33.46	115.5
蔬菜	83.87	5406.8
食用菌（干鲜混合）	—	196.7
园林水果	—	1139.7
食用坚果	—	72.5
肉类	—	475.4
猪肉	—	273.4
牛肉	—	58.1
羊肉	—	36.9
禽肉	—	107.0
禽蛋产品	—	398.4
奶类产品	—	546.7
水产品	—	108.2

数据来源：河北省统计局网站（2022年数据）。

4.1.2　农林牧渔业产值与增加值情况

河北省农林牧渔业总产值从2015年的5291.7亿元增长到2020年的6742.5亿元，农业生产的绝对数值呈现逐年增长趋势。从农林牧渔业增加值（农林牧渔业增加值是指农、林、牧、渔及农林牧渔业及辅助性活动生产货物或提供服务活动而增加的价值，为农林牧渔业现价总产值扣除农林牧渔业现价中间投入后的余额）来看，2015—2017年增加值总量集中在3300亿元左右，2018 年及以后增速较快，到 2020 年增加值为 4113.2 亿元。河北省农林牧渔业产品的商品率也呈现小幅度递增状态，2016 年以后商品率一直稳定在 84% 以上（见表 4－3）。

表 4－3　2015—2020 年河北省农林牧渔业产值与增加值时序变化

年份	绝对数（亿元）	指数（以上年为 100）	增加值（亿元）	指数（以上年为 100）	商品率（%）
2015	5291.7	102.7	3240.3	102.7	82.2
2016	5299.7	103.5	3235.1	103.7	84.3
2017	5373.4	104.0	3298.3	104.0	84.7
2018	5707.0	103.0	3522.3	103.2	85.3
2019	6061.5	101.9	3727.5	102.1	85.8
2020	6742.5	103.5	4113.2	103.5	86.5

数据来源：《河北农村统计年鉴（2021）》。

2020 年河北省农林牧渔业总产值为 6742.5 亿元，其中农业产值为 3413.3 亿元，占到农林牧渔总量的 50.1%。以上一年为基期，计算得到农林牧渔业总产值的指数为 103.5%，农林牧渔服务业指数高达 108.5%，发展态势较好。从农作物的商品率来看，牧业、渔业的商品率较高，二者均达到 92% 以上，但林业商品率最低，仅为 32.1%（见表 4－4）。

表 4－4　2020 年河北省农林牧渔业总产值、增加值及增速

名称	绝对数（亿元）	指数（以上年为 100）	商品率（%）
农林牧渔业总产值	6742.5	103.5	86.5
农业	3413.3	104.2	85.9
林业	255.4	105.6	32.1
牧业	2309.7	100.9	92.2
渔业	243.22	103.9	96.9
农林牧渔服务业	520.9	108.5	

数据来源：《河北统计年鉴（2021）》《河北省农村统计年鉴（2021）》。

虽然河北省全省农林牧渔业产值逐年增加，从 1990 年到 2020 年已经实现了从 358 亿元到 6083.9 亿元近 20 倍的增长，但与优势省份差距也逐年拉大。以山东省为例，河北省的增量要明显低于山东省，两省农林牧渔总产值的差距在逐年拉大（见表 4－5）。

表 4-5　河北与山东农林牧渔业总产值　单位：亿元

年份	1990	1995	2000	2005	2010	2015	2020
河北省	357.63	1447.83	1544.65	2379.17	4309.42	5291.68	6742.49
山东省	645.75	1678.16	2294.35	3741.81	6573.77	9283.92	10190.58

数据来源：《河北统计年鉴（2021）》《山东省统计年鉴（2021）》。

4.1.3　农业产业化发展情况

农业产业化情况是传统农业转向现代农业的衡量指标之一，具有市场化、区域化、专业化、规模化、一体化、集约化、社会化、企业化多种特征。随着河北省扶持农业龙头企业、支持农业加工业和农业产业化联合体发展，支持农产品品牌创建的各项政策措施，建品牌、创名牌已经成为当前河北省提升农产品质量和市场竞争力的重要内容。

河北省农业产业化经营总量在2000—2020年增长明显，2000年总量为795.1亿元，2020年总量为7133.6亿元，2020年总量为2000年的9倍。农业产业化经营率从2000年的36.1%增长到2020年的64.7%，增加28.6个百分点。龙头经营组织个数从2000年的604个增长到2020年的3070个，累计增加2466个，2020年数量为2000年的5倍。龙头经营组织销售额从2000年的306.7亿元增长到2020年的4646.2亿元，销售额增长4339.5亿元，销售额增长显著。农户的参与度呈现先增后减的倒钟形曲线变化，2000年至2016年参与度从36.1%增长到50.8%，2017年以后开始下降，2020年参与度降至37.3%（见表4-6）。

表 4-6　2000—2020 年河北省农业产业化经营时序

年份	2000	2005	2010	2015	2020
农业产业化经营总量（亿元）	795.1	1873.1	4062.9	6934.8	7133.6
农业产业化经营率（%）	36.1	49.4	58.6	65.6	64.7
龙头经营组织个数（个）	604	1118	1465	2181	3070
龙头经营组织销售额（亿元）	306.7	907.3	2122.5	3637.8	4646.2
农户参与度（%）	36.0	47.1	52.4	56.1	37.3

数据来源：《河北统计年鉴（2021）》。

2020年河北省农业产业化经营总量为7133.63亿元，较上年增长7%，农业产业化率为64.7%，较上年下降2.4%。龙头经营组织个数、龙头经营组织销售额、龙头企业个数、龙头企业销售额分别较上年增长4.0%、6.3%、5.0%、7.5%，专业批发市场个数、专业批发市场销售额、中介服务组织个数、中介服务组织销售额分别较上年下降6.5%、1.4%、7.3%、3.7%。农产品生产（加工）基地个数下降3.4%，农产品生产（加工）基地联系农户数下降1.1%，但农产品生产（加工）基地销售产值比去年增长8.2%，充分说明农业生产（加工）企业的综合实力一定程度的提高。种植业生产基地个数和种植业生产基地联系农户数下降2.6%、2.8%，种植业生产基地销售额产值增加8.5%、种植业生产基地种植面积增加0.3%；养殖业生产基地个数下降4.8%，养殖业生产基地产值和联系农户数分别增长13.6%、6.2%。同2019年相比，2020年生产加工基地个数未发生变化，2020年销售产值和联系农户数分别下降17.2%、13.1%，农户参与度下降1.8%，参与农户比率较去年增长3%（见表4-7）。

表4-7　　2020年河北省农业产业化数据统计表

指标	单位	2020年	比上年增长（%）	指标方向
农业产业化经营总量	亿元	7133.6	7.0	+
农业产业化经营率	%	64.7	-2.4	-
龙头经营组织个数	个	3070	4.0	+
龙头经营组织销售额	亿元	4646.2	6.3	+
龙头企业（集团）个数	个	2843	5.0	+
龙头企业销售额	亿元	4106.0	7.5	+
专业批发市场个数	个	87	-6.5	-
专业批发市场销售额	亿元	513.6	-1.4	-
中介服务组织个数	个	140	-7.3	-
中介服务组织销售额	亿元	26.6	-3.7	-
农产品生产（加工）基地个数	个	545	-3.4	-
农产品生产（加工）基地销售产值	亿元	2487.3	8.2	+
农产品生产（加工）基地联系农户	万户	632.9	-1.1	-
种植业生产基地个数	个	340	-2.6	-
种植业生产基地种植面积	千公顷	1691.0	0.3	+
种植业生产基地销售产值	亿元	1445.0	8.5	+
种植业生产基地联系农户数	万户	495.6	-2.8	-

续表

指标	单位	2020 年	比上年增长（%）	指标方向
养殖业生产基地个数	个	198	-4.8	-
养殖业生产基地销售产值	亿元	889.8	13.6	+
养殖业生产基地联系农户数	万户	131.9	6.2	+
生产加工基地个数	个	7	0.0	
生产加工基地销售产值	亿元	152.6	-17.2	-
生产加工基地联系农户数	万户	5.3	-13.1	-
农户参与度	%	37.3	-1.8	-
参与农户增收比率	%	41.8	3.0	+
农民受益率	%	8.0	0.0	

数据来源：参考河北省统计局数据（http：//www.hetj.gov.cn/），《河北农村统计年鉴（2021）》整理而得。

4.1.4 农业商标及认证建设情况

2021 年河北省全年商标申请量 282347 件、注册量 239842 件，年末有效注册量 1063792 件。从国家知识产权局发布的《国家知识产权局 2021 年度报告》可知，河北省历年年末地理标志产品累计核准数量均保持在 70 件左右，截止到 2021 年年底河北省地理标志作为集体商标、证明商标累计注册量达到 255 件（见表 4-8、表 4-9）。

表 4-8 河北省历年年末地理标志产品累计核准数量

年份	2017	2018	2019	2020	2021
数量（件）	69	70	70	70	73

数据来源：历年国家知识产权局年度报告。

表 4-9 河北省地理标志作为集体商标、证明商标累计注册情况

年份	2017	2018	2019	2020	2021
数量（件）	69	118	150	223	255

数据来源：历年国家知识产权局年度报告。

河北省重视商标的申请工作，从河北省市场监督管理局数据来看，截止到 2022 年 8 月份河北省有机产品认证证书达 691 张，主要集中在可食用的初级农产品和加工食品上，包括粮食、蔬菜、调料等。截止到2023年4月底河北省拥有中国驰名商标共计174件，地理标志商标共计293件（申请机构为各地区行业协会、技术推广中心内、研究所等），地理标志产品共计76件（申请机构为各地区市级或县级政府机构）。

4.1.5 区域特色农业资源情况

河北省农耕文明悠久，农业资源丰富，拥有包括小麦、玉米、马铃薯、蔬菜、棉花、油料、水果、中药材、奶牛、生猪、蛋鸡、肉鸡、肉牛、肉羊、饲草、水产等多个农业产业。特色农业资源品种丰富多样，以河北省开展特色农业主导产业调查为例，全年全省畜牧、蔬菜、果品三大农业特色产业总产值达到4240.9亿元，占农业总产值的70%，处于农业主导地位。表4－10对11个地级市特色农业资源进行梳理，河北省优势特色农产品主导品种主要包括蔬菜瓜果、中药材、食用菌、水果、杂粮杂豆、畜牧和水产品7大类，特色农产品主导品种形成片区域性格局，蔬菜瓜果、水果、畜牧等特色资源均在全国排名前5。

表4－10　河北省特色农产品主导产业

类别	播种面积（万亩）	总产量（万吨）	全国排名	主导品种	分布区域
蔬菜瓜果	2047	8807	2	鸡泽辣椒、玉田包尖白菜、乐亭薄皮甜瓜、永年大蒜、隆尧大葱、满城草莓、昌黎马坊营旱黄瓜和围场胡萝卜等	坝上高原、冀东、环京津和冀南量多增值率低
中药材	233.8	77.8	—	道地品种酸枣仁、天花粉、王不留行、祁紫菀、山杏、太行山连翘、北柴胡、金银花、涉县柴胡、热河黄芩、巨鹿金银花、青龙北苍术	燕山、太行山、冀中、冀南平原产区和坝上高原产区
食用菌	32	294	—	白灵菇、香菇、平菇、平泉香菇、迁西栗蘑、灵寿金针菇、滑子菇双孢菇、杏鲍菇、姬菇	太行山燕山产业带、坝上错季产区、环京津产区和冀中南草腐菌产区

续表

类别	播种面积（万亩）	总产量（万吨）	全国排名	主导品种	分布区域
水果	1660	1524.6	3	怀来葡萄、宣化牛奶葡萄、昌黎葡萄、内丘富岗苹果、承德国光苹果、泊头鸭梨、魏县鸭梨、晋州鸭梨、赵县雪花梨、饶阳设施葡萄、深州蜜桃、顺平桃、山海关大樱桃、元氏石榴等	太行山、燕山苹果，冀中南平原沙地梨，桑洋河谷、冀东滨海地区葡萄、都市休闲观光采摘优势产业带
杂粮杂豆薯类	917	197	—	武安小米、南和金米、蔚州贡米、丰宁黄旗小米、围场马铃薯、易县甘薯，万全鲜食玉米	太行山燕山山区和坝上地区
畜牧（肉类）	—	456.3	5	深县猪、阳原驴和太行鸡	以黑龙港流域和丘陵山区为主的肉羊产业带；京山、京九、京广铁路沿线为主优质瘦肉型猪产业带
禽蛋	—	3388.5	3		冀南冀中蛋鸡产业带以石家庄、唐山、张家口、保定为重点的奶牛产业规模养殖带
牛奶	—	440.5	3		
水产	—	132.2	—	曹妃甸河鲀鱼、黄骅梭子蟹	沿海出口优势水产品养殖带；山区坝上生态型养殖带；大中城市周边休闲型养殖带

资料来源：根据调查资料整理而成。

根据特色农产品的品质、规模优势、市场前景等编制的《特色农产品区域布局规划（2013—2020 年）》，确定特色蔬菜、特色果品、特色粮油、特色饮料、特色花卉、特色纤维、道地中药材、特色草食畜、特色猪禽蜂、特色水产 10 类特色农产品。河北省共计 34 个品种属于布局规划中的品类（详情见附录 A），划定的特色农产品主产区是农产品区域公用品牌建设的潜在资源。地方特产也是农产品区域公用品牌建设的有效资源，从“特产之乡”汇总表来看，河北省共计拥有 86 个特色农产品之乡，其中种植业类中蔬菜类 33 个、中药类 6 个、特色粮油 14 个，林果业类特色花卉 1 个、特色果品 28 个，畜牧业中特色草食牲畜 1 个、特色猪禽 1 个，水产业拥有特色水产品 2

个（见表4－11）。

表4－11　河北省各市“特产之乡”暨“特色农产品”汇总①

市别	种植业			林果业		畜牧业		水产业	合计
	特色蔬菜	中药材	特色粮油	特色花卉	特色果品	特色草食牲畜	特色猪禽	特色水产品	
石家庄市	2	1	2		1				6
张家口市					1				1
承德市	3		2		4			2	11
秦皇岛市	5		2		7				16
唐山市	3		3				1		7
廊坊市									—
保定市	3	1			2				6
沧州市	2				1	1			4
衡水市	4				1				5
邢台市	2	4	1	1	6				14
邯郸市	9		4		2				15
定州市									—
辛集市					1				1
合计	33	6	14	1	28	1	1	2	86
	53			29		2		2	86

资料来源：河北省农业厅产业化办公室提供资料整理。

4.2　河北省农产品区域公用品牌建设现状

4.2.1　农产品区域公用品牌总量逐年递增

近年来河北省重视农产品地理标志的认证工作，根据相关数据资料显示，截止到2017年年底在原农业部、原国家工商总局、原国家质检总局认证的地

① 根据调查汇总结果显示：河北省“特产之乡”暨“特色农产品”共计86家。其中：从区域分布上看，从高到低依次为：秦皇岛市16家、邯郸市15家，邢台市14家，承德市11家，唐山市7家，石家庄市6家，保定市6家，衡水市5家，沧州市4家，张家口市1家。从行业分类来看，种植业53家，林果业29家，畜牧业2家，水产业2家。

理标志农产品共计129件①（见表4－12）。

表4－12 河北省获得国家地理标志产品名录（数据截止到2017年底）

农业部		国家工商总局		国家质检总局	
灵寿金针菇	任县高脚白大葱	赞皇大枣	涞源小米	涉县核桃	大厂肥牛
平泉香菇	曲周小米	赵县雪花梨	围场马铃薯	涉县花椒	蔚州贡米
威县三白西瓜	安国祈紫菀	平山绵核桃	鹿泉香椿	赞皇大枣	顺平桃
崇礼蚕豆	遵化香菇	行唐大枣	阳原驴	黄骅冬枣	承德国光苹果
隆尧泽畔藕	南和金米	晋州鸭梨	滦南大米	沧州金丝小枣	晋州鸭梨
隆尧大葱	高碑店黄桃	宣化牛奶葡萄	白洋淀荷叶茶	卢龙粉丝	唐县大枣
围场胡萝卜	涉县柴胡	玉田包尖白菜	柏乡汉牡丹	泊头鸭梨	武安小米
安次甜瓜	邯郸黄粱梦小米	迁西板栗	隆化肉牛	蠡县麻山药	卢龙石门核桃
阜城漫河西瓜	柏各庄大米	沧县金丝小枣	涉县花椒	新乐西瓜	永年大蒜
霸州胜芳蟹	肥乡圆葱	黄骅冬枣	涉县核桃	深州蜜桃	围场马铃薯
满城草莓	丰南黑沿子毛蚶	沧州金丝小枣	深州蜜桃	饶阳葡萄	容城绿芦笋
平泉滑子菇	平乡滏河贡白菜	泊头鸭梨	馆陶黑小麦	饶阳甜瓜	魏县鸭梨
磁州白莲藕	丰南胭脂稻	白洋淀鸭蛋	威县三白西瓜	滦县花生	宣化牛奶葡萄
冀州天鹰椒	怀来石洞彩苹果	阜平大枣	灵寿丹参	青县羊角脆	京东板栗
南宫黄韭	黄骅梭子蟹	南宫大枣	迁西栗蘑	乐亭甜瓜	宁晋鸭梨
玉田甲鱼	迁西栗蘑	巨鹿金银花	曹妃甸河豚鱼	蔚县杏扁	白洋淀皮蛋
		巨鹿串枝红杏	曹妃甸湿地蟹	玉田包尖白菜	富岗苹果
		巨鹿枸杞	兴隆板栗	白洋淀咸鸭蛋	望都辣椒
		新河大枣	兴隆山楂	鹿泉香椿	藁城宫面
		临城薄皮核桃	大城金丝小枣	曹妃甸湿地蟹	柏各庄大米
		宽城板栗	涞水麻核桃	迁西栗蘑	涉县连翘
		鸡泽辣椒	昌黎马坊营旱黄瓜	赵县雪花梨	正定马家卤鸡
		曹妃甸大米	武安小米	涞水麻核桃	
		丰润生姜	曹妃甸胭脂稻		
		黄旗小米	遵化香菇		
		清河羊绒	肃宁裘皮		
合计	32	合计	52	合计	45

① 2018年3月，根据第十三届全国人民代表大会第一次会议批准的国务院机构改革方案，将国家质量监督检验检疫总局的原产地地理标志管理职能和国家工商行政管理总局的商标管理职责整合，重新组建中华人民共和国国家知识产权局。不再保留中华人民共和国国家质量监督检验检疫总局和国家工商行政管理总局。

截止到2022年年底，河北省在农业农村部累计认证的地理标志农产品共计57件，每年均有新增，如图4-1所示。2017年及以后获得的农业农村部农产品地理标志和国家知识产权局的地理标志保护产品数量增长较快，仅2017—2022年，在农业农村部认定的地理标志农产品新增30个（见表4-13）。

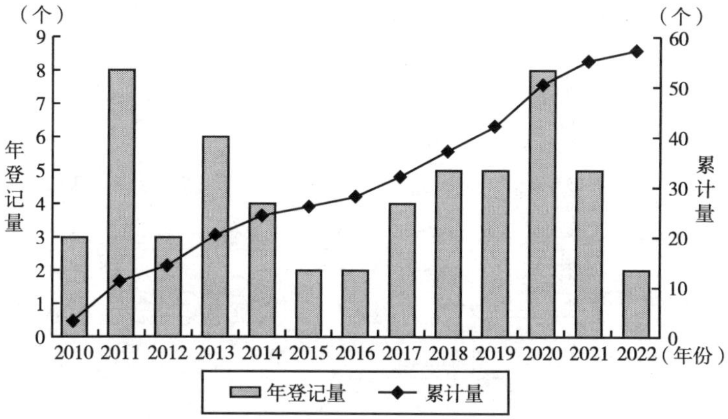

图4-1 河北省地理标志农产品时序变化

资料来源：全国地理标志农产品查询系统（http：//www. anluyun. com/）。

表4-13 河北省农业部农产品地理标志当年登记数量

年份	总数量	产品名称	产地	证书持有人名称
2017	4	石洞彩苹果	河北省张家口市	小南辛堡镇农业综合服务中心
		黄骅梭子蟹	河北省沧州市	黄骅市水产技术推广站
		南宫黄韭	河北省邢台市	南宫市农业技术推广中心
		玉田甲鱼	河北省唐山市	玉田县鑫龙养殖专业合作社
2018	5	南口供佛杏	河北省张家口市	阳原县高墙乡农业综合服务中心
		张北马铃薯	河北省张家口市	张北坝上马铃薯产业协会
		阳原鹦哥绿豆	河北省张家口市	阳原县农业管理中心
		祁菊花	河北省保定市	安国市中药材标准化生产协会
		祁山药	河北省保定市	安国市中药材标准化生产协会
2019	5	成安草莓	河北省邯郸市	成安县农业技术推广中心
		唐山河鲀	河北省唐山市	唐山市水产技术推广站
		草庙子国光苹果	河北省张家口市	存瑞镇农业综合服务中心
		西下营板栗	河北省唐山市	遵化市农业技术推广中心
		鸡泽辣椒	河北省邯郸市	鸡泽县农业技术推广中心
		张北莜麦	河北省张家口市	张北县家庭农场协会

续表

年份	总数量	产品名称	产地	证书持有人名称
2020	8	赵县黄冠梨	河北省石家庄市	赵县绿色梨果产业协会
		阜城杏梅	河北省衡水市	阜城县农业环境与农产品质量监督管理站
		马营西瓜	河北省张家口市	赤城县无公害农产品管理站
		赤城赤芍	河北省张家口市	赤城县农业技术推广站
		泊头桑椹	河北省沧州市	泊头市营子镇农业综合服务中心
		平乡桃	河北省邢台市	平乡县果树协会
		深州黄韭	河北省衡水市	深州市黄韭产业协会
2021	8	涿鹿紫皮大蒜	河北省张家口市	涿鹿县种子技术推广服务站
		昌黎扇贝	河北省秦皇岛市	昌黎县水产养殖协会
		威县梨	河北省邢台市	威县农业技术推广中心
		阜平大枣	河北省保定市	阜平县农产品服务协会
		威县葡萄	河北省邢台市	威县农业技术推广中心
2022	2	清河山楂	河北省邢台市	清河县山楂生产技术服务协会
		滦州苹果	河北省唐山市	滦州市农业技术推广中心

注：数据来自于农业农村部地理标志查询系统，截止到2022年年底。

4.2.2 农产品区域公用品牌分布

截止到2022年年底，河北省在农业农村部注册的农产品地理标志共计57个（见表4-14），其中果品类20个，蔬菜类16个，食用菌类数量最少为2个，农产品区域公用品牌在蔬果类上集中度较高，果品、蔬菜类拥有的品牌数量之和占总量的63.12%。

表4-14　　河北省农产品地理标志品类分布

品类	数量（个）	占比（%）
果品	20	35.09
蔬菜	16	28.07
粮食	8	14.04
水产	6	10.53
药材	5	8.78
食用菌	2	3.51

从地区分布来看（见表4－15），邢台市农产品地理标志最多为11个，秦皇岛市最少为1个，邢台、张家口、唐山、邯郸4市地理标志总量占总数的64.91%，地区也呈现出较高的集中度。

表4－15　　河北省农产品地理标志区域分布

地区	数量（个）	占比（%）
邢台	11	19.30
张家口	10	17.54
唐山	9	15.79
邯郸	7	12.28
保定	6	10.53
衡水	4	7.02
承德	3	5.26
沧州	2	3.51
廊坊	2	3.51
石家庄	2	3.51
秦皇岛	1	1.75

地理标志产品的地域结构分布差异大（见图4－2），运用ArcGIS软件对河北省11个地级市的地理标志农产品进行可视化处理，得到河北省地理标志农产品各市空间分布色块图。按照各市地理标志农产品总数量，地理标志农产品9个及以上的为富集区，地理标志农产品5个及以上的为一般区，地理标志农产品4个及以下的为匮乏区，更为直观体现了河北省地理标志农产品在各市地域分布上的明显差异。

4.2.3　农产品区域公用品牌价值有所提升

河北省农产品区域公用品牌价值呈现小幅度上升。从浙江大学CARD中心获得迁西板栗和宣化牛奶葡萄的区域公用品牌价值可知（见表4－16），2009—2021年迁西板栗品牌价值从13.82亿元上升到30.25亿元，宣化牛奶葡萄品牌价值从16.91亿元上升到20.41亿元。虽然二者品牌价值均有提升，但是对比当年果品类区域公用品牌的平均价值仍存在不小差距。从区域公用品牌排名来看，河北省上榜的果品类农产品区域公用品牌价值均排名靠后，

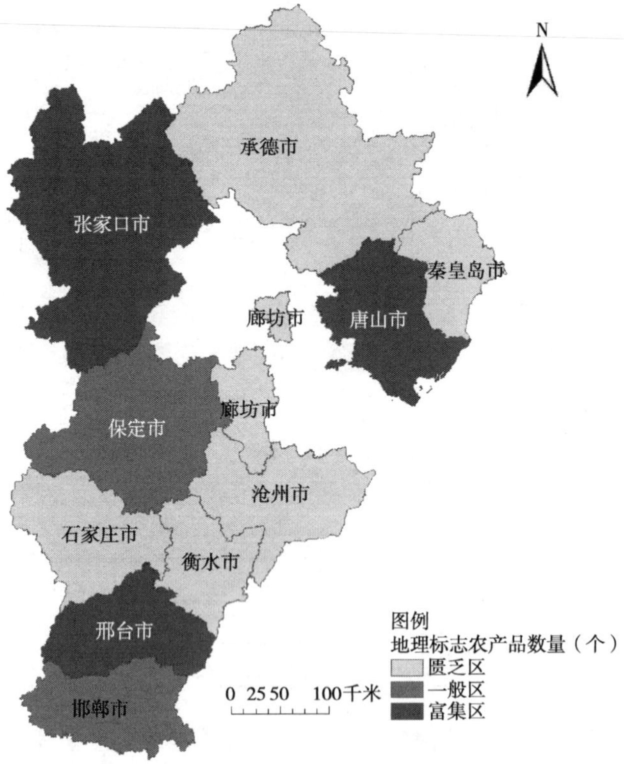

图 4－2　河北省地理标志农产品的各市数量分布

2021 年迁西板栗排名 32，对比与 2019 年排名（31）下降了 1 个位次；宣化牛奶葡萄排名 52，对比于 2019 年排名（39），下降明显。从数量上来看，果品类区域公用品牌数量从 2 个增加到 4 个，上榜的品牌从原有为迁西板栗、宣化牛奶葡萄扩充为迁西板栗、宣化牛奶葡萄、魏县鸭梨、威梨（威县梨果）4 个品牌。

表 4－16　河北省部分果品类农产品区域公用品牌价值　单位：亿元

年份	2009	2013	2014	2015	2016	2017	2018	2019	2020	2021
迁西板栗	13.82	18.36	19.3	20.11	21.65	21.99	22.53	24.09	26.4	30.25
宣化牛奶葡萄	16.91	18.10	19.1	19.79	20.1	20.3	—	20.42	20.61	20.41
魏县鸭梨									5.61	8.66
威梨										2.7

资料来源：浙江大学农业品牌中心历年《中国农产品区域公用品牌价值评估报告》整理得。

4.2.4 政府推动农产品区域公用品牌建设

随着河北省扶持农业龙头企业、支持农业加工业和农业产业化联合体发展，支持农产品品牌创建的各项政策措施，建品牌、创名牌已经成为当前河北提升农产品质量和市场竞争力的重要内容。省财政厅设立现代农业生产发展资金（品牌建设资金）1000 万元，争取到的农业“一村一品”品牌建设资金由 30 万元增长至 105 万元。河北省市场监管局印发的《2022 年河北省地理标志商标品牌运用促进工程工作方案》提出深入推进地理标志、商标品牌运用，着力提升地理标志、商标品牌转化运用水平，逐步构建符合河北特色的地理标志、商标品牌促进体系，促进农村特色产业发展，助力乡村振兴。河北省农业农村厅先后印发《河北省农业品牌建设工作推进方案》《河北省农产品品牌推介名录》《关于加快农业品牌发展的意见》等相关政策文件（具体见表 4－17）均对地理标志农产品的发展提出相关政策建议，明确了河北省农产品品牌发展的路径和目标，进一步健全了保障体系，提出构建以区域公用品牌为引领，企业品牌为支撑，产品品牌为重点的农业品牌发展体系。

表 4－17　　河北省推动农产品区域公用品牌发展相关文件

时间	文件名称
2018	《关于加快农业品牌发展的意见》
2018	《河北省特色优势农产品名录》
2018	《河北省优质农产品名录》
2021	《河北省人民政府办公厅关于加快中药材产业发展的实施意见》
2021	《关于持续深化“四个农业”促进农业高质量发展的行动方案（2021—2025）》
2022	《河北省创建国家现代化农业全产业链 标准化示范基地实施方案》
2022	《河北省乡村振兴促进条例》
2022	《关于扎实推进农业经济发展的十四条政策措施》
2022	《关于印发河北省特色优势产业集群 2022 年推进方案的通知》
2022	《2022 年河北省地理标志商标品牌运用促进工程工作方案》
2023	《2023 年河北省巩固提升脱贫地区农业特色产业工作方案》
2023	《河北省“富农产业贷”试点实施方案》

数据来源：河北省农业农村厅资料整理而得。

为了更好地发挥特色农产品优势区的资源优势以提高河北省特色优势区的综合竞争力，2021 年河北省推出《关于持续深化“四个农业”促进农业高质量发展行动方案（2021—2025 年）》，聚焦科技、绿色、品牌、质量四个发展要素，集中打造优质专用小麦、优质谷子、精品蔬菜、道地中药材、优势食用菌、沙地梨、优质专用葡萄、山地苹果、高端乳品、优质生猪、优质蛋鸡、特色水产等 12 个特色优势产业集群。

4.2.5 名优农产品区域公用品牌正逐渐培育

河北省深挖优势资源，着力培育“冀”字品牌。2016 年 4 月 12 日河北青年报报道，从河北省质监局获悉，代表河北省的是久负盛名的京东板栗，以市级为单位，11 个设区市分别拥有过自己的代表产品（见表 4 – 18）。2016 年、2017 年河北省农业厅分别对河北知名农业进行品牌的评选，两次分别评选出河北省十佳区域公用品牌、河北省名优农产品区域公用品牌。2016 年河北省十佳区域公用品牌分别为迁西板栗、曹妃甸对虾、围场马铃薯、平泉香菇、承德国光苹果、沧州金丝小枣、临城核桃、深州蜜桃、武安小米、安国中药材。2017 年河北省十佳区域公用品牌分别为：玉田包尖白菜、黄骅冬枣、鸡泽辣椒、赵县雪花梨、万全鲜食玉米、兴隆山楂、满城草莓、威县梨果、文安杂粮、昌黎葡萄酒。2016 年河北省名优农产品区域公用品牌分别为永年蔬菜、巨鹿金银花、晋州鸭梨、蔚州贡米、鸡泽辣椒、万全鲜食玉米、阜平大枣、滦平中药材、永清蔬菜、白洋淀咸鸭蛋。2017 年河北省名优农产品区域公用品牌分别为：饶阳蔬菜、曹妃甸大米、肃宁裘皮、昌黎皮毛、沙城葡萄酒、巨鹿金银花、遵化板栗、曹妃甸河豚、滦平中药材、望都辣椒、永清蔬菜、涉县核桃、蔚州贡米、康保莜麦、梨乡水城鸭梨、遵化香菇、大名小磨香油、围场胡萝卜、易县磨盘柿、塞北马铃薯。在 2017 年 9 月 20 日，第十五届中国国际农产品交易会“我为家乡农产品代言”活动中，临城薄皮核桃、巨鹿金银花和围场马铃薯等 100 个品牌被农交会授予“2017 百强农产品区域公用品牌”称号。

名特优新农产品资源能够有效推动农产品区域公用品牌的创建。河北省在 2017 年共获得全国名特优新农产品 15 个（农业部种植业管理司负责），其中蔬菜类包括磁州白莲藕、绕坡香黄瓜、南宫黄韭、青龙黑木耳 4 个，果品类

表4－18　　河北各地市代表性区域公用品牌农产品

地区	代表“自己”的地标产品
石家庄	赞皇大枣、晋州鸭梨、新乐西瓜
承德	山庄老酒、围场马铃薯、宽城板栗、承德国光苹果、板城烧锅酒、承德杏仁露、隆化大米
张家口	沙城葡萄酒、宣化牛奶葡萄、蔚州小米、蔚州杏扁、沙城长城葡萄酒
唐山	玉田包尖白菜、唐山骨质瓷、滦县花生（东路花生）、乐亭甜瓜
秦皇岛	昌黎葡萄酒、卢龙粉丝、石门核桃
廊坊	大厂肥牛
保定	刘伶醉、顺平桃、五合窖、清苑熏香、唐县大枣、望都辣椒、容城绿芦笋、蠡县（麻）山药、涞水麻核桃（野三坡麻核桃）、白洋淀咸鸭蛋（安新产区）、白洋淀皮蛋（安新产区）
沧州	十里香、肃宁裘皮、青县羊角脆、沧州金丝小枣、泊头鸭梨、黄骅冬枣
邢台	宁晋鸭梨、富岗苹果
衡水	饶阳甜瓜、饶阳葡萄、深州蜜桃、大营裘皮
邯郸	涉县核桃、涉县花椒、魏县鸭梨、永年大蒜、武安小米、丛台酒、大名小磨香油

包括临城核桃、乐亭大桃、临城南沟苹果、曲周葡萄、遵化草莓、永年葡萄6个，粮油类包括南和金米、开平甜玉米、武安小米、泥河湾绿豆、黄粱梦小米5个（见表4－19）。

表4－19　　2017年度河北省名特优新农产品公示目录

	申报单位	申报产品	申报单位推荐的生产单位
蔬菜类	磁县农牧局	磁州白莲藕	磁县禾下土种植业专业合作社
	遵化市农业畜牧水产局	绕坡香黄瓜	遵化市山坡香果蔬专业合作社
	南宫市农业局	南宫黄韭	南宫市润农粮棉果蔬种植专业合作社
	青龙满族自治县农牧局	青龙黑木耳	青龙满族自治县县客援红菌业有限公司
果品类	临城县农业局	临城核桃	河北绿岭果业有限公司
	乐亭县农牧局	乐亭大桃	乐亭县雷刚果树专业合作社
			乐亭县万事达果蔬专业合作社
	临城县农业局	临城南沟苹果	河北南沟绿森林果有限公司
	曲周县农牧局	曲周葡萄	曲周县德众葡萄种植专业合作社
	遵化市农业畜牧水产局	遵化草莓	遵化市亚太食品有限责任公司
	永年区农牧局	永年葡萄	邯郸市永年区现海葡萄专业合作社

续表

	申报单位	申报产品	申报单位推荐的生产单位
粮油类	南和县农业局	南和金米	邢台市自然农庄农产品有限公司
	唐山市开平区农林畜牧水产局	开平甜玉米	唐山鼎晨食品有限公司
	武安市农牧局	武安小米	河北仓盛兴粮油工贸有限公司
			武安市洺河源土特产有限公司
			河北华瑞农源小米加工有限公司
	阳原县农牧局	泥河湾绿豆	河北泥河湾农业发展股份有限公司
	邯山区农牧局	黄粱梦小米	河北省黄粱梦米业有限公司

资料来源：2017 年度全国名特优新农产品公示目录整理。

截止到 2022 年，河北省拥有怀来葡萄、富岗苹果、邢台酸枣、巨鹿金银花、迁西板栗、遵化香菇、晋州鸭梨、辛集黄冠梨、昌黎葡萄、深州蜜桃、鸡泽辣椒、涉县核桃、兴隆山楂、隆化肉牛、平泉香菇、宽城板栗、安国中药材共计 17 个国家级特色农产品优势区，拥有 140 个省级特色优势区（见表 4－20），特色优势明显。

表 4－20　　河北省省级特色农产品优势区

地区	数量	资源特色	省级特优区名称
石家庄	14	粮、肉、蛋、奶、果	晋州鸭梨、赵县雪花梨、藁城宫面、行唐大枣、赞皇大枣、赞皇蜂蜜、新乐西瓜、新乐花生、无极黄瓜、元氏芽球菊苣、藁城番茄、赞皇樱桃、辛集皇冠梨、元氏石榴
保定市	9	粮食、蔬菜、水果	安国中药材、望都辣椒、满城草莓、蠡县麻山药、定州辛辣蔬菜、定州葡萄、清苑西瓜、阜平香菇、易县磨盘柿
邯郸	18	小麦、棉花、玉米	鸡泽辣椒、武安小米、馆陶黄瓜、永年大蒜、曲周蔬菜、涉县柴胡、魏县鸭梨、涉县核桃、馆陶艾草、邱县红薯、成安草莓、曲周小米、经开区叶菜、大名花生、馆陶黑小麦、涉县连翘、肥乡番茄、曲周甜叶菊
廊坊	4		永清胡萝卜、安次甜瓜、固安番茄、永清设施黄瓜
唐山	13	板栗、核桃、苹果、红果、玉米、小麦、水稻、花生	迁西板栗、玉田包尖白菜、遵化香菇、滦州花生、曹妃甸河鲀鱼、迁西栗蘑、乐亭设施桃、乐亭甜瓜、遵化油鸡、玉田甲鱼、丰润生姜、遵化板栗、滦南肉鸡
承德	15	食用菌、马铃薯、中药材	平泉香菇、隆化肉牛、滦平中药材、围场马铃薯、丰宁小米、兴隆山楂、围场胡萝卜、隆化中药材、平泉黄瓜、承德县食用菌、宽城香菇、平泉寒地苹果、围场中药材、承德县国光苹果、兴隆板栗

续表

地区	数量	资源特色	省级特优区名称
衡水	10		安平生猪、故城肉鸡、武邑红梨、阜城高粱、饶阳设施蔬菜、深州蜜桃、饶阳设施葡萄、武邑红梨、武强奶牛、深州黄冠梨、阜城西瓜
秦皇岛	7		卢龙甘薯、昌黎春季马铃薯、昌黎旱黄瓜、青龙板栗、昌黎海参、青龙北苍术、山海关大樱桃
沧州	10		青县羊角脆甜瓜、黄骅冬枣、泊头鸭梨、黄骅梭子蟹、肃宁肉鸭、献县金丝小枣、献县肉鸭、泊头桑葚、黄骅苜蓿、黄骅南美白对虾
张家口	21	“菜篮子”“果盘子”	怀来葡萄、崇礼彩椒、万全鲜食玉米、塞北奶牛、察北奶牛、阳原驴、张北马铃薯、蔚县杏扁、尚义燕麦、沽源花椰菜、蔚县小米、涿鹿葡萄、康保荞麦、阳原鹦哥绿豆、塞北马铃薯、沽源藜麦、张北甜菜、蔚县知母、张北燕麦、涿鹿杏扁、宣化张杂谷
邢台	19	山地农业	内丘富岗苹果、巨鹿金银花、清河山楂、邢台县酸枣仁、威县威梨、南和强筋小麦、平乡油葵、内丘酸枣仁、宠物食品、临城核桃、邢台县浆水苹果、沙河红薯、柏乡强筋小麦、任泽区十字花科蔬菜、隆尧强筋小麦、南宫黄韭、宁晋羊肚菌、信都区板栗、威县葡萄

4.3　河北省农产品区域公用品牌建设问题

河北省涌现出迁西板栗、黄骅冬枣、平泉香菇、崇礼彩椒、昌黎葡萄酒等知名的农产品区域公用品牌，农产品区域公用品牌的有效注册数量也在逐年递增。在农业品牌建设方面仍存在特产资源多、品牌少，价值低、实力差，优而无势、有名不响，企业参与度低，主体作用发挥不够，制度有待健全等问题，河北省品牌农业依旧表现“大而不强、优而无势、有名不响”的特点。

4.3.1　农产品区域公用品牌总量少

(1) 农产品区域公用品牌注册数量少

地理标志的数量在一定程度上反映区域公用品牌的注册情况，截止到

2022 年年底，全国各省市区共获农业农村部审批登记地理标志农产品 3510 项，各省区地理标志平均数量为 113 个，在平均数以上的省份有 17 个，平均数以下的有 14 个，具体分布如表 4 – 21 所示。作为农业大省，河北省地理标志登记产品共计 57 个，山东省、四川省、湖北省、山西省、黑龙江省、广西壮族自治区、河南省、贵州省、浙江省、江苏省、甘肃省、内蒙古、新疆、湖南省、安徽省、陕西省、福建省、江西省共计 18 个省份总数量超过 100 个，河北省排名全国倒数第 7。河北省地形地貌丰富，特色农产品产量和种类资源多样，但是大量具有历史传承意义的特色农产品没有得到挖掘与放大，部分当地居民甚至不了解本地特色产品，对农产品区域公用品牌建设总体意识不够，一些特色产品“藏在深山人未识”。

表 4 – 21　　各省农产品地理标志登记数量汇总

排序	省市区	数量（个）	占比（%）	排序	省市区	数量（个）	占比（%）
1	山东省	351	10.00	17	福建省	115	3.28
2	四川省	201	5.73	18	江西省	105	2.99
3	湖北省	197	5.61	19	辽宁省	100	2.85
4	山西省	176	5.01	20	云南省	86	2.45
5	黑龙江省	168	4.79	21	青海省	77	2.19
6	广西壮族自治区	165	4.70	22	重庆市	70	1.99
7	河南省	163	4.64	23	广东省	63	1.79
8	浙江省	154	4.39	24	宁夏回族自治区	60	1.71
9	贵州省	154	4.39	25	河北省	57	1.62
10	江苏省	141	4.02	26	海南省	42	1.20
11	甘肃省	137	3.90	27	西藏自治区	35	1.00
12	内蒙古自治区	135	3.85	28	吉林省	25	0.71
13	新疆维吾尔自治区	129	3.68	29	上海市	16	0.46
14	湖南省	128	3.65	30	北京市	15	0.43
15	安徽省	119	3.39	31	天津市	9	0.26
16	陕西省	117	3.33				

数据来源：农业农村部地理标志查询系统。

（2）区域公用品牌数量与农业大省地位不相符

据统计，2020 年山东省农林牧渔业总产值为河北省的 1.51 倍、农作物总播种面积为河北省的1.34倍，浙江省农林牧渔业总产值占河北省的57.87%、农作物总播种面积为河北省的24.9%，但从农业农村部地理标志农产品登记总数量来看，河北省总量仅占山东的16.2%、浙江的37.01%，河北省农产品地理标志总数与农业大省的地位极其不符。

表4-22 河北、山东、浙江三省农业基本情况及地理标志数量①

省份	河北省	山东省	浙江省
农林牧渔业总产值（亿元）	6742.49	10190.58	3496.94
农作物总播种面积（千公顷）	8089.44	10889.06	2014.50
农业农村部地理标志总数	57	351	154

数据来源：国家统计局数据，农业农村部地理标志查询系统。

以蔬菜产业为例，河北省播种面积和产量分别为山东省的54%、62%，但从农业农村部获得的蔬菜类地理标志数量（河北省16个）仅为山东省的22%。江苏省、江西省、湖北省、湖南省、重庆、四川省、陕西省、甘肃省蔬菜产量远远低于河北省，但其蔬菜区域公用品牌数量均比河北省多（见表4-23）。

表4-23 2020年部分省份蔬菜播种面积、产量及区域公用品牌数量

地区	播种面积（千公顷）	产量（吨）	区域公用品牌数量（个）
河北省	803.5	51982140	16
山东省	1487.3	84347078	73
江苏省	1443.8	57280506	40
江西省	661.0	16426550	20
湖北	1279.9	41193570	39
湖南	1355.0	41100821	33
重庆	772.0	20925650	19
四川	1444.0	48133904	31
陕西	522.5	19576573	21
甘肃	401.8	14785101	23

数据来源：《中国农村统计年鉴2021》，农业部农产品地理标志查询系统。

① 国家农林牧渔业总产值、农作物总播种面积2项来自国家统计局年度数据（2020年），农业农村部（全国农产品地理标志查询系统）数据截止到2023年4月份。

4.3.2 区域特色的农产品资源尚未充分挖掘

河北省区域特色的农产品具有一定的数量优势，但知名度却很低，主要表现在：第一，部分地区缺乏区域公用品牌相关的规划，相关部门并不了解农产品区域公用品牌该如何科学建设，特别是多个区域公用品牌资源尚未充分挖掘；第二，部分地区虽然有相应的产业或产品区域公用品牌相关规划，但规划定位和战略选择不符合实际，落地困难，缺乏科学的管理方法；第三，不善于资源整合，如平泉食用菌、宣化牛奶葡萄等区域公用品牌农产品产量有限，以“一品多牌”“杂乱牌”公用品牌的形式存在。河北省重视农产品的生产销售，但在整个过程中不注重农耕文化的挖掘，虽有一些地区打造“桃花节”“开山节”“采摘节”等节庆活动，建立“食用菌博物馆”“玉米博物馆”“辣椒博物馆”等展厅，但总体而言宣传力度较低，缺乏更深层次的特色文化内涵。

4.3.3 农产品区域公用品牌综合实力弱

（1）品牌知名度不高

近年来河北省农产品区域公用品牌的数量逐年增多，但影响力却十分有限。河北省地方特色产品多，多以地方特产的形式存在，经营过程中存在“小弱散”的状态，独特的资源优势尚未充分彰显。拥有“中国食用菌之乡”“中国马铃薯之乡”等众多头衔，但优势主导产业缺少在全国叫得响的知名品牌。虽然拥有宣化牛奶葡萄、迁西板栗等一批知名品牌，但具有较高的知名度和美誉度的品牌不多，品牌总体效益不高，缺少像涪陵榨菜、西湖龙井、安溪铁观音这类家喻户晓且高产值高效益的区域公用品牌。河北省农业品牌发展水平与农产品消费大省的地位有一定差距。河北省枣产业的产量位居全国第二，也拥有金丝小枣、赞皇大枣、行唐大枣等一系列的区域公用品牌，大枣生产加工企业达200余家，但是品牌影响力不敌河南“好想你”，区域公用品牌与“新疆大枣”相比竞争力弱，品牌知名度低。

（2）品牌认可度低

河北省农产品品牌建设方面，还存在区域公用品牌不强、影响力低等问题，品牌认可局限在本地和省内周边地区，在全国有影响力或被人熟记的农产品少之又少。2018 年中国区域农业品牌排行榜百强榜单中，山东 22 个，四川 9 个，江苏 6 个，河北只有 1 个（迁西板栗）。2021 年中国区域农业品牌影响力指数百强中，仅有河北省张家口市沽源县“沽之源”、承德市“承德山水”、保定市“唐尧山下”三个品牌上榜。《2022 年中国地理标志农产品品牌声誉评价报告》显示，获评的 1568 个中国地标品牌平均品牌声誉为 80. 39，其中品牌声誉最高者达到了 90. 61，百强榜中河北省无一上榜。主要原因：一是品牌意识还不强，经营理念比较落后，一些区域“重生产、轻品牌”的现象还比较普遍，如赵县雪花梨、赞皇大枣等一批传统的特色品牌，由于品种、质量没有随着人们消费需求的升级而改善提高，经营理念落后，产品的知名度和影响力也越来越小，对比山东章丘大葱卖向全国，河北省隆尧大葱却销声匿迹；二是品牌培育投入不足、支持力度不够，在品牌设计、营销、宣传等方面层次较低、方法不多、方式不新，河北省部分品牌多是依靠消费者“口耳相传”，缺乏龙头带动、组团出击、集中打响品牌的合力，相比而言江苏盱眙龙虾注重将文化传承和创新融入营销，打造中国龙虾节，让品牌火遍大江南北。

（3）品牌价值低

从全国区域公用品牌价值排行榜来看，河北省迁西板栗、宣化牛奶葡萄排名从2013 年的第73 名、第76 名降至2017 年的第84 名、第99 名，排名呈现下降趋势（见表 4 – 24）。2017 年吉林长白山人参、重庆涪陵榨菜、山东烟台苹果分别以 190. 48 亿元、147. 32 亿元、131. 95 亿元位居前三甲，百强榜区域公用品牌的平均价值为 38. 64 亿元，而河北省迁西板栗、宣化牛奶葡萄当年价值分别为 21. 99 亿元、20. 3 亿元，价值较低。连续多年浙江大学品牌研究中心的“中国农产品区域公用品牌榜单”中，河北入围百强的只有迁西板栗和宣化牛奶葡萄，个数少且处在下游位置。山东、浙江、福建分别有 18 个、13 个、8 个入围百强，山东 18 个区域公用品牌平均价值为 43. 47 亿元，浙江 13 个区域公用品牌平均价值为 33. 44 亿元，福建区域公用平均价值 29. 04 亿元，均高于河北省的农产品区域公用品牌价值。崇礼彩椒属于河北省中、西餐中的高端产品，高档酒店和餐厅主要菜肴，由于经营分散，缺乏配套的冷链物流，只能在新发地等中低端批发市场销售，进入高端市场的不到 10%。

表 4-24　河北省参评农产品区域公用品牌价值变动情况表　　单位：亿元

品牌名称		2013	2015	2017
迁西板栗	价值	18.36	20.11	21.99
	排名	73	72	84
宣化牛奶葡萄	价值	18.10	19.79	20.3
	排名	76	74	99
百强平均价值	价值	48.751	53.212	63.465

注：农产品区域公用品牌价值排行榜数据更新到 2017 年。

（4）品牌溢价水平低

溢价能力是品牌价值和产品竞争力的综合体现。河北省农业品牌溢价能力与先进省份相比有较大差距，特色农产品提篮小卖现象还比较普遍，品牌农产品识别困难，产品优质不优价。以国光苹果为例，北京怀柔的国光苹果与承德县国光苹果的果品品质相似，怀柔的国光苹果 50—100 元/斤，而承德县的国光苹果 3—5 元/斤，承德国光品牌溢价效果不明显。从品牌收益来看，浙江大学品牌 CARD 中心评比的百强榜区域公用品牌的平均收益为 2.03 亿元，河北省省入围的迁西板栗仅为 1.27 亿元，迁西板栗尚未达到平均水平。《2015 年中国农产品区域公用品牌价值评估报告》数据显示，重庆涪陵榨菜、山东烟台苹果、福建安溪铁观音品牌收益分别达到 75385.75 万元、66673.09 万元、42321.32 亿元，百强榜区域公用品牌的平均收益为 20343.59 万元，均明显高于河北省入围的迁西板栗区域公用品牌的 12663.96 万元，差距悬殊。

（5）品牌竞争力弱

河北省农业资源丰富，蔬菜总产量稳居全国第 2 位，禽蛋、牛奶产量居全国第 3 位，肉类产量居全国第 5 位，但在品牌带动力、资源力、经营力、传播力、发展力的评估中（见表 4-25）仅有“迁西板栗”在品牌资源力（排名第 20）、品牌经营力（排名第 94）入围百强[①]，在品牌带动力、品牌传播力、品牌发展力等方面未上榜，迁西板栗品牌综合强度排名为第 77 名。河北省农产品区域公用品牌呈现总量少、效应差、要素发展不到位、资源挖掘不足、市场需求弱、综合竞争力弱等问题。

① 浙江大学 CARD 农业品牌研究中心的《农产品区域品牌价值评估报告》将农产品区域品牌的价值以品牌带动力、品牌资源力、品牌经营力、品牌传播力、品牌发展力五力来进行评估。

表4-25 河北入围品牌价值百强榜区域公用品牌

品牌五力（入围数量）	品牌带动力（0）	品牌资源力（1）	品牌经营力（1）	品牌传播力（0）	品牌发展力（0）
品牌产品（排名）	无	迁西板栗（20）	迁西板栗（94）	无	无

河北省在区域公用品牌培育中存在重评比轻建设、重眼前轻长远的问题，品牌建设意识差。区域公用品牌生产标准和操作规程不健全、不统一、不规范，维护和监管不到位，保护意识不强，以次充好现象时有发生，产品质量参差不齐，一定程度上影响了区域公用品牌形象。如深州蜜桃缺乏生产标准和品牌保护意识，造成区域公用品牌竞争力下滑。

4.3.4 企业参与度低，区域公用品牌与企业品牌互动差

河北省品牌整体形象不清晰，缺少订制式和落地性强的区域公用品牌发展长远规划，主体各自经营，难以形成合力。区域公用品牌创建过程中“政府热、企业冷”，区域公用品牌与企业品牌融合发展机制尚未确立。企业注重自有企业品牌或产品品牌的打造，对于区域公用品牌建设的积极性不高。河北省区域公用品牌大多数处于无组织状态，缺少强势的龙头企业作为公用品牌农业产业的支撑，区域内部企业间恶性竞争严重，相互压价，“各吹各的号、各唱各的调”，部分区域公用品牌多由企业各自为战，自己掏腰包注重打造自有品牌，参与区域公用品牌建设积极性不够。农业经营主体分散，打造品牌的综合能力不强。如赞皇大枣、武安小米均缺少大型生产企业，现存的合作社松散经营，像华龙、五得利、露露等在全国知名的品牌产品屈指可数，代表省级形象的农产品品牌尚未形成。

河北省区域公用品牌建设过程中，企业规模小、资金少，缺乏进行区域公用品牌建设的动力。企业寄希望于政府建设公用品牌，企业和合作社主体更关注企业品牌的建设。区域内部主体参与品牌共建的积极性不高，存在重生产、轻促销的思想，经营主体尚未意识到进行区域整体品牌打造的重大作用。现存的区域公用品牌，主体不注重品牌维护，系列“连坐”事件屡现。河北省农产品区域公用品牌辐射范围小，核准企业主体多为单个合作社或公司，区域内部企业对地理标志使用的积极性不高，较低的使用率严重制约品牌的示范推广。

以核准企业为例，原质检总局2014年86号核准企业公告显示同期河北省蔚州贡米、长粒葡萄酒、京东板栗3个地标产品的核准企业分别仅为河北蔚县御粮合作社、昌黎龙腾葡萄酿酒有限公司、河北美客多食品集团有限公司3个主体，同期辽宁省盘锦大米地理标志的核准企业为盘锦禾鑫米业有限公司、盘锦红日米业有限公司、盘锦金宝来米业有限公司等9家主体。2019年国家知识产权局296号核准企业名单也显示，涞水麻核桃仅涞水县容核核桃农民专业合作社一家企业申请使用，同期的黑龙江省的延寿大米有延寿县双丰米业有限公司、延寿县福鑫米业有限公司等共计18家企业主体申请使用（见表4－26）。在对蔚县贡米调研中发现，全县的贡米每年的产量很大，但当地企业区域公用品牌参与积极性差，为了销售贡米产品，蔚县与益海嘉里合作，采用金龙鱼的品牌进行贴牌销售，这对于打造蔚州贡米区域公用品牌极为不利。

表4－26　河北核准企业情况

	产品名称	企业名单	核准公告号（统一社会信用代码）
河北省	涞水麻核桃 蔚州贡米	涞水县容核核桃农民专业合作社 河北蔚县御粮合作社	93130623MA08BLG03B 2014年第86号
	昌黎葡萄酒	昌黎龙腾葡萄酿酒有限公司	2014年第86号
	京东板栗	河北美客多食品集团有限公司	2014年第86号
辽宁省	盘锦大米	盘锦禾鑫米业有限公司	2014年第86号
		盘锦红日米业有限公司	2014年第86号
		盘锦金宝来米业有限公司	2014年第86号
		盘锦明泽米业有限公司	2014年第86号
		盘锦富源米业有限公司	2014年第86号
		盘锦鑫源米业有限公司	2014年第86号
		盘锦鹤乡绿舟米业有限公司	2014年第86号
		盘锦运旺达米业有限公司	2014年第86号
		盘锦千鹤米业有限公司	2014年第86号
		大洼县三角地米业中心	2014年第86号
		盘锦百群米业有限公司	2014年第86号
		盘锦卢氏米业有限公司	2014年第86号
黑龙江	延寿大米	延寿县双丰米业有限公司	9123012968026341X3
		延寿县福鑫米业有限公司	91230129672118140G

续表

	产品名称	企业名单	核准公告号（统一社会信用代码）
黑龙江	延寿大米	延寿县徐国安米业加工厂	92230129MA197Y7D91
		延寿县加信宏达米业有限公司	91230129672103109C
		黑龙江省延寿县江珠粮油贸易有限公司	91230129763193381C
		延寿县联发米业有限公司	91230129L02224844J
		延寿县天顺米业有限公司	91230129690707408E
		延寿县隆锋粮油贸易有限公司	912301296802595846
		黑龙江广泰隆粮油贸易有限公司	91230129690731328N
		哈尔滨玉友粮油贸易有限公司	91230129300961380U
		延寿县鸿鑫米业有限公司	9123012959190852XE
		延寿县仁杰米业有限公司	91230129690702957Q
		延寿县龙翔粮油贸易有限公司	91230129L18961523Y
		延寿县加信米业有限公司	9123012975630483XH
		黑龙江省延寿县红叶制米有限公司	91230129L04551005R
		延寿县隆达米业有限公司	91230129591938518K
		延寿县玉清米业有限公司	91230129L32669828G
		延寿县春祥粮油加工有限责任公司	91230129672115695U

资料来源：根据原质量监督总局、县国家知识产权局公告文件整理①。

4.3.5 农产品区域公用品牌主体作用发挥不够

（1）政府作用发挥不够

河北省政府对于区域品牌建设给予了高度的关注，出台了一系列的政策和指导性文件，但真正落实到实处的不多。区域公用品牌建设过程中存在“重评比、轻培育”的现象。不少农产品区域公用品牌获得“名誉”后被束之高阁，不重视后期维护和管理，社会公信力低，一定程度上也造成了管理资源的浪费。地方缺乏培育品牌和开拓市场的主动性，品牌宣传不到位，“酒香不怕巷子深”的传统观念在一定程度上仍然存在。河北省仅有万全鲜

① 表格数据仅为同期申请公告整理，后续盘锦大米又多家企业申请使用该地理标志，如辽宁龙人农业开发有限公司、盘锦金秋米业有限公司、盘锦金月米业有限公司、盘锦金色田园米业有限公司、大洼县清水镇恒利加工厂等。

食玉米、围场马铃薯、青县羊角脆、承德县国光苹果等少数地区制定当地的特色主导产业发展规划，其他地区重视明显不够，在品牌宣传上也缺少承办全国性的展销大会或博览会等。相比于河北省缺乏农产品区域公用品牌建设的专项资金，贵州省财政连续 3 年累计投入 4.2 亿元用于茶叶的品牌建设，浙江省丽水市每年投入 1500 万元用于“丽水山耕”的运营，江苏省仅 2017 年用于品牌建设的资金达到 2.25 亿元。

（2）行业协会作用尚未发挥

河北省农业品牌建设中行业协会作用未发挥，政府对协会的扶持力度不够，行业协会基本上是空架子，对于农产品区域公用品牌的职能发挥不够。河北省多数行业协会很少参与相关的协调工作，尚未搭建起企业的交流平台，企业间尚未建立起相应的合作机制，部分区域公用品牌内部恶性竞争。

协会监督职能未发挥，行业协会具有二政府的性质，但是本身属于民间组织，河北省行业协会组织职能弱化力量不足，相关规章制度尚未理顺。河北省区域公用品牌相关行业协会在进行相关农产品的质量监控上作用发挥不够，对于区域公用品牌的管理和职能发挥不到位，假冒伪劣产品存在，造成集体声誉受损。

协会服务与管理职能未发挥，农业企业较少从协会内部得到市场需求的相关信息。由于与科研院所等“产学研”结合不紧密，行业协会也很少组织相关的技术培训。行业协会也尚未厘清相应的管理职能，区域公用品牌在运行过程中有“会”无“协商”，不能反映多数成员的利益，成员的认可度不高。行业协会现缺少制定农产品区域公用品牌的准入标准，对于区域公用品牌的使用管理松散，准入门槛低。

4.3.6　农产品区域公用品牌相关制度有待健全

河北省区域公用品牌管理部门存在体制混乱，部门管理权责不清，缺乏对应运行机制，假冒伪劣产品监管不利等现象①。相关政府部门对区域公用品牌重视不够，相应的法律法规不健全，对于侵权行为的惩罚不到位，市场存在假冒伪劣产品，区域公用品牌形象受损。现有部门和机构热衷品牌评比

---

① 王成敏等. 农产品品牌成长机理研究［M］. 北京：经济科学出版社，2014.

和排序，评比结果混乱，参考价值不高。部门之间、行业协会内部等的协调合作不充分，尚缺乏关于农产品区域公用品牌的相关规划，品牌支持的政策措施较少。

管理体制不畅。河北省质量监督局拥有省级品牌战略管理委员会，委员会负责商标保护和相关监管工作，主要负责保护商标的专用权并查处侵权行为，特殊标志、官方标志管理和保护，组织商标创建和认定工作等。河北省工商局下设商标监督管理局主要负责商标注册和管理工作，农业农村厅产业化办公室负责农产品质量监管以及农业产业化政策的制定与实施，品牌办主要负责农产品品牌的创建、宣传和评选工作。河北省林业厅负责果品产地环境和生产投入品的监管、果品质检机构资质审核认定、产地认定和产品认证，水产局和畜牧局分别负责水产行业和畜牧业的监管等。农产品品牌管理部门虽然侧重点不同，但之间职能有交叉，成员间各自为政，难以形成合力。再比如，对农产品的质量监管中工商局、农业农村厅、林业厅、水产局、畜牧局等均有涉及，业务交叉普遍，协调困难。

4.4 本章小结

河北省农产品的产量、种植面积、农业产业化程度、农业商标及认证均在逐年向好发展，农产品区域特色资源优势明显。本章节从河北省现代农业发展的大背景下讨论农产品区域公用品牌发展的现状和问题。通过研究得出以下结论：

（1）河北省农产品区域公用品牌建设的现状趋势：农产品区域公用品牌总量逐年增加，区域公用品牌在品类间、地区间分布不均衡，区域公用品牌价值有所提升，各地正积极推动去公用品牌发展，一大批名优产品正逐步培育。

（2）河北省农产品区域公用品牌建设的问题：河北省农产品区域公用品牌总量少，品牌数量与农业大省地位不相符，区域公用品牌与企业品牌间缺少良性互动，区域公用品牌呈现价值低、知名度不高、竞争力弱、溢价水平低、缺乏维护等。

第5章

农产品区域公用品牌创建机理分析

5.1 问题提出

学者关于农产品区域公用品牌建设机理和影响因素做了大量有益的探索。赵卫宏（2018）① 基于资源和制度的视角研究区域公用品牌化的驱动要素，研究发现制度规制、制度规范、文化认知共同构成区域公用品牌化的动力机制。张传统（2015）② 以大兴西瓜、五常大米、西湖龙井、中宁枸杞为案例，从区域因素、农业产业因素、品牌经营管理因素和政府因素 4 个方面构建农产品区域公用品牌美誉度提升的发展机理，其中区域因素包括自然环境、人文优势、历史工艺传承；农业产业因素包括农业产业规模化、农业产业带动力、农业产业经营服务；经营管理因素包括商品注册与授权、监督规范管理、品牌服务、营销推广；政府扶持因素包括政府的宏观调控、直接或间接方向的领导等。熊曦（2013）③ 认为区域特色、产业基础、品牌内涵是形成区域产业品牌的 3 个要素。李亚林（2012）④ 研究发现，区域历史传承、区域特色是品牌形成的基础，产业集群是品牌形成的重要载体。李静（2017）⑤ 从区域性因素、产业性因素、品牌性因素 3 个方面分别以乌海葡萄、托县辣椒和科尔沁肥牛肉为例来研究对内蒙古农产品区域公用品牌的影响。许晖、薛子超、邓伟升（2019）⑥ 以武夷岩茶为例探索区域公用品牌的生态系统。

纵观已有研究，学者普遍认为区域因素、集群产业因素、制度因素等共同影响区域公用品牌的建设。现有研究多采用单案例探索性研究，关于多案例（跨产业类别）的研究较少，已有多案例的研究涉及地域范围、品牌类型、区域资源特点又较广，案例提炼范畴理论较为烦琐。考虑到同一个省域行政区划内政治、制度、地缘等因素相近，不仅能更好地梳理农产品区域公

---

① 赵卫宏．基于资源与制度的区域品牌化研究——驱动要素、作用机制与管理启示［M］．北京：经济管理出版社，2018.

② 张传统．农产品区域品牌发展研究［D］．北京：中国农业大学，2015.

③ 熊曦．区域产业品牌形成机理及其培育策略研究［D］．长沙：中南大学，2013.

④ 李亚林．区域品牌的形成创建机理研究——以农产品区域品牌为例［J］．科技创业月刊，2012，25（11）：32－35.

⑤ 李静．内蒙古农产品区域品牌发展研究［D］．呼和浩特：内蒙古农业大学，2017.

⑥ 许晖，薛子超，邓伟升．区域品牌生态系统视域下的品牌赋权机理研究——以武夷岩茶为例［J］．管理学报，2019，16（08）：1204－1216.

用品牌建设的整体框架，又可避免范围太广而产生的概念提炼和范畴归纳容易遗漏的问题。

本部分以河北省内品牌案例为研究对象，采用扎根理论探索性研究农产品区域公用品牌的创建机理。

5.2 方法选择

本章从影响因素角度出发，探讨河北省农产品区域公用品牌创建机理，研究问题具有探索和解释性双重特点，案例研究适合此类问题①。农产品区域公用品牌的创建是一项复杂的系统工程，品牌创建涉及多个主体，经历多个环节，受到多个因素的影响。本章拟采用多案例探索性的扎根理论研究方法，与已有单案例的研究相比，多案例研究遵循复制逻辑，结论更具有说服力②。

本章采取 Glaser 和 Strauss 提出的扎根理论方法进行多案例分析。

Glaser 和 Strauss 在出版的《扎根理论之发现》中提出“一切皆数据”的观点③，也是在此专著上首次使用扎根理论一词，指出扎根理论需要广泛使用观察和深度访谈的方法收集资料，强调从行动者的角度了解社会，对研究资料进行深入分析，从而对研究问题进行归纳演绎后形成新的理论，即为从数据本身获得理论的一种研究方法。

扎根理论（Classic Grounded Theory）在研究开展前并不设定理论假设，直接从现象入手，通过对原始资料的分析归纳总结出经验，在建立经验资料基础之上，构建相关的理论④。扎根理论对现象的刻画不是通过简单的概念描述，而是通过不断挖掘形成概念，并探讨关系。扎根理论具体可以归纳为：

---

① Eisenhardt, K. M. Building Theories from Case Study Research [J]. Academy of Management Review, 1989, 14 (04): 532－550.

② 谢康，吴瑶，肖静华，廖雪华．组织变革中的战略风险控制——基于企业互联网转型的多案例研究 [J]. 管理世界，2016 (02): 133－148, 188.

③ Judith A. Holton, Isabelle Walsh. 经典扎根理论—定性和定量数据的应用 [M]. 王进杰，朱明明，译．北京：北京大学出版社．2021.

④ Pandit N R. The Creation of Theory: A Recent Application of the Grounded Theory Method [R]. The Qualitative Report, 1996.

主题涌现、持续比较分析、理论抽样 3 个步骤。该理论已经被主流学者推崇成为当前中国管理学科“必要且适宜的研究工具”①。扎根理论进行问题研究通过前期对文献资料的研究，选择合适的案例，再对研究对象进行深度访谈进而对资料搜集和整理。Glaser 和 Strauss 以“因果条件→现象→中介→行动→结果”的研究范式为标准，通过开放式编码得到概念化和具有逻辑关系的范畴②。资料分析第一步为内容编码，具体步骤为：开放编码、主轴编码、选择性编码，最终得出研究结论③。扎根理论通常包括从资料中产生概念、不断将概念进行比较 、生成理论概念、抽样编码、构建理论 5 个步骤④（流程图见图 5－1）。

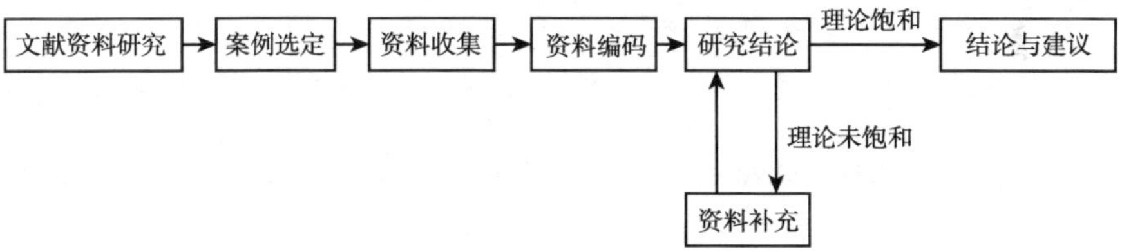

图 5－1　扎根理论研究流程图

资料编码是该理论中最重要的环节，具体包括一级编码、二级编码、三级编码 3 个层次：

开放编码又称为一级编码，包括初级编码和分析编码，是指将资料打散并赋予概念，然后再重新组合的过程。目的是在已有的资料中识别归纳产生一个或多个概念。

二级编码又称为关联式编码，又称为选择性编码，发现或建立已有概念之间的各种联系，包括因果关系、时间关系、语义关系、相似关系、对等关系、过程关系、策略关系等。主轴编码在分辨概念之间的关系后，需要进一步范畴化操作（明确什么是范畴，什么是副范畴，通过关系将副范畴和范畴

---

① 徐淑英，张志学．管理问题与理论建立：开展中国本土管理研究的策略［J］．重庆大学学报（社会科学版），2011，17（04）：1－7.

② 夏天添，叶沁宇．江西生态农业集群区域品牌形成机理研究——以赣南脐橙集群为例［J］．中南林业科技大学学报（社会科学版），2018，12（02）：35－42.

③ 郭泽德，白红谭．质化研究理论与方法——中国质化研究论文精选集［C］．武昌：武汉大学出版社，2015：155－168.

④ 陈向明．从一个到全体——质的研究结果的推论问题［J］．教育研究与实验，2000（02）：1－8，72.

联系在一起)。选择性编码主要是围绕核心类别进行的再编码，旨在识别核心类别的属性和维度。

三级编码又称为核心式登陆，也称为理论编码。在所有的发现的概念类属中选择一个核心类属，核心类属“提纲挈领，纲举目张”。核心类属在所有类中占中心位置，频繁出现在资料中，容易与其他类属发生关联，容易发展成为概括性的理论。核心登录包括针对此项研究中心现象进行故事描述，将概念类属构成一个系统理论框架，并将所有范畴进行结合，旨在生成整合理论。

5.3 多案例情况说明

河北省农业总量大，特色农业产业产值占农业总产值的70%以上，叫得响的农产品区域公用品牌数量却非常少。农产品区域公用品牌的建设刚刚起步，品牌总量与农业大省的地位极不相称，品牌价值低、支持力度不到位、主体创建区域公用品牌缺乏积极性，可概括为“品牌持有数量不多、品牌竞争力不够强、品牌形式大于内涵”的特点。在供给侧结构性改革的大背景下，加快河北省农产品区域公用品牌创建工作显得十分迫切和必要。如何对农产品区域公用品牌进行有效创建是本部分要探讨的主要问题。农产品区域公用品牌创建受到多个因素的共同影响，为了更好地了解河北省农产品区域公用品牌的建设情况，本章采用扎根理论研究方法，以多案例为研究对象，探究多因素对区域公用品牌创建的影响。

多案例的选择非常重要，合理有效的案例选取需要保障其具有代表性。河北省资源丰富，农产品区域公用品牌涉及多个品类，农业资源在全省各市中广泛分布。研究农产品区域公用品牌创建规律，需要选择发展绩效好的品牌。考虑到农产品区域公用品牌的分布地域、所属产业、发展绩效及资料的可获得性等因素，本部分选取万全鲜食玉米、鸡泽辣椒、威县梨果、迁西板栗、平泉食用菌5个案例作为实验分析对象。选择此5个案例的原因在于：第一，种植业在河北省区域公用品牌农产品（此处以地理标志产品为统计对象）中所占比例为88%，选择种植业具有一定的代表性；第二，5个案例来自粮食、蔬菜（不包括食用菌）、水果、干果、食用菌等不同产业类别，行业间的差异较大，拟通过这样的选择让结论更具有普适性；第三，5个案例发展较好，均为河北省年度评选的“十佳农产品区域公用品牌”，研究结论具有一定的代表性。

5.3.1 多案例资料收集

本部分的多案例分析选择河北省农产品区域公用品牌作为研究对象，涵盖“一村一品”“地理标志”“地方特产”等多种。根据农业部、财政部《关于做好2017年中央财政农业生产发展等项目实施工作的通知》（农财发〔2017〕11号）精神，2017年河北省在开展特色农产品优势区评选工作中共有41个项目申请，通过阅读申请材料和进行实地走访调查可明确确定41个申报地区的农产品均为广义上的农产品区域公用品牌。

通过二手资料收集、实地参观、半结构式访谈、档案文件等多种方法获取案例研究资料，进一步探讨农产品区域公用品牌建设的创建机理。二手资料收集主要包括网站宣传、微信、微博、书籍、论文报纸、档案文件查阅等资料。实地走访参观和访谈同时进行，开展访谈前笔者拟定《农产品品牌建设的影响因素和作用机理研究》访谈提纲，根据半结构式访谈，并不给被访谈者设定标准答案，让其通过叙述的方式回答。每个农产品区域公用品牌访谈的时间在2小时左右，经过被访谈者同意，对访谈内容录音并尽快整理成文字稿。案例访谈的对象主要是区域公用品牌的利益相关者，包括政府相关部门工作人员、农业企业负责人、农业协会负责人、种养大户、普通农户等，访谈前事先对案例进行了解并拟定访谈提纲。

访谈提纲大体包括：

①介绍××区域公用品牌的基本情况；

②哪些因素影响此区域公用品牌的发展，各因素如何发挥作用；

③当前制约××区域公用品牌的困境有哪些。

案例共包含41个样本，覆盖河北省11个地级市，从数量来看，张家口8个，邢台、承德分别6个，秦皇岛、邯郸、沧州分别4个，保定3个，石家庄、唐山分别2个，廊坊、衡水分别1个。具体分布情况如表5-1所示。

表5-1　　特色农产品地区分布

地区	数量（个）	地区	数量（个）
石家庄	2	张家口	8
唐山	2	承德	6
秦皇岛	4	沧州	4
邯郸	4	廊坊	1
邢台	6	衡水	1
保定	3		

资料来源：41个特色农产品优势区申请材料整理。

从申请类别来看（见表5-2），特色蔬菜瓜果8项、特色水果9项，分别占到申请总数的20%、22%，可以看出河北省在特色生鲜类蔬菜、瓜果、水果发展有一定优势。特色项目中申请数量比例不足5%的特色品类分别为水产品3%、花卉3%。

表5-2　　特色项目及其分布

类别	特色项目	分布
①特色蔬菜瓜果类（8）	鸡泽辣椒、崇礼彩椒、昌黎马坊营旱黄瓜、永清胡萝卜、青县羊角脆甜瓜、行唐大枣、黄骅冬枣、邢台县酸枣仁	邯郸（1）、张家口（1）、秦皇岛（1）、廊坊（1）、沧州（2）、石家庄（1）、邢台（1）
②特色食用菌类（3）	平泉香菇、遵化香菇、灵寿食用菌	承德（1）、唐山（1）、石家庄（1）
③特色中药材类（6）	涉县柴胡、巨鹿金银花、青龙北苍术、清河山楂、滦平中药材、安国中药材	邯郸（1）、邢台（2）、秦皇岛（1）、承德（1）、保定（1）
④特色水果类（9）	怀来葡萄、饶阳设施葡萄、内丘富岗苹果、威县梨、承德国光苹果、山海关大樱桃、满城草莓、成安草莓、泊头鸭梨	邯郸（1）、邢台（2）、秦皇岛（1）、承德（1）、保定（1）、张家口（1）、衡水（1）、沧州（1）
⑤特色薯类（3）	围场马铃薯、张北马铃薯、卢龙白薯	秦皇岛（1）、张家口（1）、承德（1）
⑥特色杂粮杂豆类（5）	丰宁黄旗小米、武安小米、涞源小杂粮、蔚州贡米、万全鲜食玉米	张家口（2）、承德（1）、邯郸（1）、保定（1）
⑦畜产品类、水产品、花卉类（5）	阳原驴、献县鸭坯、隆化肉牛、塞北奶牛、康保长尾鸡	张家口（3）、承德（1）、沧州（1）

资料来源：41个特色农产品优势区申请材料整理。

5.3.2 多案例使用说明

案例分为实验案例和验证案例。

实验案例介绍。结合2016年、2017年河北省评选出的"十佳"农产品区域公用品牌，考虑到资料的完整性和可获得性等，依据不同产业类别、产业发展水平选取万全鲜食玉米、鸡泽辣椒、威县梨果、迁西板栗、平泉食用菌5个案例作为实验案例走访调研，通过对5个案例资料的详细分析，初步得出河北省农产品区域公用品牌影响因素的理论模型。

验证案例介绍。41个特优区申请资料中除去万全鲜食玉米、鸡泽辣椒、威县梨果、迁西板栗、平泉食用菌5个案例外，选取剩余的36个区域公用品牌案例作为验证案例。验证案例资料采用两种方式收集：第一，一手数据资料收集法，实地走访行唐大枣、涉县柴胡、武安小米、柏乡汉牡丹、崇礼彩椒、怀来葡萄、张北马铃薯、蔚县贡米、平泉香菇、承德国光苹果、青县羊角脆甜瓜、饶阳设施葡萄12个农产品区域公用品牌，主要了解产业发展现状和农产品区域公用品牌发展存在的问题、影响区域公用品牌发展的因素等，走访过程中发放《河北省区域公用品牌农产品情况调查问卷》问卷（附录E）；第二，二手数据资料收集法，24个农产品区域公用品牌主要结合特优区申报材料、网络资料、图书资料等二手资料进行收集研究。

5.4 农产品区域公用品牌创建多案例分析

5.4.1 多案例简介

案例一：万全县鲜食玉米——"资源+政策+龙头+联盟"

万全县位于河北省张家口市，是世界公认的鲜食玉米种植黄金带，土壤肥沃，水资源丰富无污染，气候呈现雨热同季，该区域位于北纬40°41′—41°15′，东经114°20′—114°50′，昼夜温差大。独特的气候条件生产出的鲜食玉米含糖量高、适口性好、风味独特，极其适合玉米的种植。万全鲜食玉米是河北省张家口市万全区的一个农产品区域公用品牌，品牌持有人为万全鲜食玉米协会。2007 年 2 月，万全县被授予“中国鲜食玉米之乡”光荣称号，2008 年 6 月，“万全鲜食玉米”地理标志在国家商标局正式备案，获得“国家质量检测合格—全国质量信得过食品”、中国（廊坊）农产品交易会“名优产品”“河北省优质产品”“河北省消费者信得过产品”中国—石家庄名优商品博览会荣誉奖、“河北省著名商标”等荣誉称号，万全区也是全国五大鲜食玉米加工基地之一。2012 年该区被认定为“国家级出口鲜食玉米质量安全示范区”。2014 年被省科技厅认定为“河北省山区特色产业万全县鲜食玉米产业示范基地”。

万全区为“国家级出口鲜食玉米质量安全示范区”“全国鲜食玉米示范县”，万全鲜食玉米被评为“河北省名优农产品区域公用品牌”，也正在申请“万全鲜食玉米”地理商标的认定工作。“万全鲜食玉米”的发展得益于政府多年来的引导与支持，如区政府先后出台制定《万全县鲜食玉米产业发展规划（2009—2013）》《关于推进鲜食玉米产业发展的扶持办法》《万全县农业产业化信用担保基金管理暂行办法》《万全区鲜食玉米产业园区总体规划》等，政府从人才、科研、鼓励商标注册、强化质量监管、开展营销展会等多方面进行支持。

“万全鲜食玉米”加工率在 95% 以上，当地现有种植加工企业 19 家，且大部分企业通过质量生产许可 QS 认证。“禾久鲜食玉米”品牌就是在“万全鲜食玉米”大品牌伞的保护作用下形成并成长的（见图 5 - 2）。禾久集团为龙头企业，20 余家农业企业共同组建战略联盟抱团发展，联盟统一使用“禾久”商标，先后发展起穗康、天勤、绿野、中绿等 19 家鲜食玉米加工企业，禾久集团采用“九统一”[①] 的标准，以及公司管两头、合作社做示范、农民管中间的生产模式，在鲜食玉米全产业链条中具有完整的标准体系。建立完善的产品质量可追溯体系，全过程质量控制和责任追溯，投资完善产销区一体化的产品质量安全追溯信息网络，实现管理工作从被动应付向常态管理和源头管理转变，提升了产品市场竞争力。此外集团取得了 QS、ISO9001：2000 质量管理体系认证和 HACCP 认证、有机产品认证等系列产品的认证，为产品质量提供坚实保障。

禾久集团重视产学研相结合的发展模式，公司与中国农科院、北京市营

---

① “九统一”指：统一基地建设、统一种植补贴、统一原料收购、统一农资收购、统一设备订购、统一对外关系协调、统一生产标准管理、统一销售价格制定、统一年度发展目标规划。

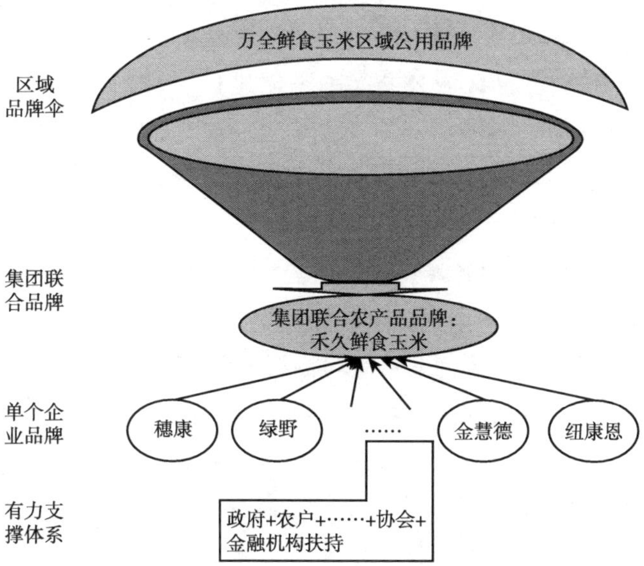

图5－2 “万全鲜食玉米”区域公用品牌

养源研究所、天津科技大学建立了长期合作关系，追求新产品、新技术、高科技等多方面的创新发展。投资上千万元，致力鲜食玉米品种的研究、生产、推广与销售，到目前为止已通过国家和省级审（认）定的鲜食玉米品种有：万粘3号、万糯6号、万糯8号、彩糯1号、彩糯2号、万彩糯3号、万彩糯6号、万糯2000；超甜1822、超甜1825、万甜1826、万甜2000；万糯1号、万糯11。

产品创新方面禾久集团已与嘉兴纳诺生物科技有限公司签订协议，计划合作建设紫糯玉米提取花青素项目，其旗下的中通公司则致力于糯玉米方便面生产和糯玉米须的有效利用；与科研院校机构长期合作保证新产品的开发增添企业发展活力。技术创新方面，拟开发科技含量高的产品，从紫玉米中提取花青素，从玉米须中提取医药成份。项目开始后，集团鲜食玉米产业将跨进崭新的高科技领域。坚持模式创新，大力发展循环经济，形成了以鲜食玉米系列为主的循环产业。

案例二：鸡泽辣椒——“基地＋科技＋文化＋品牌＋产业”

鸡泽县位于河北省南部，邯郸市东北部，地理坐标为东经114°42′—114°58′，北纬36°44′—36°45′，地属暖温带半湿润半干旱大陆性季风气候区。鸡泽常年种植辣椒面积8万余亩，年产鲜红辣椒16万余吨，已认证无公害辣椒基地

31850 亩，绿色辣椒 8000 亩。先后被评为“中国辣椒之乡”和“中国辣椒产业龙头县”“中国调味品原辅料生产基地”“全省农业可持续发展试验示范区”“河北省十佳农产品区域公共品牌”创建县等荣誉称号。鸡泽是中国首批特色农产品优势区、中国辣椒产业龙头县、河北省首批“农产品质量安全示范县”。2011 年“鸡泽辣椒”获得地理标志证明商标，2019 年获得农业农村部地理标志认证产品。

鸡泽辣椒在区域公用品牌建设上优势明显，区域公用品牌的主体企业实力雄厚，拥有“天下红”中国驰名商标 1 个，“天下红”“天下一品”“湘君府”“三湘妹”“湘厨”等河北省著名商标 5 个；国家级高新技术企业 2 家，省级重点龙头企业 5 家，市级重点龙头企业 12 家。全县现有辣椒加工企业 130 家，其中省级龙头企业五家，16 个加工产品获得中国绿色发展中心绿色认证。鸡泽县产业特色鲜明，形成了装备制造、纺织、辣椒及食品加工、商贸物流“四大产业”，产业企业发展到 1000 多家。

鸡泽辣椒种植历史悠久，据历史资料记载，早在明、清时期，鸡泽辣椒就成为宫廷贡品。后来经过前后数百年、三四十代人的优选培育，逐渐形成了针对北方人、适应国内外的独有品种。鸡泽辣椒鲜红细长、光滑带钩，形似羊角得名“羊角椒”，有皮薄肉厚、油多籽香、辣度适中、富含维生素等特点，获得 20 多个农业部绿色认证辣椒产品，使鸡泽辣椒这个老区域公用品牌重新焕发了蓬勃生机。

政府相继出台了加快推进品牌战略发展意见、品牌兴企战略实施意见等一系列文件和扶持政策。县委、县政府投资兴建了辣椒工业园，引导辣椒企业向园区集中，促使鸡泽辣椒形成了产业集群。通过连续九届成功举办了鸡泽辣椒节，又承办了中国辣椒产业高层论坛、中国辣椒研究会年会，增强了鸡泽辣椒区域公用品牌的知名度和美誉度。为促进辣椒产业健康、快速发展，政府制定了《关于发展辣椒产业促进农民增收的意见》《举全县之力、多措并举，强力推进辣椒产业快速发展的意见》等一系列促进辣椒产业发展政策和措施。整合农业财政资金，重点用于发展辣椒产业。专门成立了正科级机构——鸡泽县辣椒产业化办公室，具体发展辣椒产业的规划、协调、指导和服务工作。

县内辣椒加工企业联合成立了“鸡泽县辣椒行业协会”。对全县辣椒加工企业品牌进行整合，统一标准、统一包装、统一推介，抓品质，控质量，严准入，为鸡泽辣椒产业大发展奠定了扎实基础，推动鸡泽辣椒产业步入高质量发展新阶段。全县已形成了集辣椒种植、加工、销售、服务为一体的生产体系。

为提高产品附加值，鸡泽县与大专院校、科研院所联合，引进辣椒加工技术。组建了邯郸市唯一一家辣椒食品工程技术研究中心，筹建了鸡泽县辣椒产业公共服务平台，该平台被国家工信部认定为“国家中小企业公共服务示范平台”。含有清火因子辣椒食品生产技术，解决了人们爱吃辣椒怕上火的困扰，获得国家专利。精品剁椒产品，在国内市场享有话语权。辣椒产品销售覆盖全国各地，并出口日本、澳大利亚等国家。先后与中国农科院蔬菜花卉研究所、河北省农林科学院、河北工程大学、邯郸市农科院签订了战略合作协议，通过与科研单位、高等院校合作，研发的“清火因子”、机械化剁椒、精品酱、辣味酱菜等项目，先后获得国家专利26项。实施了鸡泽“羊角椒”提纯复壮行动，并与国内高等科研院所合作、聘请国内知名专家和县内农技专家，开展了辣椒脱毒、航天育种等技术攻关活动，培育了“羊角红一号”“红泽一号”等一批“羊角椒”新品种。

“鸡泽辣椒”种植历史悠久，有避神煞、躲鬼邪传说，民间流传多个习俗。“鸡泽辣椒”和“辣椒油”通过了国家工商总局的国家地理标志认证，被国家质监总局列入地理标志产品保护品牌。产业竞争优势明显，特色产业占农业总产值的50.32%。全县现有辣椒加工企业130家，其中省级龙头企业五家，16个加工产品获得中国绿色发展中心绿色认证。

案例三：威县梨果——“政策+电商+产品支撑”

2017年被评为河北省十佳区域公用品牌。威梨的产业园区是国家现代农业示范区重要组成部分，为省级农业现代园区，高标准梨园35万亩，核心发展区10万亩。县委县政府组织“三带三园”发展规划，制定多项扶持政策。成立梨园区管委会负责相关区域公用品牌相关工作。

威县聘请省内外梨果专家教授，高标准编制《威县梨产业发展规划》，合理规划梨树种植规模和预期产量。出台农村土地流转扶持政策，建立“政府引导、市场调节、农民自愿、依法有偿”的土地承包经营权流转机制。建立完善了县乡村三级林果技术推广体系，县有科技服务团队，乡有产业专职干部，梨园配备专业技术人员，形成全方位技术服务网络。

强化梨果品牌的宣传推介，完成“威梨”京东特色馆、“中国梨”商城上线工作，提升品牌知名度；与专业电商部门（云采智农、世界汇）合作策划品牌营销事件；与中华农业电商合作推广品牌。引导企业垂直电商合作，提升威梨产品体验，发展微商，O2O社区店，塑造威梨口碑。

建成绿色高效优质梨生产基地10万亩，标准化梨园210个，大力推广有机肥、生物肥，严格控制化肥、农药等投入品使用，建立果品生产管理和果品质量监督检验体系。被评为“最具培育潜力的优质果品基地”，2016年被评为京津冀名优果品“国王”称号，依据“威梨”产业发展综合服务工程，建立有品控可追溯的平台。

案例四：迁西板栗——“区位+品牌+政策+文化+产品+产业”

迁西板栗产于河北省唐山市迁西县，至今有2000多年的栽培历史。迁西县位于河北省唐山市北部，属暖温带半湿润大陆性季风气候，年平均降水量716.5毫米，无霜期平均183天。迁西具有环京津和环渤海的双重地理优势，交通发达，地质条件、土壤条件、水利条件、气候条件等均适合和板栗的生长。已建成近10个万亩级板栗标准示范园，几十个千亩级标准示范园，先后获得“全国优质板栗基地示范县”“全国经济林建设先进县”“河北省出口板栗质量安全标准示范县”等荣誉称号。

政府部门顶层设计重视，重视“迁西板栗”人才的培养，制定多项板栗标准化生产管理办法。县政府投资1000多万元，用于“迁西板栗”证明商标的广告宣传注重“迁西板栗”的宣传推介。迁西县林学会具体负责“迁西板栗”证明商标的注册及日常管理工作，组织迁西栗农户共同努力维护区域公用品牌，鼓励技术创新，组建板栗产业技术创新战略联盟，搭建产学研相互沟通学习的平台。

迁西板栗至今有2000多年的种植历史，板栗元素已经融入地域文化中。全县75万亩板栗种植，其中60万亩通过无公害认证，10万亩通过日本的有机认证，产品质量有保障。生产经营单位中获得无公害农产品、绿色食品、有机产品及良好农业规范（GAP）等认证的单位数量共计220个，总数占到区域公用品牌总规模的95%。现有板栗合作社达到200余家，板栗龙头企业35家，板栗苗圃场30家。龙头企业和示范社颇具实力。板栗产业链条不断延伸，市场也不断扩大。年深加工能力突破4000吨，实施板栗初加工补助项目，开展板栗加工业和旅游产业，延长板栗产业链，拓宽农业功能。为确保原产地板栗的优良品质，实行板栗生产、加工、销售“五化管理”模式，大力推行标准化生产，具体包括种植品种区域化、生产技术规范化、生产过程无害化、采收储藏科学化、产品销售集约化等。鼓励支持板栗合作社、龙头企业广泛合作，统一品牌、统一包装、统一价格，统一销售。

迁西板栗是河北省传统特色农产品，近年来迁西板栗已经获得多项殊荣（见表5－3）。

表5－3　　　　2002—2017年迁西板栗荣誉称号

年份	荣誉称号
2002	国家商标局产地证明商标
2005	河北省著名商标
2008	中国驰名商标
2009	最具竞争力的地理标志商标
2011	消费者最喜爱的绿色商标
2015	全国互联网地标产品（果品）50强
2016	全国果菜产业百强地标品牌 2016全国果菜产业十大最具影响力地标品牌 河北省十佳区域公用品牌 食在唐山“最受喜爱的唐山地理标志产品”网络票选中位列第一
2017	2017最受消费者喜爱的中国农产品区域公用品牌

案例五：平泉香菇——“政策＋品牌＋科技＋产品＋产业”

平泉县位于河北省承德市，东经118°21′—119°15′，北纬40°24′—40°40′属大陆性季风气候，四季分明，昼夜温差大。平泉县自古就是香菇的主产地，清幕府志曾有“沙头蘑菇一寸厚，雨过牛童提满筐”之记载。

平泉县专门制定《平泉县食用菌产业发展规划（2016—2025）》，出台《平泉县大力实施品牌战略促进县域经济发展的意见》《平泉县农业产业化若干扶持政策》，制定食用菌产业发展行动计划、政策扶持计划等10余项配套政策文件。组织参加多项品牌宣传展示活动，每年安排不少于1000万元的资金用于产业发展，创新经营体制，组建了正科级食用菌产业服务局。

2010年农业农村部批准“平泉香菇”实施农产品地理标志登记保护。2016年被评为“河北省十佳区域公用品牌”“中国特色产业集群品牌50强”“全国食用菌行业十大主产基地县”“国家出口食品农产品质量安全示范区”“全国食用菌产业化发展示范县”“中国香菇绿色消费基地”“全国香菇出口优秀基地县”等殊荣80多项称号。“平泉香菇”“平泉滑子菇”先后获得农产品地理标志登记保护和生态原产地产品保护，将“平泉香菇”品牌纳入打造城市名片之中，2017 年入选第一批“中国特色农产品优势区”名单。2019 年“平泉香菇”入选“中国农业品牌目录 2019 农产品区域公用品牌”，2022 年入选“2022 年农业品牌精品培育计划”。

先后与科研院所密切合作，落地多项科研课题，并建成国家食用菌产业技术研发中心等“产学研”合作平台 7 个，多位院士、专家等到平泉指导与服务。

平泉全县有 33 家企业（包括合作社）通过“三品”认证，标准化率达到 90% 以上。大力发展认证企业和建设优质产品出口基地，逐步形成了优质、高效、绿色、安全的产地质量品牌。在产业发展过程中培育了食用菌生产加工龙头企业 45 家，其中国家级 2 个，省级龙头企业家 5 家，市级龙头企业 5 家，食用菌专业合作社 380 余家。全县已有流通企业 126 家，家庭农场 10 多家，建设有生产经营许可证的标准化菌种厂 16 家。开发了绿河公司、中润公司集香菇生产、培训观光、休闲采摘等一二三产融合发展的园区典范。平泉食用菌以一产为基础、二产为支撑、三产为引领的产业融合发展模式，对区域公用品牌与企业、产品品牌协调发展发挥了关键作用。

5.4.2　扎根理论多案例分析过程

（1）原始语句定义现象

原始语句定义现象根据对万全鲜食玉米、鸡泽辣椒、威县梨果、迁西板栗、平泉食用菌等 5 个农产品区域公用品牌的访谈资料和二手收集资料进行原始语句提取（见表 5 – 4）。

表 5 – 4　　农产品区域公用品牌原始语句

案例	原始语句定义现象
万全鲜食玉米 a	a1 地理位置独特，最好的鲜食玉米黄金种植带；a2 气候好；a3 土壤、水、空气没有任何的污染；a4 全年空气优；a5 有鲜食玉米规划；a6 多部门积极开展区域品牌申报；a7 组织展会进行品牌宣传；a8 政府在用地、土地流转、贷款多方面支持；a9 鼓励商标注册；a10 人才技术帮扶；a11 鼓励质量认证；a12 监管力度大；a13 合作社、龙头作用大；a14 农民组织化程度高；a15 注重产学研结合；a16 历史悠久；a17 建成文化展厅；a18 产品独特；a19 多项质量认证；a20 产品历年获得多项荣誉 ；a21 含糖量高、适口性好、风味独特倍受消费者的青睐；a22 签订了可追溯合同；a23 组建战略联盟；a24 营销创新；a25 技术促升级；a26 配套企业完善；a27 有 11 家企业采用“禾久”统一品牌；a28 龙头企业多；a29 产业链延长；a30 带动农民增加收入；a31 鲜食玉米产业全国领先；a32 开展文化节

续表

案例	原始语句定义现象
鸡泽辣椒 b	b1 黑龙港流域，交通优势突出；b2 温带大陆性气候，四季分明，土壤有机质含量高；b3 制定辣椒产业规划；b4 搭建网络平台宣传推广品牌；b5 制定优惠政策；b6 与科研院所紧密结合；b7 培训技术人员；b8 行业协会开展规划、管理、协调相关工作；b9 农民参与组织化达到 60%；b10 合作社、企业对产品要求严格；b11 鸡泽辣椒民间故事传说多；b12 产品和产地通过多项认证；b13 产品获得多项荣誉称号；b14 品质优良，与同类产品差异性明显；b15 已经产品实现全程可追溯；b16 研制“清火因子”配方；b17 加工龙头实力强；b18 辣椒企业多，配套企业集聚；b19 多模式带动农民增收；b20 发展加工业，成立辣椒产业园，开展休闲消费
威县威梨 c	c1 交通枢纽县；c2 日照充足，土壤适合；c3 编制梨果产业“三带三园”规划；c4 强化品牌宣传推介；c5 制定多方政策倾斜；c6 拥有完善人才技术和科技服务推广体系；c7 鼓励商标注册和质量认证；c8 强化质量监管；c9 成立管委会组织多项工作；c10 破解一家一户分散种植；c11 聘请专家，全方位技术支撑；c12 打造威梨文化体系；c13 开展多样化农产品质量安全认证；c14 近两年获得多项荣誉称号；c15 打造品控追溯平台；c16 龙头企业 40 余家，当地建立合作社共计 95 个，发展种植大户 34 个，新建标准化梨园 222 个；c17 探索多模式，带动农民增收；c18 发展种植，发展贮藏加工，物流，建立观光园区
迁西板栗 d	d1 距离北京、秦皇岛、唐山都非常近；d2 土壤、地质、气候、水利适合板栗生产；d3 政府部门制定多项规划；d4 组织多项宣传活动；d5 奖励龙头、合作社；d6 调动农民参与积极性；d7 加强品牌保护；d8 推进标准化，奖励合规经营；d9 开展多项扶持；d10 要强专家举办培训班；d11 农民绿色生产积极性高；d12 鼓励技术创新和产学研结合；d13 多种“板栗”传说；d14 产品品质与周边地区大有不同；d15 板栗多数通过认证，质量有保障；d16 荣获多项殊荣；d17 政府和林学所严格区域品牌监管；d18 多企业和合作社共同使用品牌；d19 板栗生产企业聚集；d20 企业实力强；d21 板栗产业是主导产业；d22 精深加工逐步开发；d23 推行“产加销一体化，一二三产业融合发展”
平泉食用菌 e	e1 三省通衢、京津远郊、冀东节点、五港福地；e2 气候适宜，生产原料丰富；e3 全国优质生态县；e4 编制多项规划；e5 扶持政策配套；e6 打造城市名片，注重广泛宣传；e7 每年都有专项资金；e8 成立食用菌产业服务局；e9 政府和服务局负责监管和技术服务；e10 鼓励产品开展认证；e11 多环节补贴；e12 开动“政银企户保”平台；e13 公司提供给菌农提供就业岗位；e14 33 家企业通过三品认证；e15 加工企业全部通过 ISO、HACCP 等认证；e16 获得多项品牌荣誉称号；e17 品质优良，多模式周年生产格局；e18 创新经营体制创建“三零”模式；e19 加工企业、合作社多家；e20 主体实力、资金雄厚；e21 配套企业健全；e22 吸引农户，提高人均收入；e23 开展三产融合发展园区

(2) 现象概念化

现象概念化是通过已经定义现象的原始语句进一步的整理构建现象（见表5－5）。

表 5－5　　现象概念化开放性编码

现象概念化	涵盖原始语句
A1：地理区位因素	a1 \ b1 \ c1 \ d1 \ e1
A2：该地土壤、气候、日照等条件适合此类农产品的生长	a2 \ b2 \ c2 \ d2 \ e2
A3：农业生态环境如空气、农业水质（污染情况）质量情况	a3 \ a4 \ e3
B1：政府对该农产品（产业）布局和规划情况	a5 \ b3 \ c3 \ d3 \ e4
B2：政府开展该农产品（产业）品牌推广宣传情况	a6 \ a7 \ b4 \ c4 \ d4 \ e6
B3：政府在税收、金融、土地等优惠政策方面的做法	a8 \ b5 \ c5 \ d5 \ d9 \ e5 \ e7 \ e11 \ e12
B4：政府提供人才（包括培训情况）、技术职称情况（包括推广生产技术等）	a10 \ b6 \ b7 \ c6 \ c11 \ d10 \ e9
B5：政府对农产品（产业）商标注册鼓励引导情况	a9 \ c7
B6：政府对该农产品品牌质量认证注册管理引导支持情况	a11 \ c7 \ d8 \ e10
B7：政府对该农产品质量安全的监管力度，如建立法律法规、积极打假	a12 \ c8 \ d17 \ e9
B8：该农产品行业协会对外功能完善程度	a13 \ b8 \ c8 \ d8 \ e8
B9：该农产品行业协会日常管理和监管力度	a13 \ c8 \ d5e8
B10：农民参与合作社程度（多大比例的农户加入合作社）	a14 \ b9 \ c10 \ d6 \ d11 \ e13
B11：企业与农户结合程度（农业企业与农户联系紧密程度）	a14 \ b9 \ c10 \ d6 \ d11 \ e13
B12：合作社对该农产品品牌管理和监管力度	a13 \ b11 \ c13 \ d7
B13：龙头企业对该农产品品牌管理和监管力度	a13 \ b10 \ b11 \ c13 \ d7 \ d8
B14：当地产业与学校、科研院所结合紧密程度（产学研结合情况）	a15 \ b6 \ d12
C1：当地流传此农产品的故事传说	a6 \ b11 \ d13
C2：当地拥有此农产品特色文化（如当地的习俗、风俗、生活方式等）	a17 \ b11 \ c12
C3：当地拥有该农产品特有的种养加工技术	a18 \ d14
D1：该农产品质量安全体系健全，取得质量认证	a19 \ b12 \ d15 \ e14 \ e15
D2：该农产品获得多个荣誉（如驰名、著名商标、荣誉称号等）	a20 \ b13 \ c14 \ d16 \ e16
D3：与其他地区（企业）同类产品有明显差异（技术、口感、模式等）	a21 \ b14 \ b16

续表

现象概念化	涵盖原始语句
D4：该农产品全程可追溯	a22 \ b10 \ c15
D5：该农产品品牌创新能力（技术创新、制度创新、文化创新、品种创新）	a23 \ a24 \ a25 \ e17 \ e18
E1：当地从事该农产品企业数量（具有产业集群优势）	a26 \ a27 \ b18 \ c16 \ d18 \ d21 \ e19
E2：该农产品龙头企业实力	a28 \ a31 \ b17 \ d20 \ e20
E3：与该农产品龙头企业配套的农业中小型企业发展情况	a26 \ b18 \ d19 \ e21
E4：该农产品（产业）带动农民增收情况	a30 \ b19 \ c17 \ e22
E5：该农产品一二三产融合发展情况	a29 \ a32 \ b20 \ c18 \ d22 \ d23 \ e23

（3）范畴化

范畴化是将已有现象按照内容特征进行归类编码的过程，归纳总结出资源区位因素、主体支撑因素、文化传承因素、产品支撑因素、产业竞争因素为主要的影响因素（见表5－6）。

表5－6　　范畴化编码

编号	主范畴	对应范畴
A	资源区位因素	A1－A3
B	主体支撑发展因素	B1－B14
C	文化传承因素	C1－C3
D	产品支撑因素	D1－D5
E	产业竞争因素	E1－E5

（4）关系编码

关系编码又称为选择性编码，是进一步对主范畴之间关系进行的深入研究。根据已有的信息资料，本书的选择性编码呈现出：资源区位、文化传承—区域公用品牌建设；资源区位、文化传承—产业竞争—区域公用品牌建设；资源区位、文化传承—产品支撑—区域公用品牌建设；产业竞争—区域公用品牌建设；产品支撑—区域公用品牌建设五条路径结构。主体支撑因素在区域公用品牌建设过程中起正向调节作用（见表5－7）。

表 5-7 关系结构选择性编码

关系结构	解释
资源区位、文化传承—区域公用品牌建设	地区的地理位置、资源禀赋是该区域农产品品牌建设成长的基础，能够直接作用于品牌建设
资源区位、文化传承—产业竞争—区域公用品牌建设	区域资源、文化传承等因素能够促进产业的发展，进一步推进区域公用品牌的建设
资源区位、文化传承—产品支撑—区域公用品牌建设	区域资源、文化传承等因素能够提高产品的支撑能力，进一步推进区域公用品牌的建设
产业竞争—区域公用品牌建设	产业发展能够直接推进区域公用品牌建设
产品支撑—区域公用品牌建设	产品支撑能够提高推进区域公用品牌建设
主体支撑调节作用	主体提供多方支持，能够正向调节各因素对品牌的影响

（5）饱和度检验

通过扎根理论多案例资料分析，对行唐大枣、灵寿食用菌、遵化香菇、曹妃甸河豚鱼、昌黎马坊营旱黄瓜、青龙北苍术、山海关大樱桃、卢龙白薯、涉县柴胡、成安草莓、武安小米、邢台县酸枣仁、清河山楂、内丘富岗苹果、柏乡汉牡丹、安国中药材、满城草莓、涞源小杂粮、崇礼彩椒、怀来葡萄、张北马铃薯、蔚州贡米、阳原驴、塞北奶牛、康保长尾鸡、平泉香菇、滦平中药材、承德国光苹果、围场马铃薯、丰宁黄旗小米、隆化肉牛、青县羊角脆甜瓜、黄骅冬枣、泊头鸭梨、献县鸭坯、永清胡萝卜、饶阳设施葡萄 36 个农产品区域公用品牌进行重新原始现象定义、概念化、范畴化等过程，并未发现已有研究范畴中不涉及的选项。

以资源区位因素为例介绍进行饱和度验证。41 个农产品区域公用品牌中均表示地理区位因素良好，滦平中药材、怀来葡萄、卢龙甘薯三个品牌明确表明《土壤环境质量标准》已经达到二级以上。水质资源中，怀来葡萄、卢龙甘薯、围场马铃薯 3 项明确表明达到《地表水环境质量标准》三级以上。气候条件中，全部适合特色主导产品的种植或养殖。因此对于资源区位因素案例材料与已有编码内容完全符合该项达到饱和状态。

5.4.3 信度与效度检验

（1）编码内容信度检验

内容编码信度。信度是指两个或两个以上人员编码相同的维度，信度验证为计算编码者一致程度，经常用 CA 代表编码信度。采用的公式为：

$$CA = \frac{T_1 \cap T_2 \cap T_3 \cdots \cap T_n}{T_1 \cup T_2 \cup T_3 \cdots \cup T_n}$$

其中 $T_1 \cap T_2 \cap T_3 \cdots \cap T_n$ 表示 n 个编码人员相同的编码个数（类似于数学中的交集运算），$T_1 \cup T_2 \cup T_3 \cdots \cup T_n$ 表示 n 个编码人员所有编码（类似于数学中的并集运算）。CA 水平达到 0.8 以上则此项编码信度可接受。

（2）编码效度检验

常用内容效度比来对质性分析法内容进行效度检验。经常用 CRV 代表编码效度。具体公式如下：

$$CRV = \frac{ne - N/2}{N/2}$$

其中，N 表示编码者总人数，ne 表示认为某项编码较好表示测量内容的编码人数（王重鸣，1998）。可知当 ne 数量不到总人数的 50% 时，CRV 为负值；当恰好 ne 为 $N/2$ 时，$CRV=0$，说明一半编码较好；当恰好 ne 为 N 时，$CRV=1$，此时所有编码均被认可。$CRV \in (0,1]$ 则认为内容编码效度可以接受。

编码通过 1 名博士生和 4 名研究生进行，通过对 5 名人员的编码度量得到。可见，调查的资源区位因素、特色产业发展因素、品牌文化因素、产品支撑因素、产业竞争因素等五项均能通过研究的信度和效度验证（见表 5-8）。

表 5-8　　信度与效度检验

因素	分项目	CA	CRV
资源区位	A1：地理区位优势	1	1.0
	A2：自然资源优势		
	A3：环境条件优势		
主体支撑	B1：政府规划	0.93	1.0
	B2：政府品牌推广		
	B3：政府优惠政策		
	B4：政府提供人才与技术		
	B5：政府商标鼓励		
	B6：政府鼓励质量认证		
	B7：政府监管		
	B8：行业协会对外		

续表

因素	分项目	*CA*	*CRV*
主体支撑	B9：行业协会管理和监督	0.93	1.0
	B10：农民参与合作社		
	B11：农民与农企结合		
	B12：合作社监管		
	B13：龙头企业监管		
	B14：产学研结合		
文化传承	C1：故事传说	0.83	1.0
	C2：特色文化		
	C3：特有种养加技术		
产品支撑	D1：质量认证	0.95	1.0
	D2：产品荣誉		
	D3：产品独特性		
	D4：产品可追溯		
	D5：品牌创新力		
产业竞争	E1：集群优势	0.91	1.0
	E2：企业实力		
	E3：配套企业		
	E4：带动增收		
	E5：一二三产融合		

5.5 农产品区域公用品牌创建的影响机理

通过对河北省农产品区域公用品牌研究，发现影响河北省农产品区域公用品牌发展的关键因素高度一致。本部分以多案例分析河北省农产品区域公用品牌发展影响因素，从主体支撑因素、资源区位因素、品牌文化因素、产品支撑因素以及产业竞争因素分析影响区域公用品牌创建的机理。

5.5.1 主体支撑因素

农产品区域公用品牌建设涉及多个主体共同参与、多个主体共同组建支撑体系，具体为政府支撑、行业协会支撑、农民专业合作社、农业企业的支撑、产学研机构支撑、消费者需求支撑等多方面（见表5－9）。政府主要起到引导推动作用，企业作为市场主体是区域公用品牌的建设主体，行业协会主要作用是协调，消费者作为需求方可以对品牌的质量做综合评判。

表5－9　主体支撑因素表

影响因素	编码内容
主体支撑优势	B1：政府对该农产品（产业）布局和规划情况 B2：政府开展该农产品（产业）品牌推广宣传情况 B3：政府在税收、金融、土地等优惠政策方面的做法 B4：政府提供人才（包括培训情况）、技术职称情况（包括推广生产技术等） B5：政府对农产品（产业）商标注册鼓励引导情况 B6：政府对该农产品品牌质量认证注册管理引导支持情况 B7：政府对该农产品质量安全的监管力度，如建立法律法规、积极打假 B8：该农产品行业协会对外功能完善程度 B9：该农产品行业协会日常管理和监管力度 B10：农民参与合作社程度（多大比例的农户加入合作社） B11：企业与农户结合程度（农业企业与农户联系紧密程度） B12：合作社对该农产品品牌管理和监管力度 B13：龙头企业对该农产品品牌管理和监管力度 B14：当地产业与学校、科研院所结合紧密程度（产学研结合情况）

政府是在国家产生后根据社会管理的需要按照一定规则建立起来的组织机构体系（梁世夫，2013）。政府具有对全社会成员的普遍强制力，也具有矫正市场失灵的明显优势。相关研究普遍认可政府在农产品区域公用品牌建设中的重要作用，尤其是区域公用品牌建设初期政府的作用更大，包括制定区域公用品牌规划，推广宣传，制定税收、金融、土地等扶持政策，提供人才技术支撑，强化品牌注册管理等多方面的功能，为品牌发展创造良好运行环境保障。地方政府应当从制定经济政策、提供公共物品、消除外在影响、维护市场秩序、政府营销等方面进行农产品区域公用品牌建设。良好的经济政策能够促进地区经济长远稳定的发挥，基础设施等公共物品完善，保障地区经济发展的条件，只有消除外部消极的影响才能更好地维护区域公用品牌市场秩序的运行。

行业协会的支撑。区域公用品牌是公共产品，行业协会在区域公用品牌建设中发挥的作用与政府部门的作用大体相同，包括管理职能、信息服务职能、市场开拓职能等。行业协会在农产品区域公用品牌塑造过程中发挥规范行业行为、提供行业信息、对外发挥集体功能、搭建政府与企业沟通平台、提升行业自律、进行品牌注册和推介等①。

农民专业合作社是以家庭承包经营为基础，通过农产品的销售、加工、运输、贮藏以及农业生产经营有关的技术、信息等服务来实现成员间互助目的的组织。农民专业合作社是社内合作化与社会市场化互动的产物②。合作社进行农产品区域公用品牌建设有利于增强成员的凝聚力，一定程度上提高合作社的知名度和竞争力，增加社员的收入，最终打造以品牌为核心价值的新型农业。

农业企业是农产品区域公用品牌建设的主要力量，能够起到品牌定位、品牌推广、品牌维护的作用。企业作为市场主体，负责农产品的商标注册、质量管理、品牌培育、文化挖掘和科技创新等。企业的创新能力、科技应用能力、人才支撑能力等多方面影响农产品区域公用品牌的竞争力。

科技创新是品牌农业发展的原动力，推动特色农产品品牌的建设更是需要以科技创新为引领的系统支撑，要引入新思维、新要素、新方法来共同进行特色农产品品牌的建设。张士康院长曾以茶产业为例指出，政产学研联动才能做好行业的品牌。王中（2012）在对日本品牌农业的研究中表明品牌农业成功培育依赖于优良的品种和政产学研紧密的结合③。

5.5.2 资源区位因素

农产品资源区位包括地理区位、自然资源条件、自然环境因素（见表5-10）。农产品区域公用品牌经常以“地区名+产业名”来命名，将产品品牌信息直接联系到来源地，表明产品来源于特定地域，具有独特的口感、质量及其他特性④。冠以地区名称能够帮助消费者更好的识别产品，如部分消费者在选择生鲜食品中将地理信息作为选购的重要因素。

① 张玉香．牢牢把握以品牌化助力现代农业的重要战略机遇期［J］．农业经济问题，2014，35（05）：4-7，110.

② 陈训明．农民专业合作社品牌培育影响因素实证分析——以福建省25家农业部示范农民专业合作社为例［J］．东南学术，2011（04）：60-69.

③ 王中．高端特色品牌农业的理论与实证研究［D］．青岛：中国海洋大学，2012.

④ 张传统．农产品区域品牌发展研究［D］．北京：中国农业大学，2015.

表5-10　　资源区位因素表

影响因素	编码内容
资源区位优势	A1：地理区位因素 A2：该地土壤、气候、日照等条件适合此类农产品的生长 A3：农业生态环境如空气、农业水质（污染情况）质量情况

区域农产品的品牌化运作离不开独特的地区资源优势。资源区位因素包括地区的地理区位、自然禀赋特征、农业生态环境等多方面。

地理区位特征是指农产品区域公用品牌所处的位置及其优势条件，一般交通发达、身处环城镇中心位置等属于地理区位优势条件。农产品区域公用品牌的发展需要借助地区独特的区位优势影响产业结构、产品类别与生产方式等方面，提升品牌竞争力。

自然禀赋特征包括地区气候、经纬度、日照、水土特征等，相对于工业，农业对自然资源的依赖度高，自然资源是决定农业效率的关键因素。农产品生产的地缘性决定了自然资源和产业特色，自然禀赋是农业地理聚集“第一因素”和必要条件，资源禀赋的地区差异也决定着农业产业环境和外部环境的改善。自然地理因素也正是特色农产品发展的核心与基础。

农业生态环境是指一个地区生态环境发展程度，包括空气、水土污染情况，工业设施排放情况等，良好的地区环境及生态环境更有助于保障区域公用品牌农产品的高品质。我国东北地区、河北坝上地区、多数山区等地环境良好，生产出来的产品质量优，品相佳，产品也让消费者更放心。

良好的资源区位优势犹如大磁场，具有马太效应，能够吸引人力、资金、企业等主体及要素的聚集，在区域公用农产品品牌文化和产业发展的共同推进下，产业发展优势明显，更能为农产品区域公用品牌建设打牢资源根基（见图5-3）。

5.5.3　文化传承因素

农产品文化传承包括当地独特的人文特色、特有的文化（风俗、生活方式）、特有的种养加技术等（见表5-11）。部分“特色”优势属于承载独有文化，文化是农产品区域公用品牌的无形资产。文化传承因素在品牌建设过

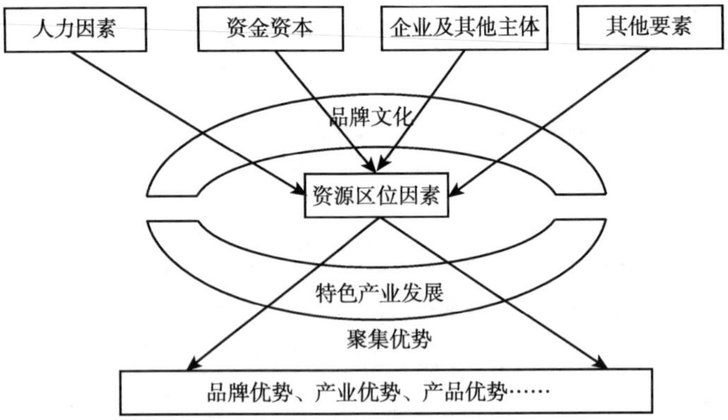

图5－3　地区资源优势影响因素结构

程中能够起到增加消费者认同、丰富品牌内涵、引发消费者共鸣的作用（见图5－4），文化传承因素是区域公用品牌创建的基础。

表5－11　文化传承因素

影响因素	编码内容
文化传承	C1：当地流传此农产品的故事传说 C2：当地拥有此农产品特色文化（如当地的习俗、风俗、生活方式等） C3：当地拥有该农产品特有的种养加工技术

农产品区域公用品牌文化凝结在农产品本身又游离在农产品之外①。文化传承能够传递农产品所具有的直接或间接信息，包括历史、地理、风土人情、传统习俗、生活方式、文学艺术、价值观念。文化是特色农产品的灵魂和精神标签，能让农产品实现差异化的定位、提高品牌的附加值，并激发消费者的精神需求。品牌不单作为一种简单的标记或符号，符号是品牌最为一般的表现，品牌的内在力量在于其文化价值，不借助文化要素，品牌将无力在竞争激烈的市场上立足。陈令军②关于农产品品牌文化作用机理的研究较为深入，首次提出“农产品二元性”的观点，认为农产品具有物质性和文化性两个特征，且文化性正在逐步发挥更强的优势（见图5－4）。

① 胡浪球．特色农产品产业经营——理论、方法和案例［M］．北京：中国农业科学技术出版社，2014．

② 陈令军．基于文化视角的农产品品牌构建研究［D］．咸阳：西北农林科技大学，2010．

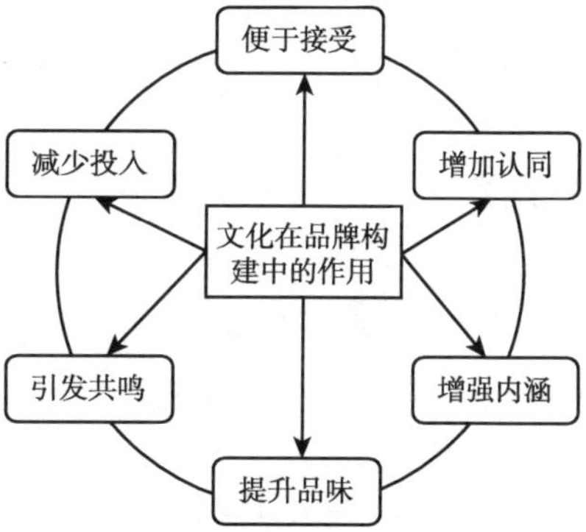

图 5-4 品牌文化因素结构

品牌人文因素是指人文因素引起的某品牌或产品具有较高的知名度和竞争力，如特色农产品的起源、发展过程的故事与传说、品牌相关的经典故事传承，类似的案例如冉庄抗战饼、蔚县贡米等将历史故事与产品结合，文化意义耐人寻味，能满足消费者的精神需求并获得消费者心理上的认同感。

传统区域文化（民俗）是指具有地区特性的风土人情等，通过区域文化价值增强情感和精神价值①。部分的农业节庆活动也是区域传统文化内容，如北京大兴西瓜节、保定顺平桃花节、美国大蒜节等均是通过农业节庆打造品牌。学者胡晓云认为构建农事传统节庆活动能够充分发挥区域地理资源环境优势，对农产品品牌发展起到较好作用，一种是直接和特色农产品相关的民俗文化，另一种为产地相关的民俗文化，包括当地人的生产习俗、当地人的生活习惯、禁忌等。

区域人文、历史、加工工艺等均对特色农产品的品牌建设发挥着重要的作用。农产品加工工艺传承因素是指具有区域特色的农产品加工方式方法等，如白洋淀的小鱼咸菜、张家口莜面窝窝、老北京豆汁、老保定的保定三宝等均是通过对农产品采取特定的加工烹饪做法打造地区的特色美食名片。再如在鲁迅先生笔下“用红头绳系住菜根，倒挂在水果店头，尊为‘胶菜’”的山东胶州大白菜每棵市场售价 30 元，这就是品牌的力量。

① 张月莉，刘峰．农业集群品牌提升的关键影响因素研究［J］．经济经纬，2015，32（01）：31－36.

5.4.4 产品支撑因素

农产品区域公用品牌的产品竞争力包括产品质量（包括产品认证情况和产品获得荣誉情况两点）、同类产品的差异性、产品质量可追溯情况、产品的创新能力等（见表5－12）。产品支撑因素是农产品区域公用品牌建设的最基础保证，也是实现品牌竞争力的最主要落脚点（见图5－5）。

表5－12　　产品支撑因素

影响因素	编码内容
产品支撑优势	D1：该农产品质量安全体系健全，取得质量认证 D2：该农产品获得多个荣誉（如驰名、著名商标、荣誉称号等） D3：与其他地区（企业）同类产品有明显差异（技术、口感、模式等） D4：该农产品全程可追溯 D5：该农产品品牌创新能力（技术创新、制度创新、文化创新、品种创新）

产品质量特性包括产品获得质量认证情况（原“三品一标”认证，即有机认证、绿色认证、无公害认证和农产品地理标志）和农产品获得荣誉情况（是否为国家级驰名商标或省级著名商标，拥有名优产品等系列的名誉性认证等）。近年来随着消费结构的升级以及市场上经常报道的产品质量丑闻，质量安全的农产品日益受到消费者的追捧。即使消费以后也不能轻易获知农产品质量如何，质量认证是有效解决信息不对称的方法。获得产品质量认证的产品具有品质保证，品牌农产品获得的荣誉情况也从侧面反映了产品的市场占有率和竞争力。

产品差异是市场结构的主要要素，企业控制市场的程度取决于自身产品差异化的成功程度。通过实施产品差异化策略，企业可以挖掘自身与同类产品的主要功能差异特性，细分消费人群，根据市场细分再实施产品、定价、渠道等策略。特色农产品最大的差异性在于“特色”，包括产品独特的卖点差异，如新疆的哈密瓜含糖度高，宁夏的枸杞个大、质量优等。追求个性的“80后”“90后”逐步成为市场最主要的消费者，选择过程中在关注产品品质的同时也在追求与众不同，区域公用品牌农产品在营销过程中应立足自身卖点，通过品牌来强化产品的竞争。

农产品可追溯（Traceability System）是指在整个产品供应过程中对产品

的各种相关信息进行记录存储的质量保障系统，目的是实现品牌产品质量控制，提高产品质量水平。雀巢执行总裁何塞·罗佩琪曾经说过：“我认为我们必须发明管理商品可追溯性的方法，提高可追溯性不仅是要做好备案工作，还要进行分析，这是一种需求。”农产品可追溯系统是控制农产品质量安全有效的手段，可追溯系统强调产品的唯一标识和全过程追踪，对实施可追溯系统的产品在生产的各个环节实行 HACCP/GMP/ISO9001 等控制，实现对整个供应链各个环节的产品信息质量的跟踪与追溯。可追溯体系见证农产品以及食品的生产过程，要求生产加工企业通过建立和完善材料入厂检验记录、生产过程控制记录、出厂检验销售等记录建立产品可追溯体系。如智利生产的蓝莓全产业链运营，能够实现全程的可追溯保障消费者随时随地享受好蓝莓，雨润、双汇等肉类加工生产安全线也斥资打造品牌的可追溯措施，蒙牛、伊利等企业也专门进行了追溯系统的搭建（但只是各自的环节进行追溯，尚未形成全产业链的追溯）。我国的农产品供应正在从小规模、分散化的生产方式转向规模化、产业化、集约化方向的提升和演化，农产品供应链呈现多层次、多环节、跨区域等方面的特征，信息分散和不对称，以及机会主义行为，让食品可追溯体系建立和实行呈现复杂化。

农产品的创新能力包括农产品采用了种养新技术、新流通渠道、新品种、加工新特点等，创新是农产品竞争力的最主要动力，只有保持创新才能让品牌更具有生命力。

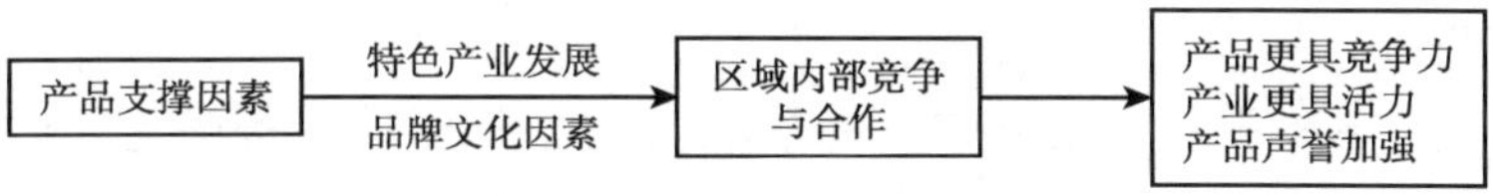

图 5-5　产品支撑因素结构

5.4.5　产业竞争因素

农产品区域公用品牌的产业竞争因素是指农业产业聚集能力，当地农业龙头企业实力，配套中小型农业企业的发展情况以及农业产业化情况（见表 5-13）。

表 5-13　产业竞争因素

影响因素	编码内容
产业竞争优势	E1：当地从事该农产品企业数量（具有产业集群优势） E2：该农产品龙头企业实力 E3：与该农产品龙头企业配套的农业中小型企业发展情况 E4：该农产品（产业）带动农民增收情况 E5：该农产品一二三产融合发展情况

农业产业聚集是指从事农业相关的企业在特定的地理区域内高度的集中，农业资本要素在空间范围内不断汇聚的过程。产业集群是一种世界性的经济现象，大量的企业按照经济联系集中在特定范围内，类似于生物有机系统。产业的聚集具有内部经济和外部经济双重特性，有助于降低上下游企业产品的交易费用，提高集群内部企业的协作效率，紧密聚集的产业集群有助于提高产业的谈判能力，也会形成产业发展的磁场效应，企业间的互动交流有助于促进产业创新。区域公用品牌农产品是在特定地域内生产的农产品，其产业聚集特点明显，农业企业的集聚能够为特色农产品的发展带来新的活力和资源，提升农产品区域公用品牌的竞争力。

地方龙头企业实力能够在一定程度上反映地区农业整体竞争水平，龙头企业是农产品区域公用品牌的重要主体①。我国农民户均经营 5 亩左右的农地，单靠一家一户的小农经营很难完成产业化经营。品牌农业规模化生产经营、产业化生产、市场化运作不能离开龙头企业，农业科技创新也必须依靠龙头企业。

配套中小型农业企业是农产品区域公用品牌建设的保障力量。配套中小型企业作为服务部门，有效保障区域公用品牌的运营。以河北饶阳县设施蔬菜发展为例，饶阳县 3000 亩以上设施蔬菜龙头企业 20 个，包括河北众悦农业科技有限公司、“绿科”蔬菜种植技术推广服务有限公司、河北兴地农业科技有限公司等大型龙头企业，龙头企业进行蔬菜生产的棚室建设、进行农业金融服务、进行农资生产资料供应等均需要配套的企业来完成，因此配套中小型企业的发展水平也恰是农产品区域公用品牌建设的基础保证。

① 熊明华．地域品牌的形象建设与农业产业化［J］．中国农业大学学报（社会科学版），2004(02)：26－29.

农业产业化是以市场为导向，以经济效益为中心，以主导产业、产品为重点，优化组合生产要素进行的集种养加、产供销、农工商贸、农科教一体化的经营体系。学者从农产品品质、产业规模、现代化水平以及经营服务水平等方面的农业产业优势对特色农产品品牌发展的影响。农业产业化是组织区域公用品牌农产品发展的组织基础①。农业产业化经营推进农业的标准化生产，制定农产品的质量标准，能够规范对农产品质量的控制。农业产业化以及产经销一体化的经营体系也是发展区域公用品牌农产品的重要推动力。农产品的区域品牌化运作是农业生产专业化、产经销一体化发展的必然结果②，需要建立一体化的产供销供应体系，保证农产品的质量和标准体系的完善，也需要农业一二三产业的融合发展延长农产品的产业链，适当发展加工业、发展农业第三产业，增加农产品的附加值，提高品牌的竞争实力。区域公用品牌农产品能够延伸产业链条有效增加农产品附加值，增加农民收入，发挥品牌带动作用（见图5－6）。

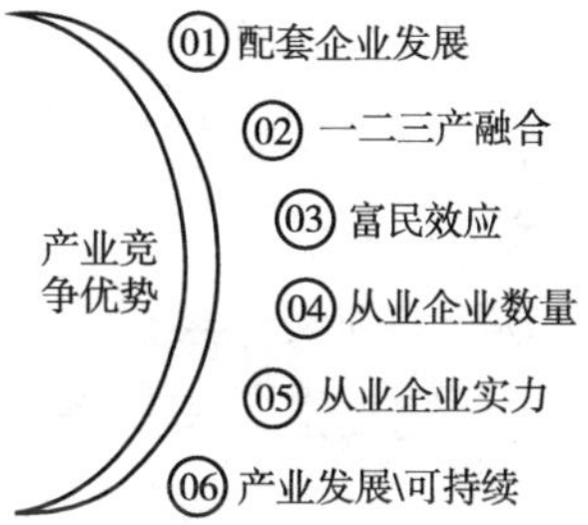

图5－6 产品竞争因素结构

5.4.6 农产品区域公用品牌创建机理模型

农产品区域公用品牌创建的各维度之间、各维度与区域公用品牌之间存在逻辑关系，本节旨在构建区域公用品牌影响因素创建机理的理论模型（图5－7）。

农产品区域公用品牌创建为最终目标，受到资源区位因素、文化传承因素、产业竞争因素、产品支撑因素、主体支撑因素的共同影响。资源区位、

① 周华．区域品牌建设与政府角色定位研究［J］．商业时代，2010（04）：30－32．
② 吴菊安．产业集群与农产品区域品牌建设［J］．农村经济，2009（05）：39－41．

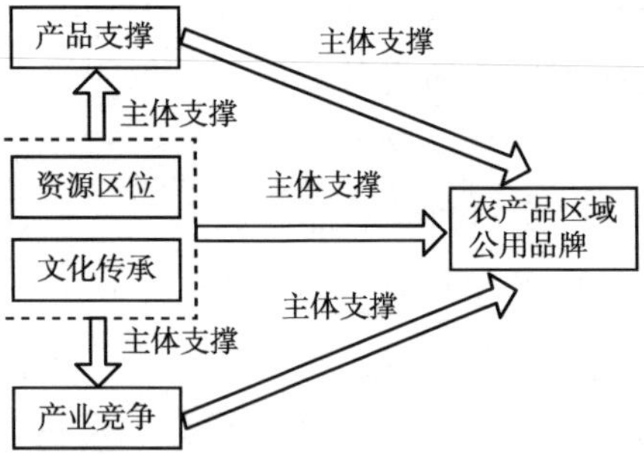

图5-7 农产品区域公用品牌创建机理

文化传承、产品支撑、产业竞争等4个因素均能够直接作用到农产品区域公用品牌的创建中，四个因素对区域公用品牌的影响均离不开主体支撑的作用，因此主体支撑因素可视为其余因素的调节变量，正向促进各因素对区域公用品牌的建设。资源区位因素、文化传承因素决定着农产品区域公用品牌独特的品质和形象，文化赋予品牌独特的内涵是品牌创建的基础。产业竞争因素和产品支撑因素对于提高品牌竞争力提供持续支持，引领品牌发展，是品牌发展的动力。资源区位因素和文化支撑因素可以进一步赋能产业和产品的提升进而强化对区域公用品牌的创建。

根据扎根理论内容研究方法和前文论述，本章拟归纳提出如下命题：

命题1：资源区位因素和文化支撑因素可正向影响农产品区域公用品牌的创建。

命题2：资源区位因素和文化支撑因素可通过促进产业竞争因素和产品支撑因素来正向印象区域公用品牌的创建。

命题3：产业竞争因素和产品支撑因素可直接正向影响区域公用品牌的创建。

命题4：主体支撑因素正向调节其他4个因素对于农产品区域公用品牌创建的所有路径。

5.6 本章小结

本章采用了质性探索性扎根理论研究分析方法，在对已有文献材料、半结构式访谈材料、发放问卷情况等进行利用的基础上，分析总结农产品区域公用品牌创建的基础因素，针对每个影响因素进行详细分析并探索影响机理。

通过对万全鲜食玉米、鸡泽辣椒、威县威梨、迁西板栗、平泉食用菌5个农产品区域公用品牌深入剖析，在此基础上提炼关键因素，利用河北省共计36个农产品区域公用品牌的因素进行饱和度检验，得出结论。本章的分析结果主要为以下两个结论：

结论一：河北省农产品区域公用品牌创建受主体支撑、资源区位、文化传承、产品支撑、产业竞争5个因素共同影响。其中主体支撑因素主要体现在政府、行业协会、企业、农户等主体支撑方面；资源区位因素主要体现在地理区位、自然资源条件、生态环境等方面；文化传承体现在特有的文化或习俗、加工工艺等；产品的支撑因素主要体现在产品的安全认证、获得荣誉、独特差异、创新能力上；产业竞争因素主要体现在当地从事该农产品企业的数量、产业龙头企业配套的中小型企业发展、带动农民增收、一二三产融合等方面。

结论二：农产品区域公用品牌创建中不同因素发挥作用不同，资源区位、文化支撑、产业竞争、产品支撑4个因素直接影响区域公用品牌的创建，主体支撑因素在品牌创建各因素中主要起正向调节作用。

第6章

农产品区域公用品牌维护分析

农产品区域公用品牌的较高质量声誉具有正向溢出效应，理性决策行为会导致部分企业在决策过程中不付出额外成本成为“搭车者”，个体的短期利益会和参与区域公用品牌建设主体的长期利益发生冲突，出现柠檬市场效应①。完成品牌创建是农产品区域公用品牌建设的第一步，区域公用品牌维护和管控在运行中也举足轻重，参与主体对农产品区域公用品牌采用不适当的维护行为，最终会引发品牌的“公地悲剧”。

6.1 问题提出

农产品区域公用品牌建设是产业振兴的着力点，也是巩固脱贫攻坚成果和实现乡村振兴的重要保障。农产品区域公用品牌的建设需要多方主体共同参与，作为公共产品区域公用品牌没有建立排他性的产权，会导致资源的过度使用。区域公用品牌一旦建成并能发挥正向的外部效应，个别企业就会选择搭车行为来获取区域公用品牌的声誉租金，继而形成所谓的“柠檬市场”。

农产品区域公用品牌建设需要多方行为主体的共同参与。现有研究多基于政府监管治理的角度探讨区域公用品牌的质量维护。学者普遍认为政府应当参与到品牌的建设中②，农产品是典型的经验产品又具有信任属性，产品质量好坏信息很难被判断，质量信息的不对称使具有准公共物品属性的区域公用品牌使用者容易产生以次充好的“搭便车”行为，地方政府的积极参与尤为必要③。雷亮（2015）④ 基于区域品牌下企业主体问卷的角度来考察政府的行为，认为地方政府制定经济政策、提供公共物品、消除外在影响、维护市

① 董银果，高小龙．地区质量声誉与农产品出口质量——兼议企业“搭便车”问题［J］．宏观经济研究，2020（12）：84－97.

② 王军，李鑫．区域特有农产品品牌整合的政府行为研究——以长白山人参品牌为例［J］．农业经济问题，2014，35（05）：21－26.

③ O’CassA，Ngo L．V．Balancing External Adaptation and Internal Effectiveness：Achieving Better Brand Performance［J］．Journal of Business Research，2007，60（1）：11－20.

④ 雷亮．地方政府行为影响区域品牌发展的实证研究［J］．兰州大学学报（社会科学版），2015，43（01）：112－119.

场秩序和政府营销均可直接促进区域品牌发展。张艳等（2022）[①] 探讨农户参与地理标志品牌的行为，发现农户参与地理标志品牌的行为决策，尤其是通过减少化肥农药的单位面积使用，能够有效提升农产品的质量安全。

区域公用品牌是农产品向外发出的一种质量信号，传递农产品的质量安全信息，降低消费者对优质农产品的搜寻成本，降低购买风险，因此品牌使用主体能获得产品溢价。区域公用品牌的使用行为主体大多数为企业，企业合规使用区域公用品牌才是质量维护的关键[②]。从佳佳和吴传清（2010）[③] 借鉴奥斯特罗姆公共池塘资源模型的思想，构建基于政府、买方卖方、行业协会在内的多方信号实时信息披露平台，研究表明企业参与多次的“重复博弈”会促使其按照长期利益行事。陈通和李志芳（2014）基于质量维护视角来研究区域品牌农产品的合作机制，表明企业积极的行为决策与“搭便车”行为的额外收益大小呈负相关[④]。

创建、维护、运营使用农产品区域公用品牌是一个系统工程，调动多方行为主体共同参与到农产品区域公用品牌的建设中，提升农产品区域公用品牌的绩效是当前亟须解决的关键问题。孙瑞琪（2019）研究表明声誉机制、惩罚机制、奖励机制、群间竞争与合作维护机制共同构成群体合作行为的维护机制[⑤]。陈通和李志芳（2014）[⑥]通过演化博弈考察龙头企业（H型）和小企业（L型）两类企业在农产品区域公用品牌建设过程中的质量维护行为选择。李新建等（2022）[⑦] 研究表明农产品生产企业、品牌运营公司、地方政府共同参与农产品区域公用品牌的提升，多方演化稳定策略受到政府补贴力度、奖励、成本等共同的影响。鲍建强（2022）[⑧] 基于企业内部驱动的品牌

---

① 张艳，黄炎忠．地理标志品牌参与对农产品质量安全的影响研究［J］．华中农业大学学报（社会科学版），2022（05）：123－135.

② 黄俐晔．农产品区域品牌研究——基于主体、机制的角度［J］．贵州社会科学，2008（04）：97－101.

③ 从佳佳，吴传清．集群声誉租金、集体行动和区域产业集群品牌监管［J］．学习与实践，2010（06）：19－27.

④⑥ 陈通，李志方．区域品牌农产品质量维护合作机制的演化博弈分析［J］．系统工程，2014，32（05）：133－137.

⑤ 孙瑞琪．群体合作行为的维护机制研究［D］．济南：山东大学，2019.

⑦ 李新建，杨红，曾玲，李小玲．参与农产品区域公用品牌提升的三方演化博弈［J］．中国管理科学，2022，30（08）：196－209.

⑧ 鲍建强．乡村特色产品品牌化：企业与顾客、政府协同战略［J］．中南民族大学学报（人文社会科学版），2022，42（11）：97－104，185.

化、外部市场驱动的品牌化、政府侧翼引导和推动3个方面探讨企业、顾客、政府三方主体的行为决策。张敏等（2022）[①] 对于地方政府引导下的集群区域品牌协同共建的研究发现，多行为主体共建区域公用品牌的行为与大企业的投资份额正相关、与“搭便车”惩罚系数呈正相关、与总投资成本负相关，并且发现地方政府的补贴会对企业协同共建区域品牌起到相应激励。陆娟和孙瑾（2022）[②] 基于价值共创的视角从政府、行业协会、企业及消费者等多视角探讨乡村振兴战略下农产品区域品牌的协同共建。

如何使参与区域公用品牌建设多个主体相互协调，学术界的研究还较为少见[④]。已有的研究倾向于讨论政府、企业主体单向行为，强调农产品区域公用品牌的公共物品属性。如有学者探讨政府的主导作用[⑤]，认为政府支持是区域公用品牌建设的基础因素，有学者考虑到区域公用品牌具有正外部效应，企业会产生“搭便车”行为最终导致公地悲剧，进而开展企业主体行为的博弈。农产品区域公用品牌建设应包括品牌的供给方和需求方，建设主体更应当扩展到政府、行业协会、农企、农户、消费者等多个利益主体。现有文献同时将“供给侧”和“需求侧”行为主体考虑在内的比较少，检索发现仅陆娟、孙瑾（2022）基于价值共建的视角从理论层面探讨农产品区域公用品牌建设过程中政府的引导推动、企业建设、协会协调和消费者评判的协同共建行为。

基于此，本部分立足于农产品区域公用品牌现存的“有而不建”“建而不用”“用而不护”的现状背景，对农产品区域公用品牌需求端和供给侧利益相关者的行为选择进行研究，深入探讨品牌的运行机制和利益主体的行为决策。

6.2 方法选择

本部分将采用博弈论方法对农产品区域公用品牌行为主体维护策略进行

① 张敏，游雅思，谢合明．地方政府引导下的集群区域品牌协同创建演化博弈分析［J］．西华大学学报（哲学社会科学版），2022，41（05）：94－102．

②④ 陆娟，孙瑾．乡村振兴战略下农产品区域品牌协同共建研究——基于价值共创的视角［J］．经济与管理研究，2022，43（04）：96－110．

⑤ 熊爱华，邢夏子．区域品牌发展对资源禀赋的敏感性研究［J］．中国人口·资源与环境，2017，27（04）：167－176．

分析。博弈论方法又称为对策论、游戏理论、赛局理论（Game Theory）。博弈论属于运筹学的研究领域，研究行为人的相互依赖行为，寻求在博弈行为中寻找最合理的行为（行动）方案。

不同于单人决策，博弈论是看成多人决策的均衡。博弈论的三要素为参与人（Players）、行动（Actions）和支付（Payoffs）。其中，参与人指的是博弈论当中的参与者，又称为局中人，参与人个数的多少决定是双方博弈还是多方博弈，博弈论的行为人为两个或两个以上，行为主体之间的策略选择相互影响，主体之间存在利益依存关系。参与人选择的策略或行动是在博弈过程中可选择的做法或方案手段，各方的策略组合会影响博弈的结果。行动，也称为策略，指的是每个参与人选择的实际可行的行为方案。支付是所有可能的行动组合或策略组合下参与人的博弈所得，也称为博弈的收益或得失，指参与人因为参与博弈而得到的报酬，参与人的支付不仅与参与人自身的策略有关，还取决于全体参与者的整体策略。

博弈论蕴含的基本假设是所有的参与人都是完全理性的，目的是通过行动最大化自己的利益。

6.3 农产品区域公用品牌维护困境及成因

创建区域公用品牌不易，运行维护更难，利益主体会做出不同的行为选择最终达到均衡。生存或是毁灭，也是每一个利益相关主体对于农产品区域公用品牌值得思考的问题。本部分仍以河北省案例作为研究对象探讨农产品区域公用品牌的维护困境及成因。

河北省农产品区域公用品牌总体呈现出价值低、管理乱的状态，现有农产品区域公用品牌主要面临三类困境：第一，地区有特色农产品资源，但尚未完成品牌创建，区域公用品牌“有而不建”；第二，区域公用品牌建成区域内部企业主体选择“建而不用”，区域公用品牌被束之高阁；第三，区域公用品牌能够产生一定的溢价效应，但是使用者不愿意付出维护成本，部分行为主体选择“用而不护”，最终导致劣币驱逐良币的悲剧。三种行为共同制约农产品区域公用品牌的做大、做优、做强，品牌效应难发挥。

6.3.1 资源待挖掘，区域公用品牌缺乏创建激励，“有而不建”

河北省特色农业资源丰富，仅蔬菜、畜牧、果品三大农业特色产业产值就占农业总产值的70%，但农产品区域公用品牌数量却与兄弟省份差距悬殊。调研中发现部分地区农业主管部门负责人缺乏创建区域公用品牌的意识和相关激励。河北省农业品牌溢价能力与先进省份相比，有较大差距，农产品“提篮小卖”现象还比较普遍，品牌农产品识别困难。农业企业或合作社自顾打造自有品牌，对于区域公用品牌创建不甚关心，将区域公用品牌的创建视作政府的职责。从事农业生产经营的小农户没有品牌经营农业的理念，将全部重心放到农业的生产环节，产品优质不优价。河北山地丘陵地区较多，农业经营主体的管理不善，导致大量优质农产品销售只能是“口耳相传”“躺在大山人不识”。

6.3.2 主体无使用，区域公用品牌缺乏使用激励，“建而不用”

从生产体系和经营体系来看，新型经营主体给农业品牌建设带来了巨大的内生动力，是农业生产方式和经营方式变革的结果。河北省省政府和农业相关部门高度重视品牌的创建，聚力打造高品质、有口碑的农业“金字招牌”。将特色农业产业培育成为区域公用品牌，具体包括将优质专用小麦、优质谷子、精品蔬菜、道地中药材、优势食用菌、沙地梨、优质专用葡萄、山地苹果、高端乳品、优质生猪、优质蛋鸡、特色水产12个特色优势产业打造成系列“河北产业集群品牌”。河北省地理标志农产品、地方特产、区域公用品牌农产品逐渐在创建，但已经注册登记的品牌农产品中多数局限于完成“品牌”申请备案阶段，品牌塑造、创意设计、市场运作和产品推介等方面缺乏专业规划，没有建立起品牌识别和产品识别，品牌特色缺失或定位不够清晰。区域公用品牌创建完成后被束之高阁，企业缺乏使用意愿，区域内的企业各自为战、单打独斗，自己掏腰包打造自有品牌，参与区域公用品牌建设积极性不够强。对于企业而言更倾向于使用自有品牌，无区域公用品牌意识，尚未建立企业品牌和区域公用品牌二者“母子品牌良性互动”关系。生产经营主体使用区域公用品牌比较随心所欲，管控失效、糟践品牌的隐患较大。如青县羊角脆区域公用品牌知名度很低，甚至当地的生产农户都未曾听闻“青县羊角脆”农产品区域公用品牌名称（地理标志）。

6.3.3 品牌待维护，区域公用品牌农产品质量无保证，“用而不护”

区域公用品牌生产标准和操作规程不健全、不统一、不规范，维护和监管不到位，保护意识不强，以次充好现象时有发生，产品质量参差不齐，一定程度上影响了区域公用品牌形象。如深州蜜桃缺乏生产标准和品牌保护意识，造成区域公用品牌影响力下滑。

品牌经营主体只顾眼前利益，不注重区域公用品牌的维护，用伪劣产品冒充优品来换取高额收益。区域品牌农产品质量得不到保证，如昌黎葡萄酒勾兑事件，让本来具有“东方波尔多”美誉的昌黎百年声誉遭受重创。再比如“赵县雪花梨”为了迎合市场对果面发绿雪花梨需求，不少收购业主提前收购，造成果农提前采摘、销售未成熟的雪花梨，严重损害了赵县雪花梨的品牌和形象。本书开展市场调查，在收回的1395份有效的消费者调查问卷中，69.89%的消费者表示不愿意选择区域公用品牌农产品的主要原因是市场上假冒太多，一定程度上也说明区域公用品牌的市场假冒伪劣已经严重影响到品牌在市场上的运行效率。

6.3.4 农产品区域公用品牌维护的成因解析

农产品区域公用品牌具有光环效应、声誉效应、成本效应、株连效应等(如图6－1)，分析品牌发挥的效应与品牌使用主体行为可进一步厘清品牌困境的成因。

光环效应和声誉效应指的是农产品区域公用品牌发挥出的正向品牌效应，区域公用品牌能够引领农业高质量发展，更易获得消费者的认可和信任实现品牌溢价。区域公用品牌可以授权企业主体使用，区域公用品牌创建完成后市场上会出现三类使用者：区域内部的合规使用者、区域内部的违规使用者、区域外部的使用者。区域内部的合规使用者提供符合质量要求的农产品区域公用品牌，区域内部的违规使用者和区域外部的使用者提供劣质甚至是假冒的农产品区域公用品牌（后两类使用者均可视为违规生产者）。如果区域公用品牌不能将区域内部的违规使用者和区域外部的使用者排除在外，使用主体数量过多，拥挤效应产生，品牌的质量将难以为继。

成本效应指的是主体建设和维护区域公用品牌所需付出的额外成本，区域公用品牌多主体拥有和使用，存在产权不清晰、管理者缺位、缺乏有效保护等问题均使得单个企业个体缺乏品牌创建和维护的激励。企业参与品牌建设的意愿不高，有农产品资源无公共品牌建设动力。

株连效应指的是由于一旦有违规企业“以次充好”提供农产品，农产品区域公用品牌的“殃及池鱼”现象将产生，合规的生产企业也会受到株连，品牌市场信任度大大降低。株连效应会导致品牌市场信任度降低，区域公用品牌“供给不足”，长期来看将不会再有主体具有维护区域公用品牌的激励。

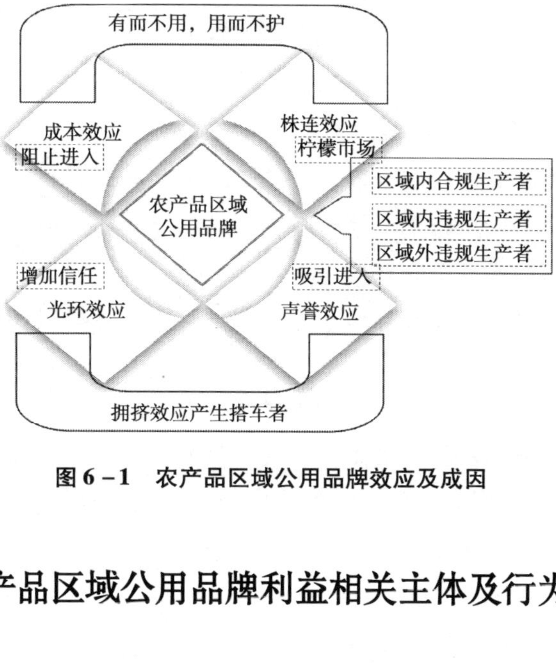

图6-1　农产品区域公用品牌效应及成因

6.4　农产品区域公用品牌利益相关主体及行为选择

6.4.1　农产品区域公用品牌维护利益相关主体

农产品区域公用品牌利益相关者，包括政府、行业协会、农企、农户、消费者等多主体。品牌维护是区域公用品牌运行的基础保障，而维护产品质量的统一性是保证区域公用品牌农产品市场竞争力的核心①。

农产品区域公用品牌的运行需要“供给端”和“需求端”利益相关者的共同作用，政府、行业协会、企业、农户等属于供给主体，市场消费者属于需求主体。从供给端来看，行业协会、政府部门作为主要的创建者和服务者，负责品牌创建、宣传、管理、维护、产品质量监管、调动多方积极性、提供多项政策支持等。合作社、农业企业、农户、家庭农场等主体间通过共建共享、合作、监督、沟通等方式共同使用和维护区域公用品牌。从需求端来看，消费者作为市场的需求主体，为农产品区域公用品牌提供拉动力，而消费者的行为又可以反馈到区域公用品牌建设中。

6.4.2 农产品区域公用品牌维护主体行为选择

区域公用品牌可以被区域范围内主体共同使用，单靠市场作用会出现“公地悲剧”农产品区域公用品牌的准公共物品属性，单一企业或农户都缺乏创建与维护区域公用品牌的内在动力②。政府可作为品牌的授权者和产品质量的监督者，其行为具有强制性，政府主体通过颁布政策法规的形式约束市场行为，对区域公用品牌中的假冒伪劣产品实施监管处罚，净化品牌运行环境。区域公用品牌运行中，政府对农产品区域公用品牌的维护行为主要是分为产品质量的监管或不监管行为。

企业既是区域公用品牌化的直接使用者，也是区域公用品牌建设的关键主体③。作为最直接的农产品品牌的建设主体，农业企业及其相关企业是农产品品牌定位的决策主体、农产品质量的控制主体、质量标志和证明商标的申报主体、农产品价格的决策主体、农产品文化的建设主体、企业形象的塑造主体、农产品品牌的传播主体，农产品品牌的主要推动主体。区域公用品牌运行中，企业对农产品公用品牌的选择维护行为分为生产合规产品或违规产品。

农户为农产品的主要提供者，因生产经营机制和自然条件的约束，许多

① 李志方．地理标志农产品质量维护策略研究［D］．天津：天津大学，2013.

② 刘婷．河南省农产品区域品牌与合作社协同发展策略研究［J］．农业经济，2017（02）：71－73.

③ 赵卫宏，张宇东．区域品牌化的企业参与行为研究——基于文化认知的视角［J］．当代财经，2017（04）：67－78.

地方农产品的生产和销售仍然主要以农户为基本单位①，企业绝大多数初级农产品主要是靠农户供给。张可成（2009）② 对农户在农产品建设中的职能归纳为如下两点：初级材料提供者、产品质量决定者。虽然往往农户本身并不是农产品品牌的直接所有者，但是其行为决定了初级农产品生产的质量。区域公用品牌下，农户的选择行为分为提供合规产品或违规产品。

消费者是区域公用品牌的市场需求者，对于农产品区域公用品牌维护消费者的行为选择分为：选择与不选择，支付高价与支付低价。

6.4.3 农产品区域公用品牌利益相关主体行为决策博弈

由于政府和行业协会在农产品区域公用品牌建设过程中发挥作用具有相似性，本部分仅讨论政府部门的行为，暂不对行业协会进行博弈论述。

（1）政府与企业之间博弈

区域公用品牌作为准公共物品，为一定范围内的主体所共有，当主体对于公用品牌的质量维护激励不足时，会产生“市场失灵”。当市场失灵时，需要政府这只看得见的手进行干预，尽量降低企业的机会主义行为，对区域公用品牌质量进行监管与维护，优化市场环境。

政府对企业的监管包括税收、产品质量、行业标准等多个方面，对企业的监管需要监管成本。企业作为被监管者，一旦在政府部门监管下不合规定，将会受到严重的处罚，对监管合规的企业给予一定的资金鼓励或税收减免等优待。追求利润的企业个体，单次的生产过程中也可能生产劣质产品，损害区域公用品牌。

假设：

①仅有政府和一个企业两个行为主体。

②企业生产合规单位产品的成本为 C_1，生产劣质单位产品的成本为 C_2，并且 $C_2 < C_1$。

③企业合格产品和劣质产品的销售价格均为 P，在进行劣质产品生产过程中通过以次充好来进行销售，企业的生产数量为 Q。

---

① 肖雪锋．农产品区域品牌该如何建设、维护和发展［J］．人民论坛，2017（18）：86－87.

② 张可成．略论农产品品牌建设中的政府行为［J］．理论学刊，2009（09）：87－90.

④企业生产优质产品的概率为 P_1，生产劣质产品的概率为 $1-P_1$；政府质量检查的概率为 P_2，不进行检查的概率为 $1-P_2$。

⑤政府单次检查的固定成本为 C_0，不检查而获得的税收为 S。

⑥如果企业违规被政府部门发现，则对企业加以 $k(C_1-C_2)\times Q$ 的罚款，其中 $k\gg10$，说明当企业违规生产并且被发现将会处以远远大于违规收益的罚款，处罚严重。假设对企业的罚款要大于政府的检查成本 C_0。

现政府的选择为检查/不检查，企业的行为为合规生产/违规生产两种。得到如表 6－1 所示的支付矩阵。

表 6－1　　“政府—企业”博弈支付矩阵

政府＼企业	合规（P_1）	违规（$1-P_1$）
检查（P_2）	$S-C_0$，$(P-C_1)\times Q-S$	$S+k\times(C_1-C_2)\times Q-C_0$，$(P-C_2)\times Q-k\times(C_1-C_2)\times Q-S$
不检查（$1-P_2$）	S，$(P-C_1)\times Q-S$	S，$(P-C_2)\times Q-S$

由支付矩阵可知，当企业进行合规生产时，政府的最优决策为不检查，此时政府的收益 S 要大于进行检查的收益 $S-C_0$；当企业进行违规生产时，政府的最优决策为检查，此时政府的收益 $S+k\times(C_1-C_2)\times Q-C_0$要大于不进行检查的决策收益 S。当已知政府进行检查的前提下，企业进行合规生产为最优决策，可以证明，此时的企业收益 $(P-C_1)\times Q-S$ 大于违规生产收益 $(P-C_2)\times Q-k\times(C_1-C_2)\times Q-S$；政府不进行检查的情况下，企业进行违规生产的收益 $(P-C_2)\times Q-S$ 大于企业合规生产的收益。

企业和政府采取何种行为具有一定的随机性，政府对农产品检查具有一定的随机性，假设政府检查的概率为检查的概率为 P_2，企业为了维护自身的可持续发展，也不会每次生产的产品均为次品，企业进行合规生产的概率为 P_1。

以 R_z 代表政府的收益，其中 R_{z1} 表示政府进行检查的收益，R_{z2} 表示政府不进行检查的收益。已知企业的合规概率为 P_1，计算政府在进行检查和不进行检查的预期收益。将收益的期望值记为预期收益，可得到政府的预期收益为：

$$E[R_{z1}]=P_1\times(S-C_0)+(1-P_1)\times[S+k\times(C_1-C_2)\times Q-C_0],$$

$E[R_{z2}]=P_1\times S+(1-P_1)\times S=S$;

令$E[R_{z1}]=E[R_{z2}]$，得到企业合规生产农产品临界概率$P_1=1-\left[\frac{C_0}{kQ(C_1-C_2)}\right]$。

同理，以R_Q代表企业的收益，其中R_{Q1}表示企业合规生产的收益，R_{Q2}表示企业违规生产的收益。此时已知政府检查的概率为P_2，计算企业在进行合规生产和违规生产时的预期收益。用期望值代表预期收益，得到：

$$E[R_{Q1}]=P_2[(P-C_1)\times Q-S]+(1-P_2)[(P-C_1)\times Q-S]$$
$$=(P-C)\times Q-S;$$
$$E[R_{Q2}]=P_2[(P-C_2)\times Q-k\times(C_1-C_2)\times Q-S]+$$
$$(1-P_2)[(P-C_2)\times Q-S]$$

现在令$E[R_{Q1}]=E[R_{Q2}]$，得到政府进行检查的临界概率：

$$P_2=\frac{1}{k}$$

得到的P_1临界值表示：当企业以$1-[C_0/kQ(C1-C2)]$的概率进行生产时，政府检查与不检查的期望收益相同；当P_1大于该临界值时，政府不进行检查是最优策略；当P_1小于该临界值时，政府进行检查是最优策略。采用极限的思维，当k取值无限大，此时P_1取值将趋近于1，犯错高成本企业将采取生产合规产品的策略。

得到的P_2临界值表示：当政府以$1/k$的概率进行检查时，企业合规生产和违规生产的预期收益一样（仅考虑政府和企业存在）；当P_2大于该临界值时，企业最好选择合规生产以降低生产劣质产品的风险；当P_2小于该临界值时，企业选择违规生产。采用极限的思维，当k取值无限大，P_2取值无限小。即如果处罚力度非常大时，即便是政府部门随机监管的概率较小，明智的企业也不会冒毁灭性的风险进行违规生产。

由P_1、P_2的表达式可看出，处罚力度增大时（k值变大），政府进行检查的临界概率值将变低，企业的合规生产临界概率也会降低。这与现实比较符合，随着处罚力度的增大，企业更倾向于进行优质产品、合规产品的生产，因为违规生产会带来毁灭性的处罚。从政府的角度来看，企业生产合规产品的概率越大，政府的检查力度可以适当降低（降低成本）。

（2）企业与企业之间博弈

奥尔森在《集体行动的逻辑》中曾指出，在任何情况下，规模是决定个体利益自发、理性追求是否会导致有利于集体行为决定的因素。区域公用品牌特定地域内所有主体共有，企业的规模决定着对于该公用品牌获得的收益，一般来说，大型企业往往收益最大。本部分分别讨论同质企业（规模相当）和异质企业（规模悬殊）等两类企业在区域公用品牌维护的行为选择。

第一，企业实力相当——囚徒困境。

著名的博弈论囚徒困境原型来自美国的一个监狱案件。警察抓到甲乙两个犯罪嫌疑人，两个犯罪嫌疑人共同组织一场犯罪，但警方并未掌握足够的证据。现将两名嫌疑人分开审讯，如果都坦白则每人入狱 3 年；如果都不坦白，由于证据不充分，则两人每人入狱一年；如果一个坦白另一个不坦白，则坦白的得到释放，抵赖者入狱 5 年。得到如表 6－2 所示的支付矩阵。

表 6－2　　囚徒困境支付矩阵

甲＼乙	坦白	不坦白
坦白	－3，－3	0，－5
不坦白	－5，0	－1，－1

最终的纳什均衡为（坦白，坦白），导致甲乙双输，分别入狱 3 年。甲乙两个嫌疑人入狱 3 年的博弈模型称为囚徒困境，此博弈是理性主体人的非合作博弈。

同囚徒困境一致，现假设区域内仅拥有甲乙两个实力相当的企业分别进行农产品的生产，企业可以选择维护或不维护区域公共品牌。如果两企业均有一次机会进行选择，并且企业间不进行交流沟通时博弈的结果与囚徒困境博弈结果一致，非合作博弈引发公地悲剧，（不维护，不维护）将是最终的纳什均衡。

有学者研究发现面对面的交流会对公共物品的自愿供给产生积极影响，现实中区域内的两个企业互相经营多年，每批次的产品都可以在维护和不维护区域公用品牌之间进行决策，且博弈的双方可能相互认识。该博弈模型应视为囚徒困境的不确定次数重复博弈拓展。

假设：

①区域内仅有实力相当的两个企业 A 和 B，并且两个企业实力相当。

②品牌为两个企业无偿使用，A 企业进行品牌维护的成本为 C_1，B 企业进行品牌维护的成本为 C_2，假设 $C_1 = C_2 = C/2$。

③品牌效应：A 企业带来的收益为 S_1，为 B 企业带来的收益为 S_2，假设 $S_1 = S_2 = S/2$；假设 S 大于 C。

④g 表示企业间的关系密切程度，g 的大小影响着企业的生产决策。当关系紧密，企业间容易达成共赢协议。如果采用此协议将会分别给 A、B 企业带来 g_1，g_2 的损失（此损失包括面子缺失、增加后续合作成本等）。

假设企业进行品牌维护能够得到正向的反馈，用 r 表示，r 与收益正相关。第 T 个时期的正向反馈为 $S/(1+r)^T$。得到如表 6－3 所示支付矩阵。

表 6－3　　同质企业的支付矩阵

企业A ＼ 企业B	维护	不维护
维护	$(S-C)/2+S/(1+r)^T$，$(S-C)/2+S/(1+r)^T$	$(S-C)/2+S/(1+r)^T, S/2-g_2$
不维护	$S/2-g_1, S/2-C+S/(1+r)^T$	0，0

企业间并不了解对方采取何种行为，如果 B 企业选择维护区域公用品牌，则 A 企业要在维护与不维护中进行博弈，如果 A 企业选择维护行为则收益为 $(S-C)/2+S/(1+r)^T$，如果 A 企业选择不维护行为获得的收益为 $S/2-g_1$，要想鼓励 A 企业进行品牌维护则需要维护收益大于不维护收益，求解得：$C<2g_1+2S/(1+r)^T$，可知当面子意识足够强烈或是品牌带来的预期收益足够大时企业更倾向于进行品牌维护。当企业 B 选择不进行维护时，如果想让 A 进行品牌维护，则 $S/2-C+S/(1+r)^T>0$，求得 $C<S/2+S/(1+r)^T$。可知如果 A 企业在 B 企业已经不采取品牌维护的情况下会考虑预期收益和投资成本来权衡自己的选择。

由于 A、B 企业实力相当，可用同样的方法计算出 A 企业在进行品牌维护和不维护的情况下 B 企业的决策：当 A 企业进行品牌维护时，若 B 企业进行品牌维护满足 $C<2g_2+2S/(1+r)^T$；当 A 企业不进行品牌维护时，若 B 企业进行品牌维护满足 $C<S/2+S/(1+r)^T$。

因此，当 $C<\min[S/2+S/(1+r)^T, 2g_1+2S/(1+r)^T, 2g_2+2S/(1+r)^T]$ 时，两个企业均具有品牌维护的激励。

企业间关系紧密时每个企业均具有较高的区域农产品品牌维护激励，企业对区域公共品牌的收益更大。因此应当鼓励企业间建立合作关系，如果是互相独立的企业个体，则没有足够的理由相信对方一直会进行品牌维护行为，最终将会达到“囚徒困境”“柠檬市场”。因此更应当强化企业间的合作精神，这种制度安排可由行业协会或其他协会组织协助完成，政府在此也可以提供一些指引激励政策。

第二，“龙头企业—小企业”——智猪博弈。

龙头企业与小企业品牌建设博弈类似于约翰·纳什提出的智猪博弈模型。此模型为大猪和小猪的取食策略。假设猪舍里有一头大猪和一头小猪，猪舍的一端放有食槽，另一端放有按钮，想要在食槽中吃食物必须要在另一端按按钮。最终得出的结论为不论大猪的策略如何，小猪选择不按按钮，最终“搭便车”是小猪最优选择的结论。智猪博弈的支付矩阵如表 6 - 4 所示。

表 6 - 4　　智猪博弈支付矩阵

大猪＼小猪	按	不按
按	5，1	4，4
不按	9，-1	0，0

同智猪博弈类似，区域内有异质的两企业（龙头企业和小企业），农产品区域公用品牌下企业可以进行维护与不维护两种。假设区域内存在两类农业企业，且此两类农业企业均有自有品牌：龙头企业用 L 表示，小企业用 S 表示。

假设：

①龙头企业和小企业均为理性个体。

②龙头企业的产量为 Q_1，小企业的产量为 Q_2，且有 $Q_1 \gg Q_2$，且有 $Q_2 = kQ_1$，k 无限小，$k \ll 1$。

③进行品牌维护时，龙头企业的维护成本为 C_1，区域品牌收益为 $S_1(C_1)$；小企业的维护成本为 C_2，区域品牌收益为 $S_2(C_2)$. 并且有 $C_1 > C_2$，$S_1(C_1) > S_2(C_2)$。

得到如表 6 - 5 所示支付矩阵。

表 6-5　“龙头企业—小企业”支付矩阵

龙头＼小企业	维护	不维护
维护	$[(S_1+S_2)/(Q_1+Q_2)]Q_1-C_1$，$[(S_1+S_2)/(Q_1+Q_2)]Q_2-C_2$	$[S_1/(Q_1+Q_2)]Q_1-C_1$，$[S_1/(Q_1+Q_2)]Q_2$
不维护	$[S_2/(Q_1+Q_2)]Q_1$，$[S_2/(Q_1+Q_2)]Q_2-C_2$	0，0

当龙头企业选择区域公用品牌维护策略时，对比小企业品牌维护和搭便车的支付收益，容易得到$[S_1/(Q_1+Q_2)]Q_2>[(S_1+S_2)/(Q_1+Q_2)]Q_2-C_2$（差比法），此时小企业不维护区域公用品牌收益较大。当龙头企业选择不进行品牌维护时，小企业进行品牌维护的收益为［$S_2/(Q_1+Q_2)]Q_2-C_2$不进行品牌维护的收益为0，维护行为收益非常小甚至会为负数。因此得到纳什均衡的策略为龙头企业进行区域公用品牌维护，小企业选择搭便车行为，即（维护，不维护）策略。

农产品区域公用品牌属于公共产品，具有非排他性和非竞争性，即便是规模小的小企业在使用此品牌的过程中如果不维护品牌的声誉，一旦出现质量问题，整个品牌会受到株连。从博弈矩阵可知，此情况下的纳什均衡并不是帕累托最优状态。区域公用品牌的株连性使得此种纳什均衡在现实中不存在，大量小企业搭便车肆无忌惮地使用区域公共品牌，在生产过程中重视产量以增加整体的收益，如果没有政府的参与，龙头企业的公共品牌维护将会受到很大打击，最终选择放弃使用和放弃维护。此时如果单靠市场进行调节难以解决问题①，需要政府来打破此种纳什均衡，规避公地悲剧的风险。

为了让小企业进一步增加维护区域农产品品牌的信念和执行，需要增加违约成本，或为其提供激励，政府部门在对所有企业强化处罚标准的同时，可以选择增加对小企业进行监管次数。当受到的处罚远远大于违规收益时，小企业更倾向于维护农产品区域公用品牌的行为。

首先，相关主管部门应该严格区域公用品牌的准入标准并建立企业声誉机制，一旦区域公用品牌使用者生产劣质产品等行为毁坏公共品牌的声誉，

① 佟光霁，王卫．区域品牌次品市场成因及质量改善机制的探讨［J］．哈尔滨商业大学学报（社会科学版），2011（05）：7－10.

此行为计入信誉档案，受到同行谴责。其次，鼓励龙头企业与小企业采用多种形式的合作生产，建立相互品牌维护监督举报制度，共同促进维护区域公用品牌，提高产品溢价能力和竞争力。

农业龙头企业具有资产和规模优势，一般也会拥有自己的企业品牌，运营中可采取“区域+企业”品牌运营模式。小企业一般无能力创立品牌，即使拥有自己的品牌，由于其更致力于产品生产也无心进行品牌的推广与建设等工作。农产品区域公用品牌能给一个区域内部的所有企业产品带来一定程度的溢价能力，企业使用此品牌带来优势。政府部门应当加大财政税收上对信誉度好的龙头企业给予支持，充分在维护区域公共品牌良性竞争环境和打造假冒伪劣产品上尽职尽责，支持企业的产学研建设等。

（3）农户与农户之间博弈

农户作为农产品的生产者和市场最主要的供应者，在保障农产品质量方面作用不容小觑。我国虽为农业大国，但生产经营多为小规模和分散化的农户。农产品区域公用品牌的建设能够为农产品带来溢价效应，促进农户增收。为了提高产量，部分农户在生产中盲目或过量使用农药和化肥，农产品的质量难以保障，市场此时会出现区域公用品牌农产品的低质量供给。德国经济学家舒尔茨曾于《改造传统农业》一书中提出“理性小农”理论，也指出为了追求最大的生产利益，农户会对其生产行为进行合理的选择。

假设：

①仅拥有两个实力相当的农户，并且同时向市场直接提供农产品供给。

②农产品具有质量隐蔽性，从外表不能确定其产品质量。

③在特色农产品生产过程中可以选择质量维护和质量损害。

④两个农户均为理性人。

⑤农户的质量损害行为仅能节约产品的成本。

两个农户分别为农户1和农户2，拥有实力相当的种植面积。在进行农产品生产过程中可以选择质量维护和质量损害（使用不合标准或超量的农药等）两种行为。两个农户进行产品供应市场的收益为S（两个农户相同）。如果农户采用质量维护需要付出的成本为C_1，如果选择质量损害则需要付出的成本为C_2，并且$C_1>C_2$。农户的支付矩阵如表6-6所示。

表6-6　农户的支付矩阵

农户1 \ 农户2	质量维护	质量损害
质量维护	$S-C_1$，$S-C_1$	$S-C_1$，$S-C_2$
质量损害	$S-C_2$，$S-C_1$	$S-C_2$，$S-C_2$

从支付矩阵可以看出，农户1和农户2进行生产过程中可以选择进行质量维护和质量损害行为，两个农户进行的选择集为（质量维护，质量维护）（质量维护，质量损害）（质量损害，质量维护）（质量损害，质量损害）四种。农户选择质量维护获得的收益为 $S-C_1$，农户选择质量损害获得的收益为 $S-C_2$，由于 $C_1>C_2$，因此可知进行质量维护的收益要小于进行质量损害的行为。根据纳什均衡可知（质量损害，质量损害）为最终的均衡，在没有监管的情况下，两个农户均会采取质量损害来降低生产成本获得较高的收益。

引入监管机制可有效降低农户产品质量逆向选择（可以引导农户不使用农药，也可以让农户间组成合作社或者是加入企业，让企业来进行监管）。对进行质量安全生产的农户实施适当补贴，给予资金或其他方面的支持，这需要有部门或让农户之间互相进行监管。

（4）供给方与消费者之间博弈

农产品区域公用品牌的建设最直接目的是获得消费者的认可，让消费者愿意并完成溢价支付行为。现假设市场上有区域公用品牌农产品供给方，包括农业企业、农户、合作社组织等群体，向市场供应农产品。供应的农产品有两种可能，供给方可以选择供应正宗的农产品，也可以选择供应假冒伪劣产品，在价格的选择上同时有卖高价和卖低价两种可能。消费者在市场上的选择包括两个方面：产品高价情况下是否会选择，产品低价情况下是否会选择。

假设：

①某类区域公用品牌农产品市场上仅存在高价和低价两种价位，高价位农产品单位价格 P_h，低价位农产品单位价格 P_l，且有 $P_h>P_l$。

②市场上农产品分为真品（真正的区域公用品牌农产品）和劣品（假冒伪劣农产品）两种，且真品的单位生产成本为 C_h，劣品的单位成本为 C_l，且有 $C_h>C_l$。

③真品和劣品均可以以高价 P_h 或低价 P_l 进行销售，但劣品进行高价销售时需要进行一定的包装（包括各种改造成本等），假设这部分的包装成本

为 C_+。

④$P_h - C_h > 0$，$P_l - C_l > 0$，当生产成本高卖高价以及当生产成本低卖低价时供给方均有利可图。

⑤消费者买到真品的效用为 V_z，买到劣品的效用为 V_j，且有 $V_z > V_j$，$V_z - P_h > V_j - P_l > 0 > V_j - P_h$，即消费者选择到真品的效用大于选择到劣质品的效用，花高价买到真品的效用大于花费低价买到劣质品的效用，且效用为正，但消费者花费高价选择到劣质品的效用为负。

现根据供给方供给真品或劣品，定价高价或低价，以及消费者选择选择或不选择，意愿支付高价或低价等策略构建供给方和消费者的收益矩阵如表6－7所示。

表6－7　　供给方与消费者的收益矩阵

	供给质量	价位	消费者	
			选择	不选择
供给方	真品	高价	$P_h - C_h$，$V_z - P_h$	$-C_h$，0
		低价	$P_l - C_h$，$V_z - P_l$	$-C_h$，0
	劣品	高价	$P_h - C_l - C_+$，$V_j - P_h$	$-C_l - C_+$，0
		低价	$P_l - C_l$，$V_j - P_l$	$-C_l$，0

首先分析极端的情况，当 $P_h - C_l - C_+ < 0$，即 $P_h - C_l < C_+$，也就是当供给方选择提供赝品却想卖高价格时，由于包装成本太大，导致企业的预期收益小于0。如果此时供给方选择低价供给收益 $P_l - C_l > 0$，所有的劣品将会低价售出。此时明智的供给方将会对真品进行高定价。因此市场上消费者选择的依据是：$P(z|h) = 1$，$P(j|h) = 0$，$P(z|l) = 0$，$P(j|1) = 1$，四个条件概率分别为高质高价、高质低价、低质高价、低质低价，此时市场达到贝叶斯均衡，优质优价、低质低价。

同样，当 $P_h - C_l - C_+ = 0$，即 $P_h - C_l = C_+$，供给方的无收益，此时仍旧不会选择进行劣品高价市场供应，此时依旧能够达到优质优价。

当 $P_h - C_l - C_+ > 0$，即 $P_h - C_l > C_+$ 时，此时分为3种情况：

①当 $P_h - C_l - C_+ > P_l - C_l > 0$，即 $P_h - P_l > C_+$ 时，高价提供劣品的收益大于低价提供劣品的收益，提供劣品的供给方将会选择高价销售劣品。此时市场上高价的产品也不一定为真品，市场假货横行，消费者将不愿意高价支付，甚至会放弃选择。

②当 $P_h - C_l - C_+ = P_l - C_l > 0$，即 $P_h - P_l = C_+$ 时，供给方如果想高价、销售劣品必须进行 $C_+ = P_h - P_l$ 的包装，对于供给方来说其包装前后收益不变，则明智的供给方不会冒险去高价卖劣品。

③$P_h - C_l - C_+ < P_l - C_l$，即 $C_+ > P_h - P_l$ 时，理性的劣品供给方将选择低价卖劣品，此时市场上依旧保持优质优价。

因此可以得出结论为当造假成本足够大，也就是当区域公用品牌进入门槛足够高时，能够满足消费者实现优质优价，此时能够将劣品分隔开来。提高造假成本的方法可以对真品进行质量安全认证、产品可追溯体系建设、特有标志设计、商标注册等多种方式。

6.5 农产品区域公用品牌维护运行机制

运行过程中各行为主体通过准入退出机制、监督激励机制、质量保障机制、沟通协调机制、利益联结机制、产品营销机制、创新机制等共同保障区域公用品牌的运行（见图6－2）。

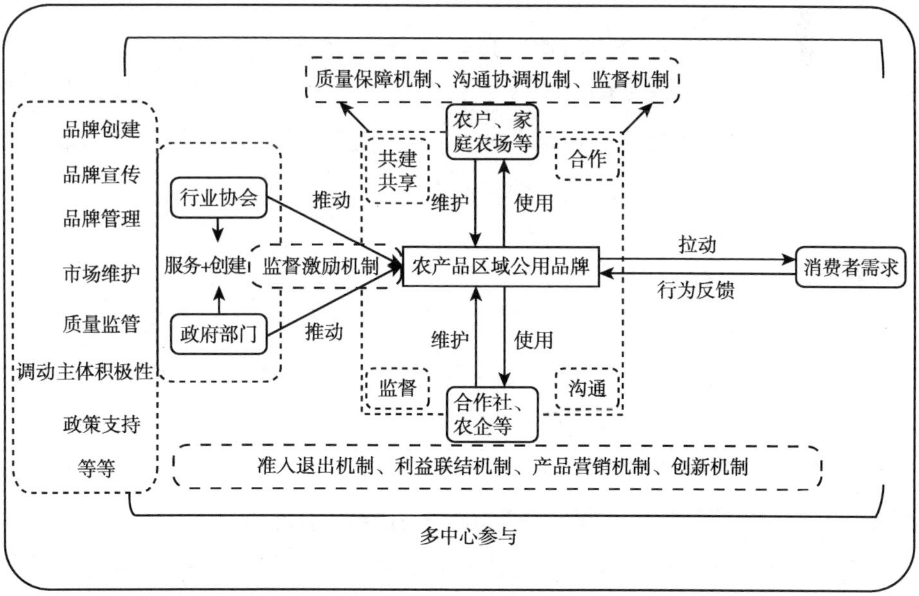

图6－2　农产品区域公用品牌运行机制

6.5.1 准入退出机制

第一，准入机制。明确政府、行业协会为区域公用品牌的产权所有者，解决公共品牌所有者缺位问题。品牌运行严格执行国家行业准入制度和产业标准。通过原产地认证或地理标志等认证方式将区域外部的主体排除在外，明确品牌的使用边界。强化产品质量认证，如绿色认证、有机认证等，提高区域公用品牌授权使用的质量门槛。在满足国家强制性标准的基础上鼓励区域公用品牌自愿性标准的建立，自愿性标准要求要高于强制性标准，使用区域公用品牌的产品分级分类管理，高标准高评级、低标准低评级。对申报主体的诚信记录、产地环境状况、质量管理水平、投入品管控、标准化生产能力等开展综合评估审核，提高准入门槛。

第二，建立品牌目录，实行动态管理。切实加强品牌管理，建立《农产品区域公用品牌目录实施办法》，按照程序将农业品牌分产品种类、产地区域等进行自愿征集、遴选、评价、发布，实行按年度动态管理，将品牌分品类、分层级管理。

第三，退出机制。建立农产品区域公用品牌考核退出机制，定期向社会公布，实行社会监督，对于出现申报材料不全、生产假冒伪劣产品、不接受监督检查、消费者满意度明显下降的品牌强制退出目录。组建质量联盟，设立企业诚信档案，实行“不诚信”企业退出机制，建立常规和动态相结合的绿色食品质量监管机制，确保品牌公信力。

6.5.2 利益联结机制

农产品区域公用品牌具有公用产品属性，多元主体联合供给产品，代表多方主体共同利益。利益联结是合作互利的基础，品牌主体间在市场共拓、产业协同、硬件资源共享等方面利益联结的形式多样。通过“政府 + 企业 + 行业协会”“公司 + 基地 + 农户”“龙头 + 合作社 + 龙头”“公司 + 基地 + 农户”“企业 + 农户”等多种形式组建品牌联盟，整合区域公用品牌的建设资源，鼓励农户多种形式参与产业化经营，实现成员间的品牌的共建共享、互利共赢。

6.5.3 沟通协调机制

强化沟通协调，促进品牌主体间的利益协调，搭建主体沟通平台，促进主体间有效及时的沟通，降低信息不对称。主体间通过沟通，实现市场、产品、行业动态的信息共享，确保品牌标志形式、核心价值、定位的一致性，建立问题解决机制，保持合作的稳定性，形成引导正确的认知，健全利益表达体系。以“尊重、合作、服务、赏识、分享”为基本原则促进主体间的沟通协调，农产品区域公用品牌利益相关者之间可以通过沟通协调达到自我完善、协作共赢、交流推进，通过建立公众信任、协调利益相关主体行为、整合行业资源，相互学习、互相帮助形成合力。

6.5.4 监督激励机制

“一荣俱荣，一损俱损”，品牌监督机制包括强制性的制度约束和非强制性的规范约束。强制性的约束如宪法法律、规章制度等，非强制性的规范约束如道德规范、声誉影响等，监督激励机制强调通过实行监督确保其符合法律规范和品牌标准，激励主体履行品牌责任并维护品牌形象。强制性约束规范区域内部主体行为，通过知识产权、商标认证等来切实保护好区域公用品牌，要联合工商、公安、质监等有关部门力量，加大对假冒伪劣行为的打击力度，保障农业品牌合法权益。非强制性的规范约束，如行业协会、企业间相互监督、企业自我道德约束等行为有效规范行业运行，创造软环境。区域公用品牌农产品的监管可以分为不同的层次：第一为职业道德约束，此监管多为行业协会来进行；第二为社会公德约束，属于区域公用品牌的信息纰漏中的舆论监管；第三为相关管理部门的强制性监管，属于法律约束的范畴，一旦发现有违法行为，应该给予侵权者严厉教训，为不维护品牌的不法行为付出应有的代价，净化农产品区域公用品牌运行环境。

6.5.5 创新机制

创新是发展的根本动力，是确保品牌持续健康发展的竞争优势，区域公用品牌的长效运行需要创新机制的保障。农产品区域公用品牌的创新包括品牌定位创新、产品研发创新、销售渠道创新、营销手段创新、品牌运营模式创新、管理制度创新等多个方面。以品牌运营模式创新为例，需要依据地区资源禀赋、产业特色等选择区域公用品牌的运行模式，如政府背书模式、母子品牌运营模式、单品类品牌模式、多品类品牌模式、纵向多层级治理模式（设定县级、乡镇级、村级合作社等多层级的模式，每个层级设定一定主体数量）。

6.5.6 品牌维护运行机制

由上文所述，农产品区域公用品牌的有效运行需要政府部门、行业协会、企业、农户以及消费者的共同参与维护。政府部门和行业协会负责创建和提供相关服务包括：品牌创建、品牌宣传、品牌管理、品牌维护、市场监管、调动市场主体积极性、政策支持等等。企业作为区域公用品牌的使用主体，在建设品牌建设中主要是使用和维护品牌，确保走向市场的产品符合品牌的使用规范。消费者“用脚投票”，其产品选择意愿和行为反馈能对区域公用品牌的建设起到拉动作用。除利益相关者外，农产品区域公用品牌的维护还涉及准入退出机制、利益联结机制、品牌创新机制、监督激励机制等多个维护机制。

6.6 本章小结

农产品区域公用品牌创建困难，运行中如果不加以维护更会带来毁灭性的灾难。本章从农产品区域公用品牌的维护角度开展研究，结果表明区域公用品牌的维护需要利益相关主体、维护保障机制等多方面构成维护的运行机制。本章得到的具体结论如下：

第一，农产品区域公用品牌维护涉及政府、行业协会、企业、农户、消费者等多方利益相关主体，利益相关主体通过博弈选择自己行为决策。

政府与企业博弈：随着处罚力度的增大，企业更倾向于进行优质产品、合规产品的生产，因为违规生产会带来毁灭性的处罚。从政府的角度来看，企业生产合规产品的概率越大，政府的检查力度可以适当降低（降低成本）。加大政府监管部门对于行为主体违规的处罚力度，主体间应当建立沟通交流平台，鼓励小农户多种形式加入合作经济组织，适当加大农产品区域公用品牌的准入门槛与增加违规成本等均有利于农产品区域公用品牌的维护策略。

企业与企业博弈：企业间关系紧密时每个企业均具有较高的区域农产品品牌维护激励，企业对区域公共品牌的收益越大。首先，相关主管部门应该严格区域公用品牌的准入标准，建立企业声誉机制。其次，鼓励龙头企业与小企业采用多种形式的合作生产，建立品牌相互维护监督举报制度，共同促进维护区域公用品牌，提高产品溢价能力和竞争力。农业龙头企业具有资产和规模优势，一般也会拥有自己的企业品牌，运营中可采取“区域公用品牌+企业品牌”的母子品牌运营模式。

农户与农户博弈：在没有监管的情况下，农户会采取质量损害来降低生产成本获得较高的收益。引入监管机制可有效降低农户产品质量逆向选择行为。

品牌供给者与消费者博弈：当造假成本足够大，或是当区域公用品牌进入门槛足够高时，消费市场能够满足优质优价，此时能够将劣品分隔开来。提高造假成本的方法可以选择对真品进行质量安全认证、产品可追溯体系建设、特有标志设计、商标注册等多种方式。

第二，农产品区域公用品牌的维护保障机制创新包括：准入退出机制、利益联结机制、激励机制、沟通机制、创新机制、监督机制等多方面的机制保障。

第7章

农产品区域公用品牌的消费者评价及选择

一切生产都是为了最终满足消费者的需求①。当经济在微观上进入买方市场，在宏观上进入过剩经济后，消费者的选择成为市场中的主导力量。区域公用品牌诞生于市场发展，消费者的行为反馈会影响农产品区域公用品牌建设，因此有学者认为建设区域公用品牌有利于推进区域特色产品在市场上进行更大规模的销售②。同等价格条件下，品牌成为影响消费者选择的关键因素③。消费者愿意选择区域公用品牌农产品并能够支付溢价是其价值实现的前提④，农产品区域公用品牌的发展需要有市场的支撑。本部分旨在了解消费者对于区域公用品牌农产品的认知、评价及选择行为。

7.1 理论分析

新古典经济学认为市场经济中各主体的信息具有不对称性，这种不对称性造成市场的失灵。价格确定的情况下，品牌决定了厂商和资源配置的效率⑤。按照产品相关属性将其分为三类：搜寻产品、经验产品和信任产品。搜寻类产品，可以通过视觉观察来评价其特质，如大小、颜色、重量等；经验产品不能直接通过观察获得产品的评价，必须通过使用后才能明确具体质量，如安全性、方便性等；信任类产品在消费者消费完成以后都很难确定产品的具体质量。农产品是典型的经验产品和信任产品属性，区域公用品牌是判断其质量的一个重要且综合的信号，方便甄别。品牌能够简化消费者购买决策的程序，向消费传递产品的特点，降低消费者的选择成本和风险。农产品的区域公用品牌是将其信任属性、经验属性转变为搜寻属性的工具之一。

选择成本是消费者耗费的交易费用，特指搜集建立备选集合后，作出最终择优选择所花费的成本⑥。消费者需要付出较高的成本才能够获得更多的农产品质量信息，消费者需要花费较多的选择成本从不同的产品中确定购买的产品。区域公用品牌具有信号显示和识别功能的功效，可以向消费者传达

① John Maynard Keynes. The General Theory of Employment Interest and Money [J]. New York: Harcourt, Brace and Company. 1936: 104.

② 宋美倩. 区域公用品牌让消费者情有独钟 [N]. 经济日报, 2022-12-17 (012).

③⑤ 孙曰瑶, 刘华军. 品牌经济学原理 [M]. 北京: 经济科学出版社, 2007.

④ 孙亚楠. 地理标志农产品的品质控制及监管效果研究 [D]. 南京: 南京农业大学, 2014.

⑥ 刘呈庆. 绿色品牌发展机制实证研究 [D]. 济南: 山东大学, 2010.

产品的质量信息，能大大降低卖方机会主义行为，提升产品的溢价①。区域公用品牌能够传递区域特征和质量特征，当区域公用品牌存在时，消费者进行农产品购买时通过品牌选择来降低决策成本，提高选择效率。以往单打独斗的企业品牌或农户自有品牌等以多个品牌存在，消费者从多个备选品牌中做出决策十分困难，区域公用品牌可为消费者建立起单一的核心选择利益点。

消费者对农产品区域公用品牌的认知、态度、选择意愿、选择行为等会影响其选购行为，消费者的好感度、推荐意向、支付溢价、选择频率等行为表现共同决定着品牌的发展，消费者对于品牌从未知到认知、理解、好感、试购、常用、推荐代表着不同层级②。适应消费需求是农产品区域公用品牌创建的关键，研究农产品区域公用品牌消费者评价及选择行为，能够从市场需求视角对公用品牌的建设提供思路③。本章考察农产品区域公用品牌消费者评价及选择，主要研究消费者行为包括消费者的选购行为和溢价支付行为，旨在从市场需求角度“需求侧”拉动农产品区域公用品牌建设。

7.2 文献评述

随着中产阶级的崛起，人们对品质、健康、服务的需求与日俱增，买方更加注重产品品质和品牌④，消费者愿意为具有更高知名度的农产品支付更高的溢价，有品牌的农产品更容易获得消费认同。

文献中关于农产品区域公用品牌消费者购买行为的研究不多，大多数学者聚焦在地理标志农产品的消费者意愿和选购行为上。现有消费者关于区域公用品牌农产品的购买意向和行为的研究主要分为以下 3 个方面。

---

① Kivetz R. Promotion Reactance: The Role of Effort – Reward Congruity [J]. Journal of Consumer Research, 2005, 31 (04): 725 –736.

② 田村正纪. 品牌诞生——实现区域品牌化之路 [M]. 胡晓云，许天，译. 杭州：浙江大学出版社，2017. 10.

③ 沈正舜，张言彩. 农产品区域品牌标识与消费者购买意愿：理论分析与实证检验 [J]. 淮阴师范学院学报（哲学社会科学版），2017，39 (04)：420 –425，432.

④ 王丽丽，李瑞晶. 基于计划行为理论的消费者对品牌农产品消费意向及行为研究 [J]. 辽宁经济，2022 (07)：50 –57.

第一，关注国家形象①、地区形象②对消费者购买意向的影响。国家形象、地区形象均属于区域形象，具有区域价值。区域形象属于产品特殊的外在信息线索，能够对消费者的产品评价产生影响。学者普遍同意区域形象对消费者产品认知、态度、购买意向有显著影响，也就是区域形象能够发挥原产地效应、来源国效应。农产品的生产极具区域性特点，区域形象对于农产品的影响研究很有必要。

第二，关注消费者对地理标志农产品的认知水平、购买意向、购买行为及其影响因素。大量的研究表明消费者会将产地属性与产品的质量属性相联系，并且愿意为产地属性支付更高的溢价。周安宁、应瑞瑶（2012）以碧螺春茶叶为例运用淘宝网购物价格数据验证了消费者会对地域属性和地理标志产品有更高的支付意愿③。唐静等（2019）发现消费者的认知程度、个人习惯、购买偏好、基本特征等都会影响黄山地理标志茶叶的溢价支付行为④；李林竹基于农产品地理标志地缘属性，从消费者地域群体身份、离家空间距离、居住流动性、感官体验等的角度探讨农产品地理标志品牌偏好的形成机理。尚旭东等（2014）以盐池滩羊为例来研究消费者对地理标志农产品的支付意愿，结果表明消费者当前对地理标志产品认知较低，总体未能显著影响消费者的支付意愿⑤。吴春雅等（2019）进一步通过消费者网购地理标志农产品的行为研究表明，消费者此类产品存在意愿与行为的偏差⑥。

第三，关注农产品区域公用品牌的消费者行为决策。张传统和陆娟（2014）较早关注农产品区域品牌购买意愿及其影响因素，基于北京的实地调研建立了基于品牌知名度、品牌原产地、品牌溢价和购买环境等共同影响的消费者购买意愿模型⑦。杨娟（2012）基于品牌信任的视角探讨消费者区

① 王芹鹏．国家区域形象对购买行为的影响研究［D］．天津：天津大学，2011.

② 成荣敏．区域形象对其特色产品购买行为作用机理的研究［D］．长春：吉林大学，2012.

③ 周安宁，应瑞瑶．我国消费者地理标志农产品支付意愿研究——基于淘宝网“碧螺春”交易数据的特征价格模型分析［J］．华东经济管理，2012，26（07）：111－114.

④ 唐静，张淑云，王艳荣．地理标志农产品溢价支付意愿研究——以黄山地理标志茶叶为例［J］．沈阳农业大学学报（社会科学版），2019，21（03）：282－288.

⑤ 尚旭东，郝亚玮，李秉龙．消费者对地理标志农产品支付意愿的实证分析——以盐池滩羊为例［J］．技术经济与管理研究，2014（01）：123－128.

⑥ 吴春雅，夏紫莹，罗伟平．消费者网购地理标志农产品意愿与行为的偏差分析［J］．农业经济问题，2019（05）：110－120.

⑦ 张传统，陆娟．农产品区域品牌购买意愿影响因素研究［J］．软科学，2014，28（10）：96－99，116.

域品牌农产品重复购买的影响因素，认为品牌声誉对品牌信任和购买起到正向影响[①]。王丽丽和李瑞晶（2022）研究表明当消费者对于某品牌的大米持积极态度，促使其消费的愿望也就会越强烈，92.29%的消费者愿意为品牌大米支付溢价，且11.38%的消费者能够接受2倍以上的价格[②]。虽然消费者认同能够影响农产品区域公用品牌的绩效[③]，消费者对安全食品的态度，显著地正向影响他们对安全食品的额外费用支付意愿[④]，但是过高的消费溢价也会给消费者的购买支付行为带来负面影响[⑤]。

学者关于消费者对区域公用品牌农产品的消费行为做了诸多的有益探索，有不同的关注重点。已有研究多以单个区域公用品牌为例来研究消费者的行为倾向，如茶叶、大米、鸡蛋等，尚缺乏对消费者关于区域公用品牌整体态度的考察，也缺乏进一步研究消费者关于区域公用品牌消费的内在机理及人群的细分。

7.3 数据来源与样本特征

7.3.1 数据来源

（1）预调查

为保证研究问卷设计的合理与有效，正式问卷发放之前首先进行预调查。2017年3月4日到2017年3月14日，由河北农业大学2名博士生、5名硕士研究生在保定市的惠友超市、北国超市、银座超市等大中型超市开展预调查，预调查共发放问卷155份，收回155份，其中有效问卷145份，有效率93.5%。对于预调查中出现的问题前后设计重复、逻辑顺序不合理、语言连

① 杨娟．基于品牌信任的消费者农产品区域品牌重复购买意向研究［D］．武汉：华中农业大学，2012．

② 王丽丽，李瑞晶．基于计划行为理论的消费者对品牌农产品消费意向及行为研究［J］．辽宁经济，2022（07）：50－57．

③ 王雷．区域农产品公用品牌建设绩效评价研究［D］．泰安：山东农业大学，2022．

④ 罗丞．消费者对安全食品支付意愿的影响因素分析——基于计划行为理论框架［J］．中国农村观察，2010（06）：22－34．

⑤ 陈志颖．无公害农产品购买意愿及购买行为的影响因素分析［J］．农业技术经济，2006（01）：68－75．

贯性差等问题在咨询专家的基础上进行了修改和完善。

(2) 正式调查

正式调查在预调查的基础上开展，问卷收集的方式包括纸质问卷发放和互联网问卷调查两种形式，其中互联网收集主要借助“问卷星”平台。调查地点主要选取北京市、天津市、河北省（地级市）等地区的超市、商场、公园、汽车站、火车站、居民区、部分街道经营商等区域。问卷采用分层配额抽样的方式，大致根据各地区人口总量按比例发放问卷。正式调查共发放问卷1500份，其中纸质问卷1000份（调查采取随机偶遇拦访的方式）。问卷星收集500份问卷，主要通过亲朋好友填写、同学父母填写完成。剔除无效问卷与不完整问卷，本次调查的有效问卷共计1395份，问卷有效率为93.1%。控制各地调查问卷的发放数量大致与地区总人口总量成正比，北京发放问卷268份、天津发放问卷166份，河北省发放问卷961份（具体分布见表7－1）。

表7－1　　问卷地区分布情况统计

地区		问卷回收数量（人）	百分比（%）
北京市		268	19.21
天津市		166	11.90
河北省	河北总计	961	68.89
	石家庄	191	13.69
	唐山	103	7.38
	保定	179	12.83
	邯郸	104	7.45
	张家口	57	4.08
	承德	47	3.36
	廊坊	49	3.51
	秦皇岛	31	2.22
	沧州	87	6.24
	邢台	72	5.16
	衡水	41	2.93

7.3.2 样本特征

(1) 被调查消费者个人特征

有效问卷共计1395份。

从性别分布来看，男性585人（占比41.49%），女性810人（占比58.06%），女性略多于男性。

从身体状况来看，身体状况良好的1353人（占比96.99%），身体状况不太好的42人（占比3.01%）。

从年龄构成来看，小于30岁的809人（占比58.00%），处于31—40岁的294人（占比21.10%），处于41—50岁的212人（占比15.20%），处于51—60岁的65人（占比4.66%），年龄在61岁及以上15人（占比1.07%），大部分被调查者年龄处于50岁及以下。

从常住地来看，生活在乡村/乡镇的203人（占比14.55%），长期居住在县城及以上城市1192人（占比85.45%），样本更能反映长期居住在城镇地区的居民情况。

从婚姻状况来看，已婚814人（占比58.35%），未婚581人（占比41.65%），已婚人士稍微高于未婚人士。

从学历层次来看，小学及以下17人（占比1.22%），初中47人（占比3.37%），高中/中专122人（占比8.75%），大专/本科823人（占比59%），硕士及以上386人（占比27.67%）多为初中以上人群，以大专/本科为主（59%），且大专及以上人群数量最多。

从构成来看，农民42人（占比3.01%）、国企242人（占比17.35%）、私企304人（占比21.79%）、外企32人（占比2.29%）、学生209人（占比14.98%）、自由职业者121人（占比8.67%）、行政和事业单位342人（占比24.52%）、退休17人（占比1.22%）、其他86人（占比6.16%），整体来看职业分布广泛。

从被调查者月收入情况来看，收入小于1000元的157人（占比11.25%），收入1000—2000元的122人（占比8.75%），收入2000—3000元的204人（占比14.62%），收入3000—4000元的243人（占比17.42%），收入4000—5000元的198人（占比14.19%），收入5000—6000元的142人

（占比 10.18%），收入 6000—7000 元的 94 人（占比 6.74%），收入 7000—8000 元的 60 人（占比 4.3%），收入在 8000 元及以上的 175 人（占比 12.54%），各层次的人群较为均衡。

从是否经常选购农产品来看，表示经常选购农产品的共计 1193 人（占比 85.52%），表示不经常选购农产品的 202 人（占比 14.48%）（详情见表 7－2），表明调查问卷能够很好地反映当前市场上消费者对农产品的偏好程度。

表 7－2　消费者（个人）特征情况表

类型	问卷编码	选项	样本数	占比（%）	类型	问卷编码	选项	样本数	占比（%）
性别	Q1	男	585	41.94	职业	Q7	农民	42	3.01
		女	810	58.06			国企	242	17.35
健康状况	Q2	不太好	42	3.01			私企	304	21.79
		良好	1353	96.99			外企	32	2.29
年龄	Q3	小于 30	809	58.00			学生	209	14.98
		31—40	294	21.10			自由职业者	121	8.67
		41—50	212	15.20			行政和事业单位	342	24.52
		51—60	65	4.66			退休	17	1.22
		61 及以上	15	1.07			其他	86	6.16
常住地	Q4	乡村/乡镇	203	14.55	个人月收入或退休工资（元）	Q10	小于 1000	157	11.25
		县城及以上	1192	85.45			1000—2000	122	8.75
婚姻状况	Q5	已婚	814	58.35			2000—3000	204	14.62
		未婚	581	41.65			3000—4000	243	17.42
受教育程度	Q6	没有上过学	5	0.36			4000—5000	198	14.19
		小学	12	0.86			5000—6000	142	10.18
		初中	47	3.37			6000—7000	94	6.74
		高中/中专	122	8.75			7000—8000	60	4.3
		大专/本科	823	59			8000 及以上	175	12.54
		硕士及以上	386	27.67	是否经常选择农产品	Q9	是	1193	85.52
							否	202	14.48

（2）被调查消费者家庭特征

在有效的 1395 个样本中，家庭月收入或退休工资总计人数最多的为 10000—20000 元；518 个家庭中有在农业、食品或医疗行业的从业者，比例为37.13%；534个家庭有12岁及以下的小孩，比例为40.4%；547个家庭有60岁及以上的老人，比例为40.7%（见表7－3）。

表7－3　消费者（家庭）特征情况表

类型	问卷编码	选项	样本数	占比（%）
您家庭月收入或退休工资总计（元）	Q11	小于2000	73	5.23
		2000—4000	159	11.4
		4000—6000	231	16.56
		6000—8000	196	14.05
		8000—10000	221	15.84
		10000—20000	304	21.79
		20000—30000	112	8.03
		30000—40000	33	2.37
		40000—50000	15	1.08
		50000以上	51	3.66
家中是否又在农业、食品或医疗行业从业者	Q8	是	518	37.13
		否	877	62.87
家中是否有12岁及以下小孩	Q132	有	543	40.4
		无	802	59.6
家中是否有60岁及以上老人	Q133	有	547	40.7
		无	798	59.3

（3）消费者选购农产品行为特征

家庭月消费食品支出。如表7－4所示，1395个调查样本中，家庭月食品消费支出在500元以下的为111人（占比7.96%），处于500—1000元的为308人（占比22.08%），处于1000—1500元的为293人（占比21%），处于1500—2000元的为259人（占比18.57%），处于2000—3000元的为242人（占比17.35%），处于3000—5000元的为118人（占比8.46%），5000元及以上的为64人（占比4.59%）。大多数家庭人群食品每月消费支出集中在3000元以下，即平均每天食品消费低于100元，家庭食品每月消费支出处于500—1000元以及1000—1500元两个类的群体最多。

表 7－4　　　　家庭每月食品消费支出

问卷编码	选项（元）	样本数	占比（%）
Q12	500 以下	111	7.96
	500—1000	308	22.08
	1000—1500	293	21
	1500—2000	259	18.57
	2000—3000	242	17.35
	3000—5000	118	8.46
	5000 及以上	64	4.59

大型超市和农贸市场是消费者最喜欢的农产品购买地点。从消费者选购农产品的地点来看，1395 份有效样本中，572 人选择小超市，945 人选择大型超市，333 通过互联网，820 人通过农贸市场，231 人通过小卖店，472 人通过路边摊，其他途径为 85 人。具体排序如下：大型超市（67.74%）> 农贸市场（58.78%）> 小超市（41%）> 路边地摊（33.84%）> 互联网（23.87%）> 小卖店（16.56%）> 其他（6.09%）（见表 7－5）。

表 7－5　　　　消费者经常去购买农产品的地点

类型	选项及编码	样本数	占比（%）
您经常去哪里购农产品 Q14	小超市 Q141	572	41
	大型超市 Q142	945	67.74
	互联网 Q143	333	23.87
	农贸市场（批发市场）Q144	820	58.78
	小卖店 Q145	231	16.56
	路边地摊 Q146	472	33.84
	其他 Q147	85	6.09

类型	选项及编码	样本数	占比（%）
您通过哪些渠道了解区域公用品牌 Q15	经验选购 Q151	695	49.82
	微信、微博等 Q152	702	50.32
	电视广播 Q153	369	26.45
	旅游观光购买 Q154	375	26.88
	报纸杂志 Q155	161	11.54
	家人、朋友推荐 Q156	987	70.75
	商家推荐 Q157	372	26.67
	其他 Q158	165	11.83

从区域公共品牌的了解渠道可见，家人朋友推荐是最主要的了解方式，共计 987 人（占比 70.75%）；通过微信、微博等网络渠道次之，共计 702 人

（占比50.32%），表明当前人们对于新兴媒体的逐渐变为认可并倾向于使用；经验也是选择区域公用品牌很重要的因素共计695人（占比49.82%）；通过电视广播、旅游观光、报纸杂志、商家推荐等渠道了解特色农产品的消费者比例总体较低，具体排序如下：家人、朋友推荐（70.75%）>微信、微博渠道（50.32%）>经验选购（49.82%）>旅游观光购买（26.88%）>商家推荐（26.67%）>电视广播（26.45%）>报纸杂志（11.54%）（见表7-5）。

半数消费者熟悉农产品区域公用品牌，八成以上消费者表示愿意购买此类农产品。1395个有效样本中，熟悉农产品区域公用品牌的692人，占比49.61%，一半以上（703人，占比50.39%）被调查者表示对区域品牌不熟悉，但高达86.74%（1210人）的被调查者愿意选择购买区域品牌农产品（见表7-6）。

表7-6　对区域公用品牌农产品的熟悉程度和选择意愿

	编码	选项	小计	占比（%）		编码	选项	小计	占比（%）
熟悉度	Q18	熟悉	692	49.61	选择意愿	Q19	愿意	1210	86.74
		不熟悉	703	50.39			不愿意	185	13.26

产品质量依旧是消费者选购农产品最为关注的因素。问卷通过多项选择题测度调查消费者选购农产品过程的决定因素，消费者普遍关注产品质量、价格、口味等因素。累计频次排序依次为：产品质量（84.66%）>价格（62.01%）>口味（55.56%）>产品认证（39%）>选择方便程度（38.14%）>销售环境（35.14%）>营养标签（32.04%）>产地信息（26.31%）>销售地点（18.71%）>了解渠道（12.9%）>其他（4.87%），产品质量、价格、口味是消费者选购农产品过程中最为关注的三个因素（见表7-7）。

表7-7　选购农产品关注因素统计

问卷编码	选项（多选）	样本数	占比（%）
Q161	产品认证	544	39
Q162	选择方便程度	532	38.14
Q163	产品质量	1181	84.66
Q164	了解渠道	180	12.9
Q165	销售环境	494	35.41

续表

问卷编码	选项（多选）	样本数	占比（%）
Q166	产地信息	367	26.31
Q167	价格	865	62.01
Q168	营养标签	447	32.04
Q169	销售地点	261	18.71
Q1610	口味	775	55.56
Q1611	其他	68	4.87
Q16	有效填写人次	1395	100

对影响被调查者选择农产品的因素进行重要程度打分，其中1分代表非常不重要、2分代表比较不重要、3分代表一般、4分代表比较重要、5分代表非常重要。表7－8为不同影响因素重要程度的均值，所有均值得分均等于或高于3分。农产品营养成分含量（4.05）、农产品新鲜程度（4.36）、农产品口感（4.28）、销售环境是否卫生（4.23）4个选项的打分均值超过4分。从图7－1也可以看出，消费者给各因素打分中，农产品新鲜程度（58.24%）、农产品口感（50.82%）、销售环境是否卫生（47.89%）、农产品营养成分含量（36.85%）等是大部分被访者认为选择农产品过程中前4位非常重要的影响因素。在比较重要影响因素中农产品选择是否方便（46.52%）、是否有过品尝或选择经验（42.15%）、产地环境是否良好（39.57%）等是被调查者认为比较重要前3位的影响因素。

表7－8　　选择农产品过程中不同因素的重要程度

问卷编码	题项	最小值	最大值	均值	标准差	中位数
Q201	产品产地是否为家乡	1	5	3.27	1.095	3
Q202	产品来自特定产区（产地重视程度）	1	5	3.63	1.022	4
Q203	产地环境是不是良好	1	5	3.99	1.014	4
Q204	生产技术工艺是否特殊	1	5	3.47	1.010	3
Q205	农产品营养成分含量	1	5	4.05	0.955	4
Q206	农产品新鲜程度	1	5	4.36	0.953	5
Q207	农产品口感	1	5	4.28	0.936	5
Q208	农产品外观	1	5	3.68	0.930	4

续表

问卷编码	题项	最小值	最大值	均值	标准差	中位数
Q209	销售地点让人感到愉悦	1	5	3.6	0.936	4
Q2010	销售环境是否卫生	1	5	4.23	0.942	4
Q2011	选择是否方便	1	5	3.99	0.899	4
Q2012	有过品尝或选择经验	1	5	3.78	0.923	4
Q2013	产品是否很有名气	1	5	3.52	0.914	4
Q2014	农产品是否特定品牌	1	5	3.38	0.937	3
Q2015	是否为特定专营店	1	5	3.24	0.976	3

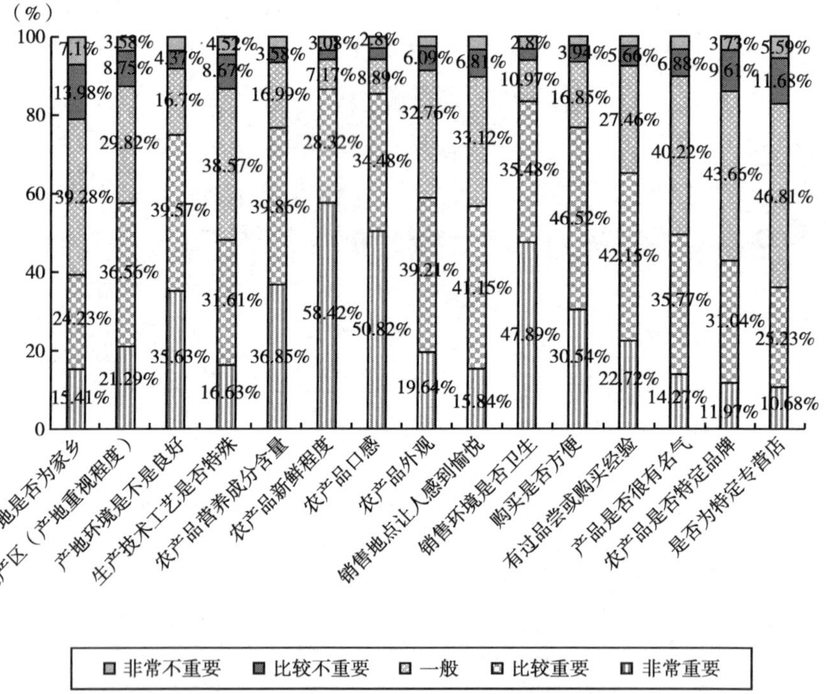

图7-1　选择农产品过程中不同因素的重要程度

消费者对政府农产品质量安全监管满意程度评价中，48.1%的被调查者对政府部门农产品质量监管满意度表示一般，28.53%表示比较满意，仅有7.1%的消费者表示非常满意，16.27%的消费者表示不太满意或不满意（见图7-2）。

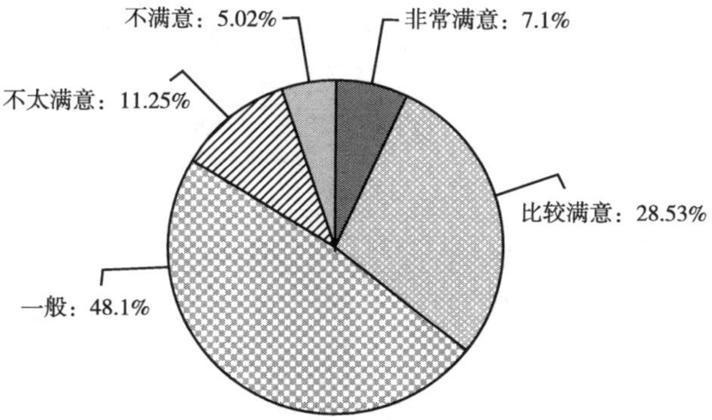

图 7-2　农产品质量安全监管满意度

7.4　农产品区域公用品牌的消费者评价分析

消费者的行为具体包括消费者认知、行为态度、主观规范、感知行为控制、行为意向和实际行为等多个方面。对农产品区域公共品牌消费者行为评分题项中 1 分代表很不同意，2 分代表比较不同意，3 分代表一般，4 分代表比较同意，5 分代表非常同意，为了描述性分析更加直观，将非常不同意和比较不同意归类为不同意，将比较同意和非常同意归类为同意。

7.4.1　消费者对农产品区域公用品牌选择认知与评价

消费者在形成区域公用品牌的购买意愿与实际行为之前，对农产品区域公用品牌有个总体认知和评价，具体评价主要包括消费者对其的认知（Q2016—Q2021）、态度（Q211—Q214）、主观规范（Q215—Q219）和感知行为控制（Q220—Q224）4 个方面，详情如表 7-9 所示。

消费者对农产品区域公用品牌认知情况描述。484 人（占比 34.7%）表示不同意区域公用品牌农产品是否应该拥有更高的价格，417 人（占比 29.9%）人能够接受更高价格。从区域公用品牌农产品的高价格是否代表高质量来看，495 人（占比 35.48%）表示高价格并不能代表高质量，452 人（占比 32.4%）表示高价格代表高质量。613 人（占比 43.94%）认为区域公用品牌农产品质量更有保障，740 人（占比 53.05%）肯定区域公用农产品的

表7-9　　消费者对区域公用品牌农产品的认知、态度、主观行为规范、感知行为控制

	编码	调查问题	最小值	最大值	均值	标准差	中位数
认知	Q2016	区域品牌农产品价格应该更高	1	5	2.94	1.05	3
	Q2017	价格代表质量好	1	5	2.91	1.12	3
	Q2018	区域品牌农产品质量更有保障	1	5	3.35	0.98	3
	Q2019	区域品牌农产品较其他具有十分明显优势	1	5	3.52	0.91	4
	Q2020	产品更绿色健康（营养成分含量等）	1	5	3.45	0.95	3
	Q2021	口感更好	1	5	3.57	0.93	4
态度	Q211	选择是非常明智的选择	1	5	3.32	0.91	3
	Q212	区域公用品牌农产品比较高档	1	5	3.12	0.92	3
	Q213	这是追求高品质的表现	1	5	3.19	1.00	3
	Q214	区域公用品牌农产品总体评价非常好	1	5	3.44	0.87	3
主观规范	Q215	家人支持让我更愿意选择	1	5	3.6	0.86	4
	Q216	朋友经常推荐让我更愿意选择	1	5	3.57	0.84	4
	Q217	销售推介让我更愿意选择	1	5	2.92	0.92	3
	Q218	媒体宣传让我更愿意选择	1	5	3.11	0.90	3
	Q219	出差或出游遇到我更愿意选择	1	5	3.36	0.95	3
感知行为控制	Q220	赠予别人很有面子	1	5	3.49	0.92	3
	Q221	周围人购买区域品牌农产品，会影响我的决策	1	5	3.46	0.86	4
	Q222	如果容易买到，我会选择区域品牌农产品	1	5	3.64	0.84	4
	Q223	如果价格合理，我会选择区域品牌农产品	1	5	3.82	0.81	4
	Q224	如果我想，我一定会买到区域品牌农产品	1	5	3.46	0.91	3

优势明显，654人（占比46.88%）表示区域公用品牌农产品更加绿色健康，775份（占比55.56%）调查问卷同意区域公用品牌农产品的口感更好，仅有155人（占比11.11%）表示口感没有明显优势。过半数消费者认为区域

公用品牌农产品质量更有保障（均值 3. 35）、较其他产品更具优势（均值 3. 52）、更加绿色健康（均值 3. 45）、口感更好（均值 3. 57），但消费者不太同意区域公用品牌农产品价格应该更高（均值 2. 94）、价格代表质量（均值 2. 91）。

消费者对农产品区域公用品牌态度情况描述。544 人（占比 39%）认为购买区域公用品牌农产品非常明智，398 人（占比 28. 53%）认为区域公用品牌农产品代表高档产品，495 人（占比 35. 48%）认为购买区域公用品牌农产品代表追求生活的高品质，612 人（占比 43. 87%）对区域公用品牌农产品总体评价较高。总体而言，消费者认为区域公用品牌农产品的选购是明智的选择、产品比较高档、是追求高品质的表现、总体评价非常好。

消费者对农产品区域公用品牌主观规范情况描述。773 人（占比 55. 41%）消费者表示家人支持更倾向于购买区域公用品牌农产品，765 人（占比 54. 84%）表示朋友推荐后更倾向购买区域公用品牌农产品，279 人（占比 20%）表示销售员推荐后更倾向于购买区域公用品牌农产品，408 人（占比 29. 24%）表示媒体宣传后更倾向于购买区域公用品牌农产品，624 人（占比 44. 73%）表示出差或旅游遇到会更倾向于购买区域公用品牌农产品。总体来看，半数以上消费者在家人支持、朋友推荐、媒体宣传、出差或旅游遇到、赠予别人时表示更愿意选购区域公用品牌农产品。

消费者对农产品区域公用品牌感知行为控制情况描述。693 人（占比 49. 67%）表示购买区域公用品牌农产品很有面子，691 人（占比 49. 54%）表明周围人购买区域公用品牌农产品会影响其决策，818 人（占比 58. 64%）表示购买方便会购买区域公用品牌农产品，983 人（占比 70. 47%）表示合理价格会购买区域公用品牌农产品，630 人（占比 45. 16%）表示有强烈的购买意愿会买到区域公用品牌农产品。总体而言，被调查消费者的感知行为控制均较高，认为对于容易买到、价格合理、强烈的购买意愿等均会促进对于区域公用品牌农产品的选购。

7.4.2 消费者区域公用品牌农产品购买行为描述

消费者对区域公用品牌农产品的购买行为包括购买意向和购买行为两方面，尽管如此，对于购买意向和实际购买行为经常放到一起进行研究（选购行为)，仅靠问卷区分较为困难。

对区域公用品牌农产品的购买意向共采用2个题项：①区域公用品牌的农产品值得选择（Q225）。②以后更愿意选择区域品牌的农产品（Q226）。511人（占比36.63%）表示区域公用品牌农产品值得购买，575人（占比41.21%）表示以后更倾向于选购区域公用品牌农产品。两个被测选项均值得分分别为3.33分、3.38分。

对区域公用品牌农产品的实际购买行为共采用3个题项：①经常选择区域品牌农产品（Q227）。②愿意为农产品“区域”属性支付更高价格（Q228）。③经常向他人推荐某区域品牌的农产品（Q229）。402人（占比28.82%）表示经常购买区域公用品牌农产品，477人（占比34.2%）表示愿意为农产品的“地域”属性支付更高的价格，453人（占比32.47%）表示经常向他人推荐区域公用品牌农产品。3个被测选项均值分别为3.17分、3.16分、3.17分（见表7－10）。

表7－10　　消费者购买行为

编码	题项	最小值	最大值	均值	标准差	中位数
Q225	区域公用品牌的农产品值得选择	1	5	3.33	0.84	3
Q226	我以后更愿意选择区域品牌的农产品	1	5	3.38	0.84	3
Q227	经常选择区域品牌农产品	1	5	3.17	0.84	3
Q228	愿意为农产品“区域”属性支付更高价格	1	5	3.16	0.95	3
Q229	经常向他人推荐某区域品牌的农产品	1	5	3.17	0.92	3

消费者区域公用品牌农产品溢价支付行为（Q231）。1153人（占比82.65%）表示可以接受不同比例的溢价。在愿意支付更高溢价的被调查消费者中，514人（占比36.85%）愿意支付10%以下的价格，398人（占比28.53%）愿意接受10%—20%的溢价，158人（占比11.33%）愿意接受20%—30%的溢价，40人（占比2.87%）愿意接受30%—40%的溢价，仅43人（占比3.08%）愿意支付40%以上的溢价（见表7－11）。

表 7-11　　消费者支付溢价

编码	选项	小计	比例（%）	选项	小计	比例（%）
Q231	不愿意多支付	242	17.35	50%—60%	11	0.79
	10%以下	514	36.85	60%—70%	1	0.07
	10%—20%	398	28.53	70%—80%	2	0.14
	20%—30%	158	11.33	80%—90%	0	0
	30%—40%	40	2.87	90%以上	8	0.57
	40%—50%	21	1.51	本题有效填写人次	1395	100

在对消费者不愿意购买区域公用品牌农产品的原因询问中发现，“假冒的太多”为最主要的因素，价格太高次之。各个选项的排序顺序为：假冒的太多（69.89%）> 价格太高（48.75%）> 感觉质量和普通的没差别（39.5%）> 没听过（25.59%）> 不知道哪里买（22.01%）> 其他（8.1%）（见表 7-12）。

表 7-12　　不选择区域公用品牌农产品的原因调查

编码	选项	小计	比例（%）
Q251	没听过	357	25.59
Q252	价格太高	680	48.75
Q253	假冒的太多	975	69.89
Q254	不知道哪里买	307	22.01
Q255	感觉质量和普通的没差别	551	39.5
Q256	其他	113	8.1
	本题有效填写人次	1395	100

7.5 农产品区域公用品牌消费者行为选择分析

7.5.1 购买行为分析

（1）模型选择

消费者的购买行为的发生受多个因素影响，包括消费者对于区域公用品牌的态度、主观规范、感知行为控制、购买意愿等，每一个影响因素不能单独地选取单一指标进行衡量，消费者的态度、主观规范、感知行为控制、购买意愿等不可直接观测。对于不能直接观测的变量称为潜变量，潜变量可以用若干个可测变量进行衡量，处理此类问题一般采用结构方程模型的方法。

结构方程模型（SEM）又称为协方差结构方程模型和潜在变量模型，是因素分析和路径分析的多元统计方法。传统的回归方法处理存在多个原因、多个结果、存在不可直接观察变量等问题比较困难，而 SEM 是在基于理论引导下对于观察变量彼此关系复杂，潜变量无法直接测量等进行处理测量和问题分析。

结构方程模型包括 3 个方程形式：

$$X = \Lambda_X \xi + \delta$$

$$Y = \Lambda_Y \eta + \varepsilon$$

$$\eta = B\eta + \Gamma\xi + \zeta$$

其中：η 为模型内生潜变量、ξ 为模型外生潜变量，Λ_x 为外生观测变量在外生潜变量上的因子载荷矩阵，Λ_y 为是内生观测变量在内生潜变量上的因子载荷矩阵，B 表示内生潜变量间的关系，Γ 表示外生潜变量对内生潜变量的影响，ζ 为结构方程的残差项，反映了在方程中未能被解释的部分。

（2）理论分析及假设

第一，理论分析。计划行为理论（TPB）是常用的分析消费者意愿和行为的理论，此理论基于理性行为理论（TRA）的基础上提出，在原有的态度和主观行为规范两个变量的基础上，将感知行为控制考虑在内，认为个体的行为受到个体对执行该项活动难易程度的感知①。TPB 理论分析了态度、知识、感知与行为的联系，认为态度是决定行为的一个重要的因素②。Ajzen 提出的计划行为理论广泛应用于行为科学，对人类行为具有很好的解释力和预测力。该理论从信息加工角度出发，解释个体行为的一般决策过程，认为影响行为的因素都是经由行为意向来间接影响行为的表现。

计划行为理论共包含行为态度、主观行为规范、行为控制、购买意向和购买行为 5 个变量：①行为态度是个体对特定行为喜欢或不喜欢的评估。②主观规范是个体执行决策所感受到的社会压力，具体反映重要性的他人或团体对于决策的影响。③行为控制是个体感到行为的难易程度，是个体执行

① Ajzen I. The Theory of Planned Behavior [Z]. Netherlands: Elsevier Science, 1991, 50: 179 -211.

② Ajzen. I, From Intentions to Actions: A Theory of Planned Behavior, Action Control from Cognition to Behavior [M]. New York: Springer, 1985: 11 -39.

行为因素的知觉，反映个人过去的经验和预期的阻碍。④行为意愿是指个人对于采取某项特定行为的主观机率的判定，它反映了个人对于某一项特定行为的采行意愿。⑤实际行为指实际发生的行为。大量研究结果表明消费者的行为态度、主观规范、行为控制、行为（购买）意向等对消费者购买行为产生直接或间接的影响[①]。大量研究结果表明消费者的行为态度、主观规范、行为控制、行为（购买）意向等对消费者购买行为产生直接或间接的影响[②]，如图7-3所示。

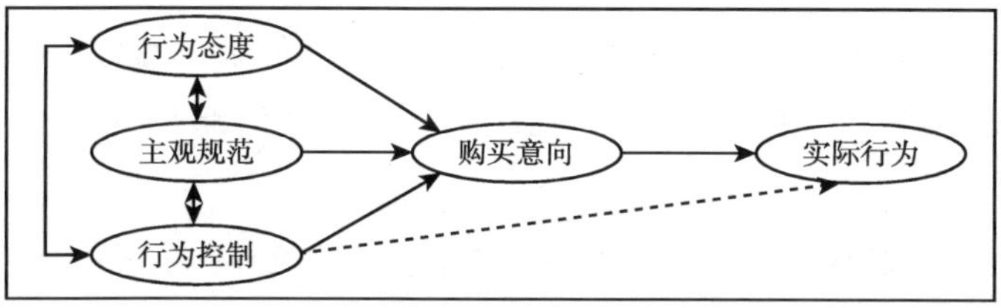

图7-3 计划行为理论潜变量关系

第二，模型假设。购买意向和实际行为在调研过程中不容易区分明显边界，因此本书将购买意向和实际行为两个变量合并，统称为购买行为，对计划行为理论进行改进（见图7-4）。

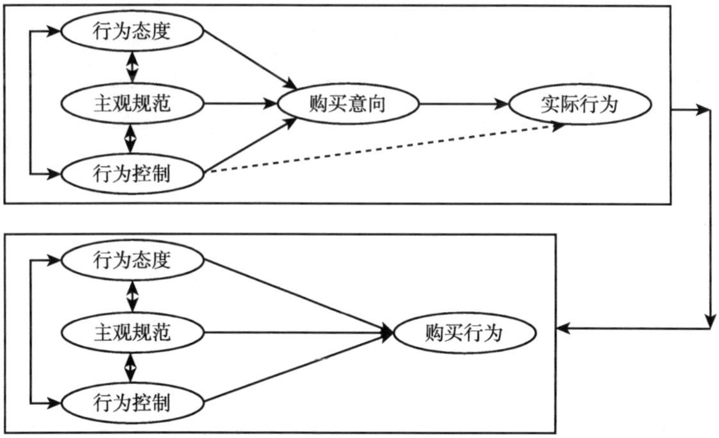

图7-4 理论模型框架改进

① Schiffman, Leon G., Wisenblit, Joseph L. Consumer Behavior Plus Mymarketinglab With Pearson Etext: Access Card Package [M]. Nog niet verschenen. Titel kan gereserveerd worden.

② J. 布莱思．消费者行为学精要 [M]．北京：中信出版社，2003.

对于消费者来讲，如果感到商品对自身安全，则会产生该产品的计划，进一步形成选择行为①，消费者的态度反映其所持有的信念的强度。态度正向影响消费者对安全食品的支付意愿②，当消费者对于区域公用品牌农产品持积极态度，促使其消费的愿望也就会越强烈。消费者对安全食品的态度，显著地正向影响他们对安全食品的额外费用支付意愿③。Fishebein 指出与对客体的态度（品牌态度）相比，利用行为态度来预测消费者选择倾向和行为是更合适的，行为态度和主观规范是行为倾向最直接的前因④。

因此有：

H1：消费者对区域公用品牌农产品的态度会正向影响其购买行为。

主观行为规范是个体的自身行为决策，考虑个体的行为对他人和社会可能造成的影响。已有研究表明，主观规范能够对消费意愿产生正向影响⑤。也有研究表明家中有老人和小孩能够让消费者产生对某种产品的选择意愿，周边人的行为也能强化产品的选择意愿，广告的宣传能够起到很好的品牌宣传作用。卖家信誉、老人与小孩数、安全食品的可获得性等均能缩小消费者行为集合的忽视区域⑥。

因此有：

H2：消费者的主观规范会正向影响对区域公用品牌农产品的购买行为。

研究发现，知觉行为控制对消费者的安全食品支付意愿具有正向影响，当消费者感知到其对安全食品的选择拥有更大的行为控制能力时，将可能有更高的对安全食品的支付意愿。消费者感觉自己进行区域公用品牌农产品的选择行为受到客观条件的约束，约束越少进行此项消费的意愿和实际购买的概率就会越强。感觉行为控制是对控制因素的认识以及感知的促进作用，消

---

① Brady, J. T., Brady, P. L. Consumers and Genetically Modified Foods [J]. Journal of Family and Consumer Sciences, 2003, 95 (05).

② YoungRan, Han. Attitude toward Death of the Elderly in Rural Community [J]. American Society of Mechanical Engineers, 2006, 167 (02).

③ Schiffman, Leon G., Wisenblit, Joseph L. Consumer Behavior Plus Mymarketinglab With Pearson Etext: Access Card Package [M]. Nog niet verschenen. Titel kan gereserveerd worden.

④ 宋晓兵，董大海，于丹，刘瑞明．基于 TRA 理论的品牌购买行为倾向前因研究 [J]．大连理工大学学报（社会科学版），2007 (04)：12 – 18.

⑤ Manstead A S R. The Role of Moral Norm in the Attitude – Behavior Relation Ship [M]. Lawrence Erlbaum, 2000.

⑥ 郑适，周海文，王志刚．食品安全需求中消费者的行为忽视研究 [J]．中国流通经济，2017, 31 (02)：101 – 109.

费者在选择商品时，通过标签上的健康和营养成分以及认证信息等获得相关信息，有研究表明消费者对商品的熟悉程度代表着掌握信息的多少①，对某个品牌越熟悉越愿意向别人推荐，并乐意为该产品支付更高的价格。

因此有：

H3：消费者行为控制会正向影响购买行为。

行为态度、主观规范和知觉行为控制从概念上可完全区分开来，但有时它们可能拥有共同的信念基础，因此两两相关，是决定购买行为的3个主要变量。计划行为理论认为主体对于行为态度与主观规范之间相互正向影响，对特定行为的态度与知觉行为控制是相互正向影响的。当主观规范越强烈时，消费者就可能为该预期行为做更多准备②，消费者的行为控制也会增强，反过来当准备的条件越充足，则主观规范感也会强化。

因此有：

H4：区域公用品牌农产品消费态度、主观规范、行为控制三者间两两相关。

（3）模型构建及指标选取

将消费者行为界定为消费者对区域公用品牌农产品的行为态度、主观规范、行为控制、购买行为4个潜变量构成，4个变量的关系如图7-13所示。由于潜变量不能直接观测与测量，则选取可观测指标对其进行量化，采取李克特5级量对每个可观测指标形成的问题进行1—5分的设置，代表被调查者对题项的满意程度分别为：非常不同意、比较不同意、一般、比较同意、非常同意等。

表7-13　　　潜变量与可测变量编码

潜变量	题项（可测变量）
行为态度	选择是非常明智的选择（Q211）
	区域公用品牌农产品比较高档（Q212）
	这是追求高品质的表现（Q213）
	区域公用品牌农产品总体评价非常好（Q214）

① 佟光霁，王卫．区域品牌次品市场成因及质量改善机制的探讨［J］．哈尔滨商业大学学报（社会科学版），2011（05）：7-10.

② J. 布莱思．消费者行为学精要［M］．北京：中信出版社，2003.

续表

潜变量	题项（可测变量）
主观规范	家人支持让我更愿意选择（Q215）
	朋友经常推荐让我更愿意选择（Q216）
	销售推介让我更愿意选择（Q217）
	媒体宣传让我更愿意选择（Q218）
	出差或出游遇到我更愿意选择（Q219）
	赠予别人很有面子（Q220）
	周围人选择区域品牌，会影响我的决策（Q221）
行为控制	如果容易买到，我会选择区域品牌农产品（Q222）
	如果价格合理，我会选择区域品牌农产品（Q223）
	如果我想，我一定会买到某区域品牌农产品（Q224）
购买行为	区域公用品牌的农产品值得选择（Q225）
	我以后更愿意选择区域品牌的农产品（Q226）
	经常选择区域品牌农产品（Q227）
	愿意为农产品“区域”属性支付更高价格（Q228）
	经常向他人推荐某区域品牌的农产品（Q229）

（4）模型结果与分析

第一，缺失值处理。问卷缺失值的处理采用表列删除法，记录中只要存在一项缺失，则将整条记录删除。最终得到 1345 条数据，模型数据采用最终得到的无缺失值的问卷进行运算。

第二，模型信度和效度检验。信度检验采用 Cronbach α 系数，系数值大于等于 0.7 说明内部一致性较高，0.35—0.7 之间说明内部一致性可接受，小于 0.3 不被接受。如表 7－14 所示，Q211—Q229 等 19 个问题的 Cronbach α 为 0.949，说明所使用的数据具有很好的信度。行为态度、主观规范、行为控制、选择意向、实际行为等潜变量的信度均高于 0.8，说明此量表的可靠性较高。主观规范又分位来自亲朋、家人的压力规范和来自市场销售员和媒体宣传的压力规范，分别用主观规范 1 和主观规范 2 个潜变量表示，2 个变量的信度 Cronbach α 系数分别为 0.841 和 0.787，各潜变量均具有很好的信度水平数据的一致性通过检验。

表 7-14 潜变量与可测变量题项信度检验

潜变量	题项	Cronbach α	一致性是否可接受
行为态度	选择区域品牌农产品是非常明智的选择（Q211）	0.876	接受
	区域公用品牌农产品比较高档（Q212）		
	这是追求高品质的表现（Q213）		
	区域公用品牌农产品总体评价非常好（Q214）		
主观规范 1	家人支持让我更愿意选择（Q215）	0.841	接受
	朋友经常推荐让我更愿意选择（Q216）		
主观规范 2	销售推介让我更愿意选择（Q217）	0.787	接受
	媒体宣传让我更愿意选择（Q218）		
	出差或出游遇到我更愿意选择（Q219）		
行为控制	赠予别人很有面子（Q220）	0.837	接受
	周围人选择区域品牌，会影响我的决策（Q221）		
	如果容易买到，我会选择区域品牌农产品（Q222）		
	如果价格合理，我会选择区域品牌农产品（Q223）		
	如果我想，我一定会买到某区域品牌农产品（Q224）		
购买行为	区域公用品牌的农产品值得选择（Q225）	0.892	接受
	我以后更愿意选择区域品牌的农产品（Q226）		
	经常选择区域品牌农产品（Q227）		
	愿意为农产品“区域”属性支付更高价格（Q228）		
	经常向他人推荐某区域品牌的农产品（Q229）		
集体一致性	Q211—Q229	0.943	接受

效度检验采用结构效度。对量表进行 KMO and Bartlett's 检验。结果如表 7-15 所示，KMO 值为 0.949，Sig = 0.000（$p < 0.001$），适合对所有题项做因子分析。采用主成分分析法提取公因子，通过最大公差法旋转，结果见表 7-16，量表中各测量题项的因子负载均大于 0.5，且在 $p < 0.01$ 下显著，选择解释的总方差大于 70%，得到 5 个潜变量因子。

表 7－15　　KMO and Bartlett's 检验

Index		
Kaiser－Meyer－Olkin Measure of Sampling Adequacy.		0.949
Bartlett's Test of Sphericity	Approx. Chi－Square	16099.599
	df	171
	Sig.	0.000

表 7－16　　解释的总方差

Component	Initial Eigenvalues			Extraction Sums of Squared Loadings			Rotation Sums of Squared Loadings		
	Total	% of Variance	Cumulative %	Total	% of Variance	Cumulative %	Total	% of Variance	Cumulative %
1	9.478	49.886	49.886	9.478	49.886	49.886	3.520	18.526	18.526
2	1.383	7.277	57.163	1.383	7.277	57.163	3.159	16.628	35.153
3	1.113	5.859	63.022	1.113	5.859	63.022	2.840	14.945	50.098
4	1.043	5.490	68.512	1.043	5.490	68.512	2.328	12.251	62.349
5	0.769	4.046	72.558	0.769	4.046	72.558	1.940	10.208	72.558
6	0.592	3.115	75.672						
7	0.535	2.815	78.487						
8	0.516	2.716	81.203						
9	0.455	2.397	83.600						
10	0.429	2.258	85.858						
11	0.414	2.177	88.035						
12	0.380	1.998	90.033						
13	0.326	1.715	91.749						
14	0.312	1.640	93.389						
15	0.272	1.430	94.819						
16	0.264	1.390	96.208						
17	0.259	1.364	97.572						
18	0.235	1.235	98.807						
19	0.227	1.193	100.000						

Extraction Method：Principal Component Analysis.

旋转后的成分矩阵如表7－17所示。

表7－17　旋转成分矩阵

	Component				
	1	2	3	4	5
Q211			0.674		
Q212			0.788		
Q213			0.792		
Q214			0.608		
Q215					0.782
Q216					0.747
Q217				0.753	
Q218				0.784	
Q219				0.544	
Q220		0.596			
Q221		0.598			
Q222		0.735			
Q223		0.770			
Q224		0.586			
Q225	0.674				
Q226	0.692				
Q227	0.780				
Q228	0.680				
Q229	0.720				

根据旋转后的成分中可看出题项的归类情况：

第一主成分：Q225、Q226、Q227、Q228、Q229。

第二主成分：Q220、Q221、Q222、Q223、Q224。

第三主成分：Q211、Q212、Q213、Q214。

第四主成分：Q215、Q216。

第五主成分：Q217、Q218、Q219。

第一主成分代表行为意愿和实际行为，两者归为一类，潜变量可命名为购买行为因子。

第二主成分代表个人过去的经验和预期的阻碍，潜变量可命名为感觉行为控制因子。

第三主成分代表被试者对区域公用品牌农产品选择的态度，将其命名为行为态度因子。

第四主成分代表来自亲人和朋友的主观行为规范，将其命名为主观行为规范1因子。

第五主成分代表来自市场方面压力的主观行为规范，将其命名为主观行为规范2因子。

（5）模型构建及结果结论

将结构方程模型进行改进，将消费者的行为意愿和实际行为合并为购买行为，选择行为潜变量的 Cronbach α 系数为 0.892，说明将选择意向和实际行为两个变量合并成一个变量问卷数据也具有很好的一致性。生活中消费行为受到主观行为规范的影响，但是来自亲戚朋友的压力规范往往要大于来自市场销售员或电视媒体宣传的压力，因此将主观行为规范可用主观行为规范1和主观行为规范2来分别代表。

第一，初始结构方程模型。借鉴计划行为理论的分析框架，在模型效度因子分析的基础上对计划行为理论的分析框架进行改进，得到如图7－5的初始模型分析框架。

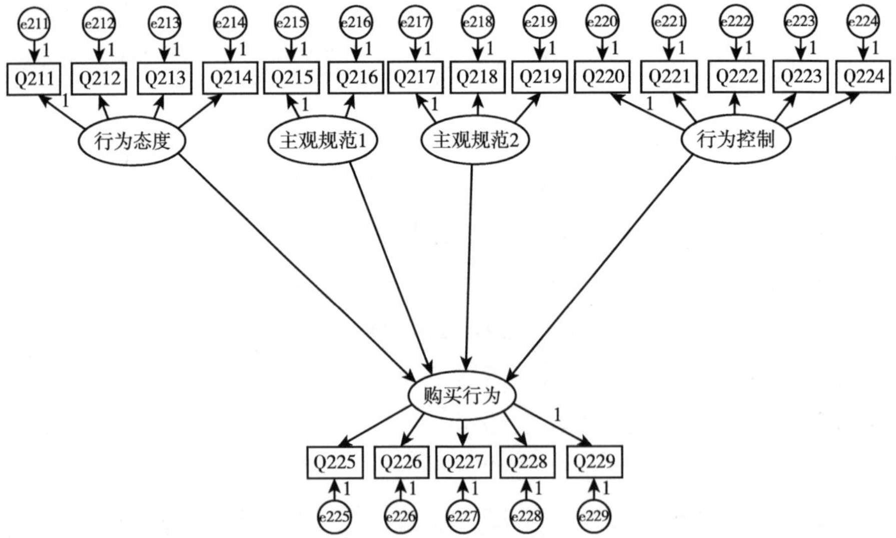

图7－5　结构方程初始框架图

模型的基本假设修正为：

H1：消费者的行为态度会正向影响其选择行为。

H2：消费者的主观规范1会正向影响其选择行为。

H3：消费者的主观规范2会正向影响其选择行为。

H4：消费者的行为控制会正向影响其选择行为。

H5：消费者的行为态度、主观规范1、主观规范2、行为控制两两呈现相关关系。

H51：消费者的行为态度与主观规范1呈相关关系。

H52：消费者的行为态度与主观规范2呈相关关系。

H53：消费者的行为态度与行为控制呈相关关系。

H54：主观规范1与主观规范2呈相关关系。

H55：主观规范1与行为控制呈相关关系。

H56：主观规范2与行为控制呈相关关系。

第二，模型运算与修正。将数据导入进行运算，模型结果不能通过检验。通过修正指数（Modification Index）扩展模型与临界比率（Critical Ratio）限制模型的修正，得到如图7-6的框架。

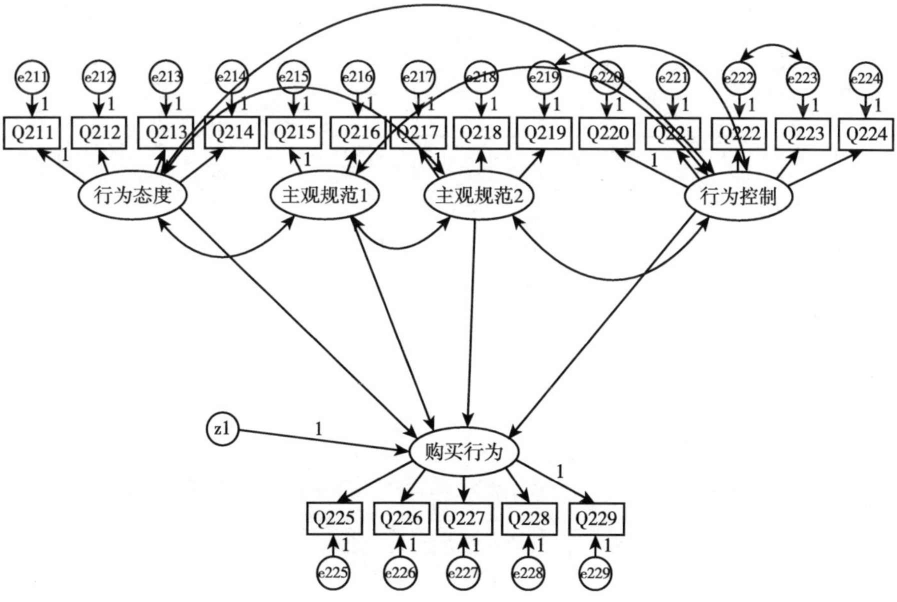

图7-6　模型修正图

表 7－18 表示此结构方程模型的统计指标检验，判断模型拟合的好坏单从卡方自由度比值一个指标很难确定，应该参考其他统计指标值。从表 7－18 可看出相对拟合指数 CFI、NFI、TLI 值大于 0.9，均达到很好的标准，绝对拟合指数 RMR、GFI 达到很好的标准，RMSEA 略大于 0.05 处于可接受的水平，因此整体来看假设模型与数据拟合程度较好。

表 7－18　　　　模型结果统计指标检验

统计检验指标		综合评价标准	检验结果	模型拟合结果判断
相对拟合指数	CFI	大于 0.9，越接近 1 越好	0.946	很好
	NFI	大于 0.9，越接近 1 越好	0.938	很好
	TLI	大于 0.9，越接近 1 越好	0.938	很好
绝对拟合指数	RMSEA	小于 0.05，越小越好	0.067	可接受
	RMR	小于 0.05，越小越好	0.033	很好
	GFI	大于 0.9	0.916	很好

注：CFI 为比较拟合指数，NFI 为规范拟合指数，TLI（Tucker－Lewis 系数）非规范拟合指数，3 个指标为方程的相对拟合情况；RMSEA 为近似误差均方根，RMR 为残差均方根，GFI 为拟合优度指数，3 个指标能够反映方程的绝对拟合情况。近似误差均方根 RMSEA，0 代表拟合良好，值越大说明拟合越差，低于 0.05 说明拟合很好；在 0.05—0.08 之间可以认为模型拟合不错，可接受；大于 0.1 说明模型拟合效果不能接受。

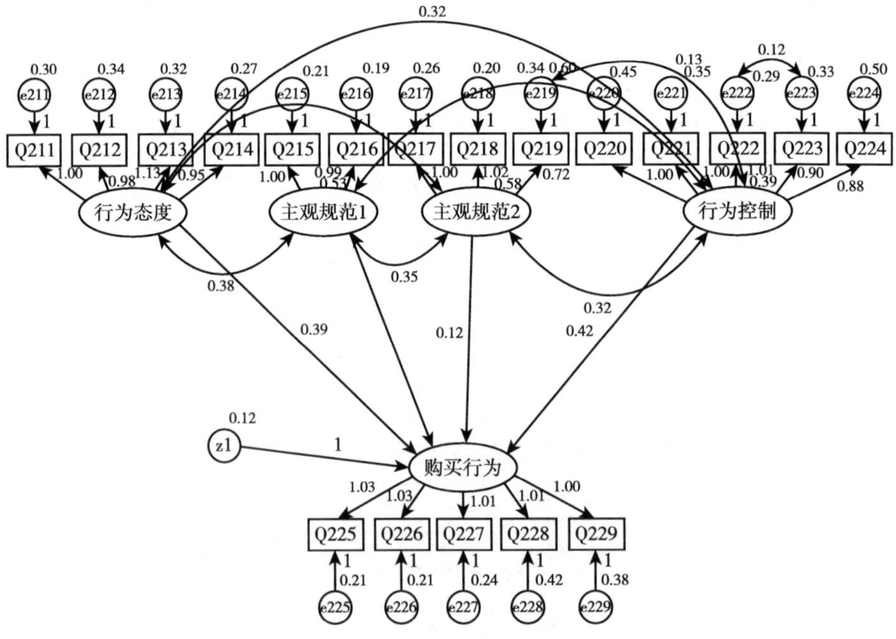

图 7－7　模型运行结果

第三，假设检验与结果分析。本书应用结构方程模型的方法，参数估计采用最大似然法进行参数估计（Maximum Likelihood），验证外生变量和内生变量，内生变量之间等潜变量的关系。研究结果表明（见表7－19、表7－20）除了假设H2：主观规范1会正向影响消费者的选择行为的路径系数不显著外，其余路径均通过验证。总的来看，消费者的行为态度、来自市场的宣传推介（包括旅游遇到）、行为控制等均会对区域公用品牌农产品的选择产生积极的影响。主观规范1与其他的内生潜变量之间存在相关关系，但对选择行为并不产生直接的影响，一定程度上说明来自家人和朋友的推荐会影响消费者对区域公用品牌的态度、对该商品的市场关注度、知觉行为控制等，但并不会直接影响选择行为。

表7－19　　模型检验结果

		假设路径	非标准化路径系数	p	成立与否
H1		行为态度→选择行为（正向影响）	0.395	***	成立
H2		主观规范1→选择行为（正向影响）	—	—	不成立
H3		主观规范2→选择行为（正向影响）	0.123	***	成立
H4		行为控制→选择行为（正向影响）	0.417	***	成立
H5	H51	行为态度←→主观规范1（相关关系）	0.380	***	成立
	H52	行为态度←→主观规范2（相关关系）	0.374	***	成立
	H53	行为态度←→行为控制（相关关系）	0.324	***	成立
	H54	主观规范1←→主观规范2（相关关系）	0.346	***	成立
	H55	主观规范1←→行为控制（相关关系）	0.345	***	成立
	H56	主观规范2←→行为控制（相关关系）	0.315	***	成立

注：*** 代表在0.001的水平下显著。

表7－20　　路径系数与载荷系数（非标准化）

			Estimate	S.E.	C.R.	P	Label
gmyx	<---	xwtd	0.395	0.034	11.596	***	par_15
gmyx	<---	zggf2	0.123	0.029	4.267	***	par_16
gmyx	<---	xwkz	0.417	0.041	10.134	***	par_17
Q211	<---	xwtd	1.000				
Q212	<---	xwtd	0.982	0.032	30.675	***	par_1
Q213	<---	xwtd	1.133	0.034	33.116	***	par_2
Q214	<---	xwtd	0.954	0.030	31.973	***	par_3
Q215	<---	zggf1	1.000				

续表

			Estimate	S. E.	C. R.	P	Label
Q216	<---	zggf1	0. 986	0. 030	32. 713	***	par_4
Q217	<---	zggf2	1. 000				
Q218	<---	zggf2	1. 018	0. 032	31. 749	***	par_5
Q219	<---	zggf2	0. 715	0. 034	21. 071	***	par_6
Q220	<---	xwkz	1. 000				
Q221	<---	xwkz	0. 996	0. 043	23. 397	***	par_7
Q222	<---	xwkz	1. 005	0. 041	24. 250	***	par_8
Q223	<---	xwkz	0. 905	0. 040	22. 530	***	par_9
Q224	<---	xwkz	0. 880	0. 044	20. 193	***	par_10
Q229	<---	gmyx	1. 000				
Q228	<---	gmyx	1. 010	0. 038	26. 356	***	par_11
Q227	<---	gmyx	1. 014	0. 034	29. 901	***	par_12
Q226	<---	gmyx	1. 035	0. 034	30. 817	***	par_13
Q225	<---	gmyx	1. 027	0. 033	30. 829	***	par_14

注：*** 代表在 0. 001 的水平下显著；字母表示各潜变量（下文同），其中 gmyx：购买行为；xwtd：行为态度；zggf1：主观行为规范 1；zggf2：主观行为规范 2；xwkz：行为控制。

图 7 –8 为结构方程模型输出的非标准化路径系数，在比较路径系数（或载荷系数）时无法直接使用，因此表 7 –21 给出标准化系数（standardized estimates），可以直接用来比较不同系数间的作用大小。

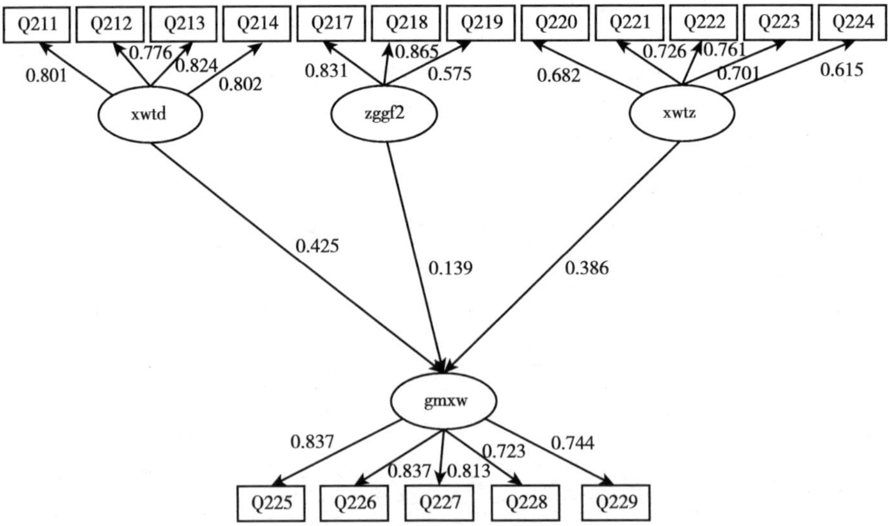

图 7 –8　结构方程模型结果验证简图

表7-21 标准化回归系数（未列出相关关系）

			Estimate				Estimate
gmxw	<---	xwtd	0. 425	Q219	<---	zggf2	0. 575
gmxw	<---	zggf2	0. 139	Q220	<---	xwkz	0. 682
gmxw	<---	xwkz	0. 386	Q221	<---	xwkz	0. 726
Q211	<---	xwtd	0. 801	Q222	<---	xwkz	0. 761
Q212	<---	xwtd	0. 776	Q223	<---	xwkz	0. 701
Q213	<---	xwtd	0. 824	Q224	<---	xwkz	0. 615
Q214	<---	xwtd	0. 802	Q229	<---	gmxw	0. 740
Q215	<---	zggf1	0. 849	Q228	<---	gmxw	0. 723
Q216	<---	zggf1	0. 856	Q227	<---	gmxw	0. 813
Q217	<---	zggf2	0. 831	Q226	<---	gmxw	0. 837
Q218	<---	zggf2	0. 865	Q225	<---	gmxw	0. 837

行为态度对选择行为的作用（0. 426）> 行为控制（0. 386）> 主观规范 2（0. 139），从潜变量和可测变量的影响来看，认为选择区域公用品牌农产品是非常明智的选择（0. 801）、区域公用品牌农产品比较高档（0. 776）、这是追求高品质的表现（0. 824）、对农产品区域公用品牌农产品评价非常好（0. 802）等题项均很大程度上能反应消费者的行为态度。从主观行为规范 2 来看，销售员推荐使消费者更愿意选择（0. 831）、媒体宣传让消费者更愿意选择（0. 865）、出差或出游遇到（0. 575），让消费者更愿意选择区域公用品牌农产品，此三因素与主观规范 2 关系紧密；行为控制与赠予别人很有面子（0. 682）、周围人选择影响决策（0. 726）、如果容易选择就会选择（0. 761）、如果价格合理就会选择（0. 701）、如果想要选择就一定会买到（0. 615）等 5 个因子的关系密切。区域公用品牌农产品非常值得选择（0. 837）、以后买农产品会更愿意选择区域公用品牌农产品（0. 837）、经常选择区域品牌农产品（0. 813）、愿意为农产品"地域"性质支付更高价格（0. 723）、经常向他人推荐区域公用品牌农产品（0. 740）等 5 个因子与选择行为的关系密切，其中区域公用品牌农产品非常值得选择对选择区域公用品牌农产品的影响最大。

通过结构方程模型（SEM）研究结果表明：

第一，消费者对区域公用品牌农产品的消费态度、来自市场的主观行为规范2、行为控制等对选择行为产生正向影响，且影响程度为行为态度 > 行为控制 > 主观规范2。

第二，来自家人支持和朋友推荐的行为规范并不能直接促使消费者对区域公用品牌的选择，而是通过与行为态度、市场压力行为规范、行为控制等的相关影响间接促使消费行为的产生。

7.5.2 溢价支付行为分析

已有学者对安全认证食品①、自有品牌②等的溢价支付行为影响因素做了研究，对于农产品区域公用品牌支付溢价的影响研究尚有不足。品牌的重要特征就是创造溢价。本节尝试性地讨论两个问题：第一，与消费者支付溢价水平的相关因素有哪些？第二，现有消费者对区域公用品牌的农产品最大的接受价格水平大概为多少？回答以上两个问题对于细分消费人群，对区域公用品牌农产品合理定价作指导具有重要意义。

（1）理论分析

本部分以消费者个人特征、家庭特征、市场特征、区域公用品牌的认知、区域公用品牌的态度、主观规范、感知行为控制七大因素为解释变量（见表7-22），探讨其与溢价支付行为的相关性，其中溢价支付水平为因变量，其余变量为自变量。

表7-22　消费者个人特征与家庭特征

变量类别	题项	编码	变量赋值
支付溢价（因变量）	愿意为区域品牌农产品支付多少溢价？	Q231	不愿意多支付=1；10%以下=2；10%—20%=3；20%—30%=4；30%—40%=5；40%—50%=6；50%—60%=7 60%—70%=8；70%—80%=9 80%—90%=10；90%以上=11

① 刘宇翔．消费者对有机粮食溢价支付行为分析——以河南省为例［J］．农业技术经济，2013（12）：43-53．

② 罗二芳．自有品牌营销策略对消费者溢价支付意愿的影响研究［D］．成都：西南财经大学，2013．

续表

变量类别	题项	编码	变量赋值
消费者个人特征（自变量）	性别	Q1	男1；女2
	健康状况	Q2	良好=1，不太好=2
	年龄	Q3	小于30岁=1；31—40岁=2；41—50岁=3 51—60岁=4；61岁及以上=5
	常住地	Q4	县城及以上=1，乡镇农村=2
	婚姻状况	Q5	已婚=1，未婚=2
	受教育程度	Q6	没有上过学=1；小学=2；初中=3 高中/中专=4；大专/本科=5；硕士及以上=6
	职业	Q7	农民=1，国企=2，私企=3，外企=4. 学生=5，自由职业者=6，行政和事业单位=7，退休=8，其他=9
	是否经常购买农产品	Q9	是=1，否=2
	个人月收入	Q10	小于1000=1；1000—2000=2；2000—3000=3 3000—4000=4；4000—5000=5；5000—6000=6 6000—7000=7；7000—8000=8；8000及以上=9
	对当前政府监管满意程度	Q17	非常满意=1，比较满意=2. 一般=3，不太满意=4，不满意=5
	家庭月收入	Q11	小于2000=1. 2001≤X≤4000=2，4001≤X≤6000=3；6001≤X≤8000=4；8001元≤X≤1万=5；10001≤X≤2万=6；20001≤X≤3万=7；30001≤X≤4万=8；40001≤X≤5万=9；50001及以上=10
消费者家庭特征	家中是否有在农业部门、食品和医疗从业者	Q8	有=1；无=0
	家中是否有12岁以下小孩	Q132	有=1；无=0
	家中是否有60岁以上老人	Q133	有=1；无=0

个人特征的多个因素会影响消费者对食品的支付意愿和溢价行为。经济基础决定上层建筑，家庭月收入与消费者的支付溢价水平可能会有相关关系，有学者研究表明家中是否有在农业部门、食品和医疗从业者会影响其食品选择决策。如果家中有 12 岁以下的小孩或有 60 岁以上的老人，基于弱势群体的考虑，家庭采购者可能更倾向于选择区域公用品牌农产品①。市场特征因素、对区域公用品牌的认知、态度、主观规范、感知行为控制各个变量的取值在书中 7.3 节已有描述，此处不再赘述。

由于所选择的因变量与自变量的取值多为顺序型变量或分类变量，因此本部分在研究变量间的相关关系时将采用列联分析方法完成，列联表中的行列变量是否相互独立采用独立性检验的方法进行验证，即验证行列变量之间是否存在相关关系，具体假设如下：

H0：行列变量间是相互独立的（不存在相关关系）

H1：行列变量间不独立（存在依赖关系）

当得到的皮尔逊卡方值大于临界值，也就是显著性水平小于 0.05，卡方检验结果非常显著，拒绝原假设，此时说明行列之间不独立，即为存在相关关系。

对于变量间相关程度的测定采用相关系数表示②，类别变量相关系数可以采取 C 系数、V 系数等多种表达，本书采用 V 系数（克莱姆 V 系数），表达式如下：其中 R 和 C 分别代表列联表的行与列。

$$V = \sqrt{\frac{\chi^2}{n * \min[(R-1),(C-1)].}}$$

其中，V 处于 0—1 之间，当 V 取值为 0 时两变量相互独立，V 取值为 1 时两变量完全相关。

（2）结果分析

以消费者个人特征中的性别特征为例，生成性别与支付意愿的交叉表，分别统计不同男性和女性对于区域公用品牌农产品支付溢价的程度（见表 7－23）。

---

① 于海龙，李秉龙．中国奶牛养殖的区域优势分析与对策［J］．农业现代化研究，2012，33（02）：150－154.

② 贾俊平，何晓群，金勇进．统计学［M］．北京：中国人民大学出版社，2018.

表 7-23　　　　性别 * 愿意支付溢价行为题项交叉表

溢价\性别	不愿意多支付	10%以下	10%—20%	20%—30%	30%—40%	40%—50%
男	96（16.41%）	196（33.50%）	184（31.45%）	68（11.62%）	17（2.91%）	14（2.39%）
女	146（18.02%）	318（39.26%）	214（26.42%）	90（11.11%）	23（2.84%）	7（0.86%）
溢价\性别	50%—60%	60%—70%	70%—80%	80%—90%	90%—100%	100%以上
男	4（0.68%）	1（0.17%）	0（0.00%）	0（0.00%）	0（0.00%）	5（0.85%）
女	7（0.86%）	0（0.00%）	0（0.00%）	2（0.25%）	0（0.00%）	3（0.37%）

注：此题项为消费者愿意为区域公用品牌农产品支付溢价情况，表格中数据分别为：计数（占比）。

卡方检验性别与支付溢价意愿得到皮尔逊卡方值为16.791，渐进显著性（双侧）为0.052>0.05，无充足的理由拒绝原假设，得到性别选项与消费者对区域公用品牌支付溢价的水平不具有显著的相关性（见表7-24）。

表 7-24　　　　卡方检验

	值	自由度	渐进显著性（双侧）
皮尔逊卡方	16.791[a]	9	0.052
似然比	17.803	9	0.038
线性关联	5.451	1	0.020
有效个案数	1345		

同理，继续以此方法逐个对其余变量做列联分析独立性检验得到表7-25。结果表明个人特征中Q3、Q6、Q7、Q10、Q17，家庭特征中Q11，市场特征中Q201—Q2015，消费者对农产品区域公用品牌认知特征中Q2016—Q2020，态度特征中Q211—Q214，主观规范特征中Q215—Q219，感知行为控制中Q220—Q224等变量与对区域公用品牌农产品支付溢价的因变量呈现相关关系。个人特征中Q1、Q2、Q4、Q5、Q9，家庭特征中Q8、Q132、Q133等变量对于区域公用品牌农产品支付溢价因变量无显著的相关关系。

表 7-25　消费者区域公用品牌溢价支付水平的列联相关分析

	变量	性别	健康状况	年龄	常住地	婚姻状况
个人特征	代码	Q1	Q2	Q3	Q4	Q5
	Pearson 卡方	16.791	4.413	73.027	14.403	12.929
	Sig.（2-tailed）	0.052	0.882	0.000	0.109	0.166
	变量	受教育程度	职业	是否经常购买农产品	个人月收入或退休工资	对当前政府监管满意程度
	代码	Q6	Q7	Q9	Q10	Q17
	Pearson 卡方	90.007	115.601	9.320	118.600	78.183
	Sig.（2-tailed）	0.000	0.001	0.502	0.000	0.000
家庭特征	变量	家庭月收入	家中有无相关从业者	有无 12 岁及以下小孩	有无 60 岁及以上老人	
	代码	Q11	Q8	Q132	Q133	
	Pearson 卡方	249.649	11.843	10.479	7.806	
	Sig.（2-tailed）	0.000	0.222	0.313	0.554	
市场（以及产品自身）特征	变量	产地是否为家乡	产品是否特定产区	产地环境是否良好	生产技术工艺是否特殊	农产品营养成分含量
	代码	Q201	Q202	Q203	Q204	Q205
	Pearson 卡方	66.999	100.855	78.593	78.385	90.488
	Sig.（2-tailed）	0.001	0.000	0.000	0.000	0.000
	变量	农产品新鲜程度	农产品口感	农产品外观	销售地点让人感到愉悦	销售环境是否卫生
	代码	Q206	Q207	Q208	Q209	Q2010
	Pearson 卡方	78.087	73.501	68.620	82.272	80.368
	Sig.（2-tailed）	0.000	0.000	0.001	0.000	0.000
	变量	选择是否方便	有过品尝或选择经验	产品是否很有名气	农产品是否特定品牌	是否为特定专营店
	代码	Q2011	Q2012	Q2013	Q2014	Q2015
	Pearson 卡方	88.656	59.700	60.287	66.403	75.580
	Sig.（2-tailed）	0.000	0.008	0.007	0.002	0.000

续表

对区域公用品牌农产品的认知	变量	区域品牌农产品价格应该更高	价格代表质量	区域品牌农产品质量更有保障	区域品牌农产品较其他具有十分明显优势	产品更绿色健康（营养成分含量）
	代码	Q2016	Q2017	Q2018	Q2019	Q2020
	Pearson 卡方	120.841	118.360	93.867	107.823	87.980
	Sig.（2 - tailed）	0.000	0.000	0.000	0.000	0.000
	变量	口感更好				
	代码	Q2021				
	Pearson 卡方	86.532				
	Sig.（2 - tailed）	0.000				
对区域公用品牌农产品的态度	变量	选择十分明智	比较高档	追求高品质	总体评价好	
	代码	Q211	Q212	Q213	Q214	
	Pearson 卡方	101.153	100.778	110.500	87.216	
	Sig.（2 - tailed）	0.000	0.000	0.000	0.000	
主观规范	变量	家人支持让我更愿意选择	朋友经常推荐让我更愿意选择	销售推介让我更愿意选择	媒体宣传让我更愿意选择	出差或出游遇到我更愿意选择
	代码	Q215	Q216	Q217	Q218	Q219
	Pearson 卡方	69.156	66.044	117.673	103.019	79.124
	Sig.（2 - tailed）	0.001	0.002	0.000	0.000	0.000
感知行为控制	变量	赠予别人很有面子	周围人购买，会影响我的决策	如果容易买到，我会选择区域品牌农产品	如果价格合理，我会选择区域品牌农产品	如果我想，我一定会买到区域品牌农产品
	代码	Q220	Q221	Q222	Q223	Q224
	Pearson 卡方	72.829	91.861	90.839	63.521	85.706
	Sig.（2 - tailed）	0.000	0.000	0.000	0.003	0.000

根据V系数计算公式求得相关系数（见表7－26），得到个人特征、家庭特征、市场特征、对农产品区域公用品牌的认知、态度、主观规范、感知行为控制中的可测变量与区域公用品牌的溢价支付均呈现相关关系，也可看出在渐进双尾分布的置信水平下各变量与溢价支付能力显著相关，但相关系数并不高，说明单个指标发挥作用不大，多个指标共同联合对溢价支付行为产生影响。

表 7－26　自变量与溢价支付能力克莱姆相关系数

个人特征	变量	年龄	受教育程度	职业	个人月收入或退休工资	对当前政府监管满意程度
	代码	Q3	Q6	Q7	Q10	Q17
	克莱姆 V	0. 117 ***	0. 116 ***	0. 104 ***	0. 105 ***	0. 121 ***
家庭特征	变量	家庭月收入				
	代码	Q11				
	克莱姆 V	0. 144 ***				
市场（以及产品自身）特征	变量	产地是否为家乡	产品是否特定产区	产地环境是否良好	生产技术工艺是否特殊	农产品营养成分含量
	代码	Q201	Q202	Q203	Q204	Q205
	克莱姆 V	0. 112 ***	0. 137 ***	0. 121 ***	0. 121 ***	0. 130 ***
	变量	农产品新鲜程度	农产品口感	农产品外观	销售地点让人感到愉悦	销售环境是否卫生
	代码	Q206	Q207	Q208	Q209	Q2010
	克莱姆 V	0. 120 ***	0. 117 ***	0. 113 ***	0. 124 ***	0. 122 ***
	变量	选择是否方便	有过品尝或选择经验	产品是否很有名气	农产品是否特定品牌	是否为特定专营店
	代码	Q2011	Q2012	Q2013	Q2014	Q2015
	克莱姆 V	0. 128 ***	0. 105 ***	0. 106 ***	0. 111 ***	0. 119 ***
对区域公用品牌农产品的认知	变量	区域品牌农产品价格应该更高	价格代表质量	区域品牌农产品质量更有保障	区域品牌农产品较其他具有十分明显优势	产品更绿色健康（营养成分含量等）
	代码	Q2016	Q2017	Q2018	Q2019	Q2020
	克莱姆 V	0. 150 ***	0. 148 ***	0. 132 ***	0. 142 ***	0. 128 ***
	变量	口感更好				
	代码	Q2021				
	克莱姆 V	0. 127 ***				
对区域公用品牌农产品的态度	变量	选择十分明智	比较高档	追求高品质	总体评价好	
	代码	Q211	Q212	Q213	Q214	
	克莱姆 V	0. 137 ***	0. 137 ***	0. 143 ***	0. 127 ***	

续表

主观规范	变量	家人支持让我更愿意选择	朋友经常推荐让我更愿意选择	销售推介让我更愿意选择	媒体宣传让我更愿意选择	出差或出游遇到我更愿意选择
	代码	Q215	Q216	Q217	Q218	Q219
	克莱姆 V	0.113***	0.111***	0.148***	0.138***	0.121***
感知行为控制	变量	赠予别人很有面子	周围人购买，会影响我的决策	如果容易买到，我会选择区域品牌农产品	如果价格合理，我会选择区域品牌农产品	如果我想，我一定会买到区域品牌农产品
	代码	Q220	Q221	Q222	Q223	Q224
	克莱姆 V	0.116***	0.131***	0.130***	0.109***	0.126***

注：*** 代表在 0.001 的水平下显著。

通过对溢价支付行为的研究得到的结果为：消费者的年龄、受教育程度、职业、个人工资、对政府部门监管满意度、家庭月收入以及区域公用品牌农产品所处的市场特征、消费者对区域公用品牌的认知、态度、主观规范、感知行为控制等均与消费者的农产品区域公用品牌溢价支付行为相关。

结论：①消费者区域公用品牌的溢价支付行为收到多个因素的联合影响。②消费者的年龄、受教育程度、职业、个人工资、对政府监管满意度、家庭月收入等来自个人特征和家庭特征的因素与溢价支付水平相关性显著。对于区域公用品牌农产品溢价支付能力的消费者可划分为不同的人群，相关经营主体可尝试性开发适合的品牌产品进行精准营销。相关的监管部门应当强化食品安全的检查力度，努力提高消费者的满意度。③消费者对区域公用品牌农产品的认知、态度、主观规范和感知行为控制中所有的题项均与溢价支付水平相关。

7.5.3 溢价支付消费者细分

区域公用品牌农产品的生产成本一般要高于普通农产品，其在市场上价格一般表现为高于普通农产品。品牌农产品市场销售定价过程中存在两类问题：一是盲目降低价格造成恶性竞争，不足以维护运营成本；二是盲目抬高价格造成无合适的消费人群。本部分以京津冀地区为研究对象来了解消费者对于区域公用品牌农产品的可接受溢价支付能力，对消费人群进行细分，旨在指导区域公用品牌根据不同人群进行合理定价精准营销。

采取决策树模型对消费者愿意为区域公用品牌农产品多支付溢价做分类分析，自变量选取个人特征变量和家庭特征变量。决策树运算采用生长CHAID法，最终得到包含家庭月收入或退休工资、婚姻状况、是否有12岁以下小孩、是否有60岁以上老人、个人月收入或退休工资、家中有无在相关行业的从业者（农业、食品、医疗等）等包含15个节点的4层树结构。模型运算过程中删除所有具有缺失值的样本（剩余共计1365个）（见表7－27）。

表7－27 模型摘要

指定项	生长法	CHAID
	因变量	愿意为地区域公用品牌农产品多支付多少
	自变量	受教育程度，职业，您每月个人收入或退休工资，您对当前政府部门农产品质量安全监管满意吗，年龄，性别，健康状况，常住地（6个月以上），婚姻状况，家中是否有在农业部门、食品和医疗领域从业者，您是否经常购买农产品（包括瓜果蔬菜等），您家庭月收入或退休工资总计（单位：元），是否有12岁以下小孩，是否有60岁以上老人
	最大树深度	7
	父节点中的最小个案数	100
	子节点中的最小个案数	50
结果	包括的自变量	您家庭月收入或退休工资总计（单位：元），婚姻状况，是否有12岁以下小孩，是否有60岁以上老人，个人收入或退休工资，家中是否有在农业部门、食品和医疗领域从业者
	节点数	15
	终端节点数	9
	深度	4

决策树（见图7－9）对“愿意为区域公用品牌农产品多支付多少溢价”的问题进行细分，1345个样本中，238人（占比17.7%）的消费者不愿意多支付，487人（占比36.2%）的消费者可以接受10%以下的溢价水平，388人（占比28.8%）能够接受10%—20%的溢价水平，154人（占比11.4%）能够接受20%—30%的溢价水平，对于能够接受30%以上的溢价水平的消费者共计78人（占比5.8%）。

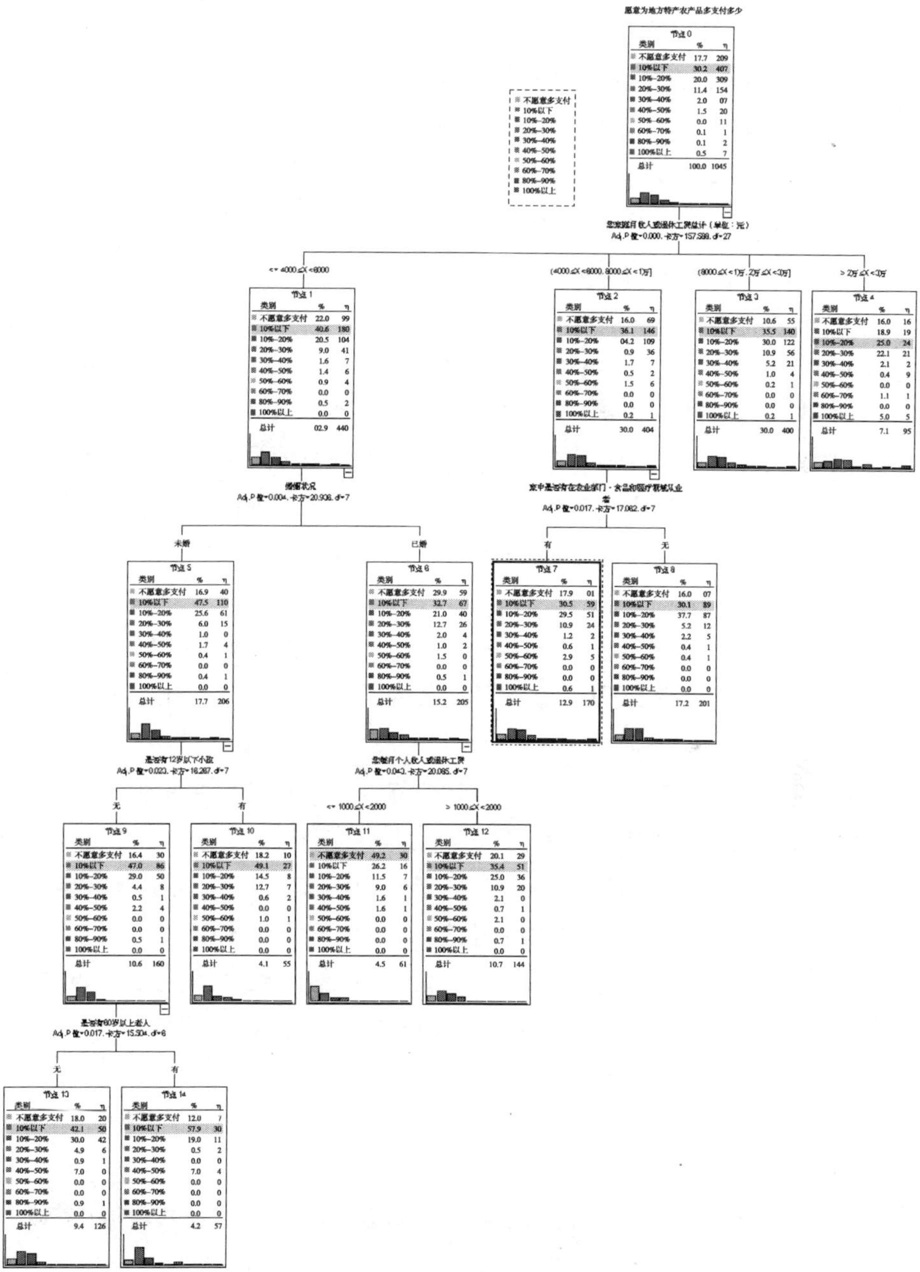

图7-9 消费者区域公用品牌农产品支付溢价决策树分类

第一层树结构：消费者首要考虑家庭月收入或退休工资（p 值 =0.000，卡方 =157.588，df =27），依据此指标从低到高将问卷分为 4 个不同水平，各水平的不同临界点分别为 4000—6000 元、8000—10000 元、10000—20000 元，20000—30000 元，前 3 个节点支付溢价水平中 10% 以下的人数比例最大，分别占总人数的 40.6%、36.1%、35.5%。对于家庭月工资水平高于 20000—30000 元的分类中支付溢价水平处于 10%—20% 的人数最多，占总人数的 25.3%。第一层树结构说明消费者溢价支付水平最先考虑的是家庭月收入。

第二层树结构：对节点 1 和节点 2 又做进一步划分。节点 1（工资水平低于 40000—60000 元）依据消费者的婚姻状况进行分类（p 值 =0.004，卡方 =20.936，df =7），分为节点 5 和节点 6。未婚中不愿意多支付的消费者占总数（238 人）的比例为 16.8%，已婚中不愿意多支付的比例占总数（205 人）的比例为 28.8%，说明已婚人士对于区域公用品牌农产品的支付更为保守。节点 2 依据消费者家中是否有在农业部门、食品和医疗领域的就业者进行分类（p 值 =0.0017，卡方 =17.062，df =7）分为节点 7 和节点 8，家中有相关从业者意愿支付高于 10% 溢价水平的消费者占总人数（173 人）的比例为 48.6%，家中无相关从业者支付意愿高于 10% 溢价水平的消费者占总人数（231 人）的比例为 45%。

第三层树结构与第四层树结构：对于节点 5 和节点 6 进行划分。节点 5 未婚中首要考虑大家庭中是否有 12 岁以下的小孩划分为节点 9 和节点 10（p 值 =0.023，卡方 =16.267，df =7），如果家中无 12 岁以下的小孩将首要考虑是否有 60 岁以上的小孩。如果家中有 12 岁以下的小孩将着重考虑此类人群。节点 6 已婚人群首要考虑个人每个月的收入或退休工资划分为节点 11 与节点 12（p 值 =0.043，卡方 =20.085，df =7），低收入水平的消费者意愿为区域公用品牌农产品多支付的溢价水平要低。

因此依据决策树对调查人群消费者进行人物分类，并得到了每类人群的意愿支付水平分布（见表 7－28）：

第一类人群（节点 14 共计 57 人，占总数的 4.2%）：家中有 60 岁以上老人、无 12 岁以下小孩、未婚、家庭收入水平低于 4000—6000 元。

第二类人群（节点 13 共计 126 人，占总数的 9.4%）：家中无 60 岁以上老人、无 12 岁以下小孩、未婚、家庭收入水平低于 4000—6000 元。

第三类人群（节点 12 共计 144 人，占总数的 10.7%）：个人月收入高于

2000 元、已婚、家庭月收入低于 6000 元。

第四类人群（节点 11 共计 61 人，占总数的 4.5%）：个人月收入低于 2000 元、已婚、家庭月收入低于 6000 元。

第五类人群（节点 10 共计 55 人，占总数的 4.1%）：家中有 12 岁以下的小孩、未婚、家庭月收入低于 6000 元。

第六类人群（节点 8 共计 231 人，占总数的 17.2%）：家中无在农业部门、食品或医疗领域的从业者、家庭月收入处于 6000—10000 元之间。

第七类人群（节点 7 共计 173 人，占总数的 12.9%）：家中有在农业部门、食品或医疗领域的从业者、家庭月收入处于 6000—10000 元之间。

第八类人群（节点 4 共计 95 人，占总数的 7.1%）：家庭与收入处高于 3 万元。

第九类人群（节点 3 共计 403 人，占总数的 30%）：家庭与收入处于 10000—30000 元之间。

表 7－28　消费者区域公用品牌农产品支付溢价（比例）水平人群细分

比例（%）	第一类人群 14	第二类人群 13	第三类人群 12	第四类人群 11	第五类人群 10	第六类人群 8	第七类人群 7	第八类人群 4	第九类人群 3
不愿意多支付	12.3	18.3	20.1	49.2	18.2	16.0	17.9	16.8	13.6
10% 以下	57.9	42.1	35.4	26.2	49.1	38.1	33.5	18.9	35.5
10%—20%	19.3	33.3	25.0	11.5	14.5	37.7	29.5	25.3	30.3
20%—30%	3.5	4.8	13.9	9.8	12.7	5.2	13.9	22.1	13.9
30%—40%	0	0.8	2.1	1.6	3.6	2.2	1.2	2.1	5.2
40%—50%	7	0	0.7	1.6	0	0.4	0.6	8.4	1
50%—60%	0	0	2.1	0	1.8	0.4	2.9	0	0.2
60% 及以上	0	0.8	0.7	0	0	0	0.6	6.4	0.2

应用决策树分类方法，得到依据家庭月收入水平、婚姻状况、家中是否有相关从业者、家中是否有 12 岁及以下小孩、家中是否有 60 岁及以上老人、个人月收入或退休工资共计 6 个特点将消费者进行细分 9 大具体的人物画像。9 大类别人群的支付溢价水平分布不同，不同类别的被调查消费者均集中在 40% 以下的溢价支付水平内，因此区域公用品牌农产品的市场定价应该尽量控制在普通农产品的 1—1.4 倍之间。

结论：第一，当前京津冀市场消费者对于有区域公用品牌的农产品可接受的定价水平为无牌农产品的 1—1.4 倍；第二，根据得到的树形结构图可以合理对消费者进行选购决策的预测，根据目标定位进一步指导精准营销。

7.6 本章小结

作为买方市场，消费者用脚投票一定程度上可以作为检验农产品区域公用品牌建设成功与否的度量标准。研究农产品区域公用品牌的消费者评价及选择，能从市场消费需求的角度得出农产品区域公用品牌建设的启示。本章运用1395份调查问卷，采用改进的计划行为理论分析框架，在分析区域公用品牌的消费者评价基础上，应用结构方程（SEM）对消费者区域公用品牌的选择行为进行分析，并通过决策树模型对消费人群做了9类细分。

本章得到的结论如下：

第一，消费者较为偏好大型超市和农贸市场来选购农产品，86.74%的消费者愿意选择区域公用品牌农产品，但对当前政府部门的农产品安全监管满意度一般。

第二，多数消费者关注产品质量、价格、口味因素，并且农产品新鲜程度、农产品口感、销售环境是否卫生等是大部分被访者认为选择农产品过程中前3位非常重要的影响因素。

第三，制约消费者选择区域公用品牌农产品的因素依次为：市场假冒太多（69.89%）、价格太高（48.75%）、感觉质量和普通农产品没差别（39.5%）、没听过（25.59%）、不知道哪里买（22.01%）等。

第四，应用结构方程模型得出消费者的行为态度，销售推介、媒体宣传、出差或旅游遇到，行为控制共同影响对区域公用品牌农产品的选购行为。

第五，应用列联分析独立性检验得出消费者的年龄、受教育程度、职业、个人工资、对政府部门监管满意度、家庭月收入以及区域公用品牌农产品所处的市场特征、消费者对区域公用品牌的认知、态度、主观规范、感知行为控制等均与消费者的农产品区域公用品牌溢价支付行为相关。

第六，应用决策树分析可知，家庭收入或退休工资是消费者溢价选购的首要考虑因素，京津冀消费者对当前有区域公用品牌的农产品可接受的定价水平为无牌农产品的1—1.4倍。根据树结构，进一步得到9大区域公用品牌农产品溢价支付消费人群分类。

第 8 章

研究结论与政策启示

本书在梳理文献资料的基础上结合实际发展情况提出研究问题，对我国农产品区域公用品牌建设的现状和发展困境进行深入剖析。从主体支撑、资源区位、文化传承、产品支撑、产业竞争等多方面探究农产品区域公用品牌创建的影响机理。从利益相关者行为选择、保障机制等方面构建农产品区域公用品牌的运行维护机制。从认知、态度、主观规范、知觉行为控制、购买意愿、购买行为、溢价支付行为等多方面探究消费者对河北省农产品区域公用品牌的评价及选择。

本章在前文研究的基础上，归纳总结研究结论，提出政策建议。

8.1 研究结论

第一，农产品区域公用品牌建设是我国必然的制度选择。品牌农业是实现农业高质量发展，适应消费者高质量需求的必然选择，对于提高农产品质量、增加农民收入、降低小农户的经营风险、适应居民消费升级、应对激烈的市场竞争、传承和发展农耕文明、彰显我国文化自信等具有重要意义。农业已经进入到品牌时代，国家和各级地方政府大力支持品牌农业的建设，历年的中央一号文件多次提出要通过发展农业品牌来壮大地方优势主导产业，提高农业的综合竞争力和解决农民增收的问题。我国农产品区域公用品牌数量逐年递增，品牌价值和溢价能力逐渐显现，品牌农产品的市场销售额和消费者忠诚度均逐渐向好，但仍旧面临着品牌总体使用率低、低价值品牌数量多、资源挖掘不充分、品牌总数量与农业资源情况不相匹配、品牌主体作用发挥不够等问题。

第二，基于扎根理论内容研究法得出主体支撑、资源区位、文化传承、产品支撑、产业竞争五大因素共同影响农产品区域公用品牌的创建。政府部门、行业协会、农民专业合作社、农业企业、产学研机构等共同组成农产品区域公用品牌建设的支撑利益主体。农产品区域公用品牌的成功创建，离不开地理区位、自然资源、环境等因素，良好的资源区位优势能够吸引人力、资金、企业等要素的聚集。农产品区域公用品牌的价值作为无形资产，独特的文化因素，传统的风土人情、生活习俗、文学艺术、历史沉淀等可以赋能农产品区域公用品牌，提升品牌价值，提高品牌综合竞争力。有效的质量认证、荣誉称号、可追溯体系、创新能力等可以提高农产品区域公用品牌的消费者选择概率。产业竞争因素包括当地农业企业的综合实力、一二三产的融合力、产业集群的综合竞争力等因素，产业竞争因素是区域公用品牌建设的动力。主体支撑因素对于资源区位因素、产业竞争因素、产品支撑因素、文化传承因素等起到正向调节作用。

第三，揭示了农产品区域公用品牌维护本质。农产品区域公用品牌的运行是政府、协会、企业、农户、消费者等多方面主体共同参与的博弈过程，区域公用品牌建设面临“供给不足”和“过度使用”的困境。企业缺乏自建区域公用品牌的激励，小农户也没有足够的能力进行品牌创建，在监管机制尚不完善的前提下，很大的可能会选择品牌损害来获取更高的短期收益。企业间缺乏有效的沟通，区域公用品牌会出现“囚徒困境”“智猪博弈”等困境。政府组织的监管次数少且违规处罚力度小的情况下，主体品牌的随意使用会造成区域公用品牌产生公地悲剧。提高农产品区域公用品牌的使用准入门槛，能够有效提升品牌的运行效率，准入退出机制、监督激励机制、质量保障机制、沟通协调机制、利益联结机制、产品营销机制、创新机制等共同保障区域公用品牌的运行。

第四，消费者对农产品区域公用品牌的认可度不高，但行为态度、来自市场的压力、行为控制等共同决定着消费者的品牌选择行为。消费者的行为态度正向影响选择行为，行为控制正向影响选择行为，主管规范部分正向影响选择行为。行为态度、主观行为规范、行为控制三者间两两相关。

消费者普遍反映的市场假冒太多、价格太高、与普通农产品差别不大等因素是制约其选择区域公用品牌农产品的主要原因。消费者对区域公用品牌农产品溢价支付的行为与消费者的年龄、受教育程度、职业、工资收入水平、对政府监管满意度、家庭月收入、对区域公用品牌的认知、态度、主观行为规范、感知行为控制等多因素相关。京津冀地区多数消费者对于区域公用品牌农产品的能够接受的支付溢价为无牌产品的 1—1.4 倍，消费者家庭月收入或退休工资收入情况是消费者进行区域公用品牌溢价支付首要考虑的因素。

8.2 政策启示

8.2.1 明确主体职责定位

第一，明确政府部门职责。各级政府在农产品区域公用品牌建设中作用举足轻重，是区域公用品牌的规划制定者、扶持者、产业引导者和监督者。品牌形成阶段，领导企业尚未形成，行业协会功能尚未完善，各方利益不一致不协调，需要政府主体掌控大局。品牌形成阶段，政府负责整合协调工作、产权界定工作，具体包括区域品牌的注册、保护和区域内各利益相关者的协调及沟通工作，通过相关政策支持鼓励龙头企业参与区域品牌建设中。品牌推广阶段，行业协会有了初步发展，龙头企业数量有所增加，企业对区域经济发展的拉动作用越来越明显，此时利益主体增多，品牌维护难度加大，政府部门对区域公用品牌的参与体现在支持大型龙头企业品牌的维护与创建上，严格规范区域品牌使用者行为，大力支持行业协会的发展。品牌成熟阶段，政府主要发挥监管职能和服务职能，保障市场的良性运作环境，打击假冒伪劣，同时对区域公用品牌所需的人才、科技等要素资源予以支持。

第二，明确行业协会职责定位。强化行业协会对区域公用品牌的管理工作，建立行业主体内部之间、内部与外界之间的沟通交流平台，维护好区域公用品牌的运行环境，协助区域内部主体联合应对外部竞争，促进合作社、农户等分散的交流合作，调动主体积极性参与品牌建设，规范行业自律和企业行为，严厉打击假冒伪劣和恶性掺假行为。制定区域公用品牌农产品的多项标准，协会根据标准维护品牌的质量。

8.2.2 做好农产品区域公用品牌建设要素提升

第一，普查挖掘特色农业资源，摸清底数。普查农业资源，挖掘农产品的特有品种、特有文化、特有品质，立足资源区位优势扶持有潜力的特色农产品。统计现有品牌，形成品牌名录，挖掘潜在品牌，结合国家特色农产品优势区创建工作，考虑地区气候、土壤等条件建立区域公用品牌管理系统，将培育区域公用品牌纳入到县级或市级顶层规划中。深入挖掘农业多功能性，加强对传统老工艺、老字号的保护和传承，结合农业历史、地理、传统、风俗等文化特征，讲好品牌故事，培育文化底蕴，以故事树品牌。

第二，强化品牌质量安全，健全标准化体系。质量是品牌的生命，标准决定质量，严格质量控制管理和标准化生产，继续抓好两个“三品一标”认证，以高质量、高标准为基础建设农业品牌。尽快修订完善品牌农产品标准体系，规范政产学研协作的品牌评价体系，分品种分类别逐项研究制定农产品生产标准、加工标准、流通标准和质量安全标准，推进标准间衔接与配套，严禁不符合品牌标准的农产品使用区域公用品牌进入市场。建立品牌品控溯源体系，利用现代信息技术加强品牌使用和保护情况的跟踪，推行全程化质量监控和追溯体系，严把质量关，有优品才能成名牌。

第三，鼓励多种形式的产业化经营，培育品牌。壮大农业龙头企业，鼓励专业大户、农民合作社等新型经营主体参与到区域公用品牌的建设中，鼓励主体间开展多种形式的联合和合作，组建共同品牌联盟。品牌农业支持政策多向新型经营主体倾斜，强化政府的监管职能。

8.2.3 完善农产品区域公用品牌的运行机制

第一，完善区域公用品牌的奖惩措施。加大对区域公用品牌农产品合规生产主体的奖励与扶持，将正外部性内部化。不断为品牌注入新活力，可以选择对合规产品进行质量安全认证、产品可追溯体系建设、特有标志设计、商标注册等多种方式支持提高违规成本。加强区域公用品牌质量监管与保护，通过提高监管强度，适当加大违规行为主体的处罚力度，将农产品区域公用品牌的维护纳入到立法体系，对违规行为主体加大处罚力度增加犯错成本，有效降低违规生产行为。

第二，搭建交流平台助力主体间的沟通协作。组建农业企业、合作社、家庭农场、种养大户、协会主体、政府主体共同的品牌联盟。品牌联盟负责区域公用品牌制度制定和日常管理，定期举办联盟大会，联盟提供主体交流平台促进主体间的沟通、协作、资源共享、政策解读，规范化农产品区域公用品牌的运营与管理。

8.2.4 开展消费调研，了解市场需求

第一，做好消费者市场调研，精准定位需求人群。在考虑成本的基础上合理定价，充分了解消费者特点，细分消费人群，对品牌农产品实行分级分类和差别定价策略，精准品牌定位。以需求为导向，实现产需对接、优质优价，满足消费者多样化的需求。

第二，打造品牌独特卖点差异。通过质量认证、口感改善、定位乡愁、特定产区、构建良好的购买环境、注重特有标志设计整等多种方式打造区域公用品牌农产品独特的品质，增加消费者认同感，构建区域公用品牌与普通农产品独特的卖点"差异"。

第三，线上线下结合，拓宽品牌的营销渠道。创新品牌营销手段，继续结合农业展会、电视宣传、杂志宣传、车站特产店、体验店等传统方式，结合"互联网+"充分利用微博、微信、快手、抖音、直播等新兴平台多措并举推进，加快品牌农产品出村上行。继续支持有条件的农业企业"走出去"，在境外开设一批特色农业展示展销中心，打造国际知名农业品牌。

8.3 研究局限与未来展望

本书采用文献研究、扎根理论、结构方程模型、博弈论、决策树等方法，在分析当前农产品区域公用品牌建设的现状基础上，以河北省万全鲜食玉米、鸡泽辣椒、威县梨果、迁西板栗、平泉食用菌为案例，采用扎根理论探究农产品区域公用品牌的形成机理，基于多方利益主体行为博弈的视角研究品牌的维护机制，采用结构方程模型和决策树分类方法探究消费者农产品区域公用品牌的行为选择，提出农产品区域公用品牌建设的对策建议。受到研究时间和数据的限制，本书仍有许多未尽研究如下：

第一，农产品区域公用品牌的建设异质性研究。我国农产品加工程度不同，分为初级农产品、加工农产品；农产品品类分为果品类、蔬菜类、粮食类、油料类、畜禽类、水产类、茶叶类、林特类、食用菌类、中药材类等；农产品区域公用品牌建设模式多样，包括企业主导型、政府主导型、协会主

导型、集群发展型等。农产品区域公用品牌不同加工类型、不同品类、不同建设模式等区域公用品牌的建设均存在差异性，需要进一步细分研究。

第二，农产品区域公用品牌创建机理模型的实证检验。本书以河北省万全鲜食玉米、鸡泽辣椒、威县梨果、迁西板栗、平泉食用菌 5 个案例作扎根理论的实验案例，36 个河北省的区域公用品牌作为验证性案例研究区域公用品牌的创建机理，最终形成基于主体支撑因素、资源区位因素、文化传承因素、产品支撑因素、产业竞争因素的五大影响因素理论模型，由于时间有限，并未将此理论模型扩大到其他省份乃至全国的品牌进行实证测度检验。未来的研究应扩大样本量进行理论模型的进一步检验。

第三，农产品区域公用品牌企业参与行为意愿的研究。本书指出农产品区域公用品牌发展困境可分为“有而不建”“建而不用”“用而不护”三种。企业有效参与对于区域公用品牌的作用不言而喻，企业的参与行为能够影响品牌的运行效率，下一步可以对企业参与并使用区域公用品牌的意愿以及区域品牌下企业成员数量对品牌产生的影响开展研究。

第四，农产品区域公用品牌相关政策的绩效评估。本书研究了我国关于农产品区域公用品牌建设有多项政策支持，但是缺乏农产品区域公用品牌建设政策对于农民增收、农产品质量提升、消费者满意度提升、认证有效性等方面政策影响的绩效评估研究。

附　　录

附录 A

河北省区域特色农产品布局

	产品	优势县
特色蔬菜（2个）	山药	磁县、任县、高阳县、蠡县、安平县
	辣椒	鸡泽县、望都县、冀州市
特色果品（11个）	葡萄	桥东区、晋州市、鹿泉市、昌黎县、卢龙县、威县、定州市、宣化县、阳原县、怀来县、涿鹿县、广阳区、饶阳县
	特色梨	赵县、辛集市、藁城市、晋州市、迁西县、玉田县、遵化市、魏县、宁晋县、曲阳县、雄县、定州市、东光县、肃宁县、南皮县、泊头市、任丘市、河间市、固安县、阜城县、深州市
	特色桃	乐亭县、邯郸县、顺平县、固安县、深州市
	樱桃	山海关区
	石榴	元氏县
	猕猴桃	康保县、尚义县、围场满族蒙古族自治县
	特色枣	行唐县、赞皇县、玉田县、邯郸县、临城县、新河县、阜平县、唐县、沧县、青县、东光县、海兴县、盐山县、南皮县、献县、泊头市、河间市、大城县、枣强县
	特色杏	巨鹿县、涞水县、下花园区、宣化县、蔚县、阳原县、怀安县、怀来县、涿鹿县、承德县、平泉县、滦平县、隆化县、丰宁满族自治县
	特色核桃	平山县、元氏县、迁西县、遵化市、迁安市、涉县、邢台县、临城县、内邱县、涞水县、唐县、涞源县
	板栗	迁西县、遵化市、迁安市、青龙满族自治县、承德县、兴隆县、滦平县、宽城满族自治县
	柿子	井陉县、灵寿县、平山县、元氏县、涉县、武安市、邢台县、内邱县、满城县、涞水县、唐县、易县、顺平县

续表

	产品	优势县
特色粮油（11个）	芸豆	满城县、易县、张北县、康保县、沽源县、尚义县、万全县、涿鹿县
	绿豆	井陉县、迁西县、迁安市、青龙满族自治县、邢台县、宁晋县、巨鹿县、平乡县、威县、涞水县、定兴县、高阳县、易县、蠡县、顺平县、宣化县、蔚县、阳原县、怀来县、承德县、沧县、盐山县、肃宁县、吴桥县、泊头市、任丘市、黄骅市、河间市、文安县、枣强县、武邑县、景县、阜城县
	红小豆	井陉县、平山县、迁西县、玉田县、遵化市、迁安市、青龙满族自治县、抚宁县、涞水县、易县、蠡县、雄县、蔚县、阳原县、万全县、涿鹿县、赤城县、承德县、兴隆县、滦平县、隆化县、宽城满族自治县、泊头市、任丘市、河间市、固安县、香河县、文安县、大厂回族自治县、三河市、枣强县、故城县、景县
	蚕豆	张北县、康保县、沽源县、蔚县、万全县、赤城县、崇礼县
	豌豆	乐亭县、昌黎县、高碑店市、张北县、康保县、沽源县、尚义县、固安县
	荞麦	宣化县、张北县、沽源县、尚义县、蔚县、怀安县、万全县、赤城县、崇礼县
	燕麦	张北县、康保县、沽源县、尚义县、蔚县、怀安县、赤城县、崇礼县、丰宁满族自治县、围场满族蒙古族自治县
	谷子	赵县、辛集市、晋州市、邢台县、内邱县、隆尧县、宁晋县、巨鹿县、新河县、广宗县、威县、清河县、临西县、沙河市、唐县、涞源县、易县、曲阳县、宣化县、蔚县、怀安县、承德县、平泉县、丰宁满族自治县、黄骅市、文安县、饶阳县、冀州市、深州市
	糜子	怀安县、万全县、大城县
	高粱	平山县、青县、海兴县、南皮县、献县、孟村回族自治县、任丘市、黄骅市、武邑县
	胡麻	张北县、康保县、沽源县、尚义县、万全县、赤城县、丰宁满族自治县
道地中药材（3个）	白术	安国市
	黄芩	邢台县、安国市、隆化县
	桔梗	安国市
特色草食畜（1个）	德州驴	沧县、盐山县、黄骅市

续表

	产品	优势县
特色猪禽蜂（2个）	特色水禽	广宗县、高阳县、容城县、安新县、雄县、涿州市、肃宁县、献县、任丘市、河间市
	特色蜂产品	乐亭县、遵化市、黄骅市
特色水产（4个）	海参	乐亭县、昌黎县
	鳟鲟鱼	涉县、涞源县、蔚县、涿鹿县、赤城县、丰宁满族自治县
	龟鳖	鹿泉市、玉田县、阜平县
	海蜇	丰南区、滦南县、乐亭县、唐海县

资料来源：《特色农产品区域布局规划（2013—2020年）》。

附录 B

河北省特色农产品优势区申报情况

	特色蔬菜瓜果	特色食用菌	特色中药材	特色水果	薯类	杂粮杂豆	畜产品	水产品	花卉
石家庄	行唐大枣	灵寿金针菇							
唐山		遵化香菇						曹妃甸河鲀鱼	
秦皇岛	昌黎马坊营旱黄瓜		青龙北苍术	山海关大樱桃	卢龙白薯				
邯郸	鸡泽辣椒		涉县柴胡	成安草莓		武安小米			
邢台	邢台县酸枣仁		巨鹿金银花 清河山楂	内丘富岗苹果 威县梨					柏乡汉牡丹
保定			安国中药材	满城草莓		涞源小杂粮			
张家口	崇礼彩椒			怀来葡萄	张北马铃薯	蔚州贡米；万全鲜食玉米	阳原驴；塞北奶牛；康保长尾鸡		
承德		平泉香菇	滦平中药材	承德国光苹果	围场马铃薯	丰宁黄旗小米	隆化肉牛		
沧州	青县羊角脆甜瓜 黄骅冬枣			泊头鸭梨			献县鸭坯		
廊坊	永清胡萝卜								
衡水				饶阳设施葡萄					

附录 C

多主体的访谈提纲

一、相关政府农业部门负责人：

（1）请简述一下当地特色农业发展的历程及现在发展基本情况。

（2）当前特色农业产业发展过程中面临的主要困难是什么？品牌建设过程中面临的主要困难是什么？

（3）当地政府在助推特色农业品牌发展中主要发挥哪些作用（做了哪些工作，提供哪些支持），着重介绍一下区域营销的开展情况及取得的成效。请从生产区域规划、设施农业支持、产品质量认证、鼓励企业争创名牌、区域品牌推广、鼓励产学研结合等多方面介绍。

（4）政府是如何引导优势企业争创名牌的？

（5）当地企业间主要的合作方式和合作效果如何？

（6）政府在基础设施建设及软件环境（金融、税收、人才）等方面推动特色产业品牌发展。

二、农业企业（合作社）访谈：

（1）企业或公司的发展历程，企业属于哪一种类型（制造、全产业链、贸易型企业、服务型企业），所有制性质（国有、民营、中外合资、混合所有制）。

（2）企业在本行政区域内的地位如何？

（3）贵企业的产品及渠道战略介绍：

产品：主要产品、产品定价、产品品牌（产品的主要特点是什么）。

渠道：主要销售渠道、各渠道下的收益情况。

（4）企业的主要市场在哪里，市场份额占比情况。

（5）企业发展过程中面临的最大障碍是什么？如何解决的？当前发展面临的主要困难是什么？

（6）是否有品牌，企业（合作社）品牌建设的基本情况如何？品牌在市场销售中的重要性如何？如今销售的农产品品种市场竞争力如何（请介绍一下此产品品牌的竞争优势）？

（7）品牌建设、发展、维护及推广过程中面临的主要问题是什么？

（8）当地的传统文化、自然资源、加工工艺等特色对于品牌的创新和发展有何影响？

（9）请简述一下当前贵企业运作的主要模式（如何与政府、行业协会、合作社、其他企业、农户等主体之间实现运作，当前公司内部的主要组织结构、运营模式介绍）。

（10）贵企业在发展过程中获得政府哪些支持？品牌创建过程中获得了政府的哪些支持？您希望政府在品牌建设过程中做哪些工作？

（11）行业协会在协助贵企业品牌建设过程中都做了哪些工作，效果如何？

（12）您身为打造强有力的特色农业品牌都需要具备哪些因素？

三、行业协会访谈：

（1）此行业协会在当地特色产业（具体产品）的品牌创建和发展中所起的作用是什么？

（2）行业协会在管理过程中发现当前各类企业发展中及品牌建设过程中存在的突出问题是什么？

（3）行业协会如何与政府及协会下企业、合作社、农户等主体进行沟通协调。

（4）行业协会发展取得的成就、存在的问题、下一步的发展规划。

四、销售市场走访：

通过走访大型商超、农产品批发市场等相关农产品销售渠道主要了解河北省特色农产品市场占有情况和市场评价（美誉度）情况。

（1）产品市场占有率。

（2）产品价格（与同类产品价格相比是否有明显优势）。

（3）产品美誉度（产品市场评价）。

附录D

市级产业调研

一、各市（以下列出的市）提供相关产业发展报告

特色蔬菜：石家庄市、承德市、秦皇岛市、唐山市、保定市、沧州市、衡水市、邢台市、邯郸市

中药材：石家庄市、保定市、邢台市

特色粮油：石家庄市、承德市、秦皇岛市、唐山市、邢台市、邯郸市

特色花卉：邢台市

特色果品：石家庄市、张家口市、承德市、秦皇岛市、保定市、沧州市、衡水市、邢台市、邯郸市、辛集市

畜牧业特色产业：唐山市、沧州市

水产业特色产业：承德市

二、产业报告需涵盖以下内容

（一）特色农业产业资源

（1）包括特色农业产业在当地的主要分布、种植（养殖）面积（规模），产量及产值（近三年数据）、当地的安全监管情况介绍等。

（2）全区是否有国家级/省级龙头企业，经营情况介绍。

（3）当地是否有特色产业规划，如有请提供。

（4）当地特色产业品牌建设和发展情况。

（二）经营主体基本情况（经营主体运作情况）

（1）当地经营该特色农业产业主体情况，包括农户、龙头企业、合作社、协会等品牌主体发展基本情况，主体间的运作机制情况。

（2）特色农产品品牌建设基本情况，农产品商标注册情况，质量安全认证和体系认证基本情况。

（三）特色产业品牌运行基本情况（品牌发展情况）

（1）特色产业产品品牌、企业品牌、区域品牌建设及发展基本情况。

（2）品牌的带动情况如何？

（3）当地市场农产品品牌率有多少？

（4）品牌运行主体基本情况，品牌运作的机制介绍。

（5）当前当地特色农业品牌建设发展过程中面临的主要困境。

附录 E

河北省区域公用品牌农产品情况调查问卷

调查对象：政府、企业、合作社、协会、农户（每个品牌不少于8份）

1 调查地点________；农产品品牌名________；联系方式________

2 贵单位（企业、基地、合作社）的性质：○国有；○集体；○个体私营；○股份合作；○其他________

一、以下是一些描述贵农产品的相关语句，请您根据认同程度进行评价（打钩）

	优秀	良好	一般	偏差	较差
A1 该地土壤、气候、日照等资源条件（适合此农产品生长）	5	4	3	2	1
A2 农业生态环境质量情况（如空气、土壤、农业用水等污染程度）	5	4	3	2	1
A3 该农产品设施发展程度（设施种植、设施养殖、设施食用菌，生产环境控制）	5	4	3	2	1
B1 政府对该农产品（产业）布局和规划情况	5	4	3	2	1
B2 政府开展该农产品（产业）品牌推广宣传情况	5	4	3	2	1
B3 政府在税收、金融、土地等优惠政策方面的做法	5	4	3	2	1
B4 政府提供人才（包括培训情况）、技术支撑情况（包括推广生产技术等）	5	4	3	2	1
B5 政府对农产品（产业）商标注册鼓励引导情况	5	4	3	2	1
B6 政府对该农产品品牌质量认证注册管理引导支持情况（如三品一标）	5	4	3	2	1
B7 政府对该农产品质量安全的监管力度（如建立法律法规、积极打假）	5	4	3	2	1
B8 该农产品行业协会对外功能完善程度（对外开拓市场提高竞争力）	5	4	3	2	1
B9 该农产品行业协会日常管理和监督力度（内部监督，行业自律）	5	4	3	2	1
B10 农民参与合作社程度（是否多数人都加入合作社）	5	4	3	2	1
B11 企业与农户结合程度（农业企业与农户联系紧密程度）	5	4	3	2	1
B12 合作社对该农产品品牌管理和监管力度	5	4	3	2	1
B13 龙头企业对该农产品品牌管理和监管力度	5	4	3	2	1

续表

	优秀	良好	一般	偏差	较差
B14 当地产业与学校、科研院所结合紧密程度（产学研结合情况）	5	4	3	2	1
C1 当地流传此农产品的故事传说情况	5	4	3	2	1
C2 当地拥有此农产品特色文化现象（当地节日习俗、风俗、生活方式等）	5	4	3	2	1
C3 当地拥有该农产品特有的种养加工技术	5	4	3	2	1
C4 当地该农产品口碑整体情况（区域整体形象）	5	4	3	2	1
D1 该产品质量安全体系健全情况（多数取得质量认证情况）	5	4	3	2	1
D2 该产品获得荣誉情况（取得驰名、著名商标，荣誉称号）	5	4	3	2	1
D3 与其他地区（企业）同类产品有明显差异（口感、技术、模式等）	5	4	3	2	1
D4 该产品全程可追溯情况	5	4	3	2	1
D5 该农产品品牌创新能力（技术创新、制度创新、文化创新、品种创新）	5	4	3	2	1
E1 当地从事该农产品企业数量（具有产业集群优势）	5	4	3	2	1
E2 该农产品龙头企业实力	5	4	3	2	1
E3 与该农产品龙头企业配套的农业中小型企业发展情况	5	4	3	2	1
E4 该农产品（产业）带动农民增收情况	5	4	3	2	1
E5 该农产品一二三产融合发展情况（种养加、服务业一体）	5	4	3	2	1

二、您是否同意该特色农产品的竞争力因素语句

	非常同意	同意	一般	不太同意	不同意
该品牌农产品市场占有率高					
该品牌农产品销售情况好（销量好、利润好）					
多数人都听过此品牌（有声望）					
此品牌口碑评价好					
消费者经常重复选择此品牌					

附录 F

日期： 序号：

消费者农产品区域公用品牌选择行为研究调查问卷

调查员姓名：__________电话：__________调查地点：__________

尊敬的消费者：本问卷所界定的区域品牌农产品指的多以“地区名 + 产品名”形式存在的地方特色农产品，如黄山毛峰、西湖龙井、安国药材、赵县雪花梨、迁西板栗、新疆哈密瓜（有名气的地方特色农产品）等。

一、消费者个人特征

1. 性别：□男；□女；年龄：________岁；健康状况：□良好；□不太好

2. 居住城市：________省________市；常住地（6 个月以上）：□县城及以上；□乡镇/农村

3. 婚姻状况：□已婚；□未婚

4. 受教育程度：□没有上过学 □小学 □初中 □高中/中专 □大专/本科 □硕士及以上

5. 职业：□农民；□国企；□私企；□外企；□学生；□自由职业者 □行政和事业单位；□退休；□其他________

6. 家中是否有在农业部门、食品和医疗领域从业者：□是；□否________

7. 是否为家中主要食品选择者________

8. 您目前每个月的收入或退休工资（单位：元）：
□小于 1000；□$1000 \leqslant X < 2000$；□$2000 \leqslant X < 3000$；
□$3000 \leqslant X < 5000$；□$5000 \leqslant X < 8000$；□8000 及以上；

9. 每月食品消费支出（单位：元）：
□500 以下；□$500 \leqslant X < 1000$；□$1000 \leqslant X < 1500$；□$1500 \leqslant X < 2000$；
□$2000 \leqslant X < 3000$；□$3000 \leqslant X < 5000$；□5000 及以上

10. 家中有________口人；其中 12 岁及以下小孩有________人，60 岁及

以上老人有________人

二、消费者选择农产品的基本情况

11. 您经常去哪里购农产品：

□小超市 □大型超市 □网上 □农贸市场（批发市场）□小卖店 □路边地摊 □其他

12. 您通过哪些渠道了解农产品地区性品牌？

□经验；□微信、微博等网络渠道；□电视广播；□旅游观光；□报纸杂志；□家人、朋友推荐；□食品标签；□商家推荐；□其他（多选）

13. 选择农产品您关注哪些因素：

□产品认证；□是否方便；□产品质量；□了解渠道；□销售环境（友好、规范）；□产地信息；□价格；□销售地点；□口味；□其他________

14. 您对当前政府部门农产品质量安全监管满意吗？

□非常满意；□比较满意；□一般；□不太满意；□不满意

15. 您了解区域性品牌农产品吗？□了解；□不了解

三、您认为选择农产品过程中不同因素的重要程度如何

主要参考题项	1 很不重要	2 不太重要	3 一般	4 比较重要	5 非常重要
产品是否为产地是否为家乡	1	2	3	4	5
产品来自特定产区（产地重视程度）	1	2	3	4	5
产地环境情况	1	2	3	4	5
生产技术工艺是否特殊	1	2	3	4	5
农产品营养成分含量	1	2	3	4	5
农产品新鲜程度	1	2	3	4	5
农产品口感	1	2	3	4	5
农产品外观	1	2	3	4	5
销售地点让人感到愉悦	1	2	3	4	5
销售环境是否卫生	1	2	3	4	5
选择是否方便	1	2	3	4	5
有过选择经验	1	2	3	4	5
产品是否很有名气	1	2	3	4	5
农产品是否特定品牌	1	2	3	4	5
是否为特定专营店	1	2	3	4	5

四、您同意以下表述吗？（对农产品区域品牌整体认知情况）

主要参考题项	很不同意	不太同意	一般	基本同意	非常同意
带有区域性的品牌农产品价格应该更高	1	2	3	4	5
价格代表质量（张传统）	1	2	3	4	5
区域品牌农产品质量更有保障	1	2	3	4	5
区域品牌农产品较其他具有十分明显的优势	1	2	3	4	5
产品更绿色健康（营养成分含量等）	1	2	3	4	5
口感更好	1	2	3	4	5
选择区域品牌农产品是非常明智的选择	1	2	3	4	5
区域公用品牌农产品比较高档	1	2	3	4	5
这是追求高品质的表现	1	2	3	4	5
区域公用品牌农产品总体评价非常好	1	2	3	4	5
家人支持让我更愿意选择	1	2	3	4	5
朋友经常推荐让我更愿意选择	1	2	3	4	5
销售员推介让我更愿意选择	1	2	3	4	5
媒体宣传让我更愿意选择	1	2	3	4	5
出差或出游遇到我更愿意选择	1	2	3	4	5
赠予别人很有面子	1	2	3	4	5
周围人选择区域性品牌，会影响我的决策	1	2	3	4	5
如果容易买到，我会选择区域品牌农产品	1	2	3	4	5
如果价格合理，我会选择区域品牌农产品	1	2	3	4	5
如果我想，我一定会买到某区域品牌农产品	1	2	3	4	5

五、选择意愿和行为

主要参考题项	很不同意	比较不同意	一般	比较同意	非常同意
区域公用品牌的农产品值得选择	1	2	3	4	5
我以后更愿意选择区域品牌的农产品	1	2	3	4	5
遇到合适的区域品牌农产品，我愿意选择	1	2	3	4	5
经常选择区域品牌农产品	1	2	3	4	5
愿意为农产品“地域”属性支付更高价格	1	2	3	4	5
经常向他人推荐某区域品牌的农产品	1	2	3	4	5

16. 愿意为区域公用品牌的农产品支付多大比例的溢价？

□不愿意多支付 □10%以下；□10%—20%；□20%—30%；□30%—40%；□40%—50%；□50%—60%；□60%—70%；□80%—90%；□90%—100%；□100%以上

17. 您通过哪些渠道选择区域性品牌农产品：A 超市；B 专营店面；C 网络；D 产地；E 其他

18. 不愿意选择区域品牌农产品的原因：

□没听过；□价格太高；□假冒的太多；□不知道哪里买；□感觉质量和普通的没差别；□其他；

再次感谢您的配合，祝愿工作愉快，身体康健！

后　　记

从决定成书到书稿付梓，历时五年，备尝艰辛。

关于农产品区域公用品牌建设问题的关注与研究始于2015年。恰逢参与河北省农业产业化课题组调研，发现大部分具有地方特色优势的农产品多以地方特产的形式存在，产品质量好，但知名度低、消费市场圈子小，屡遭“卖难”“滞销”难题，农业生产性收入极不稳定。对比超市知名品牌佳沛（Zespri）猕猴桃卖10元一个高价且供不应求，回头看看我们的农产品，着实担忧。

务农重本，国之大纲，数千年来，中国农业一直具有“小、弱、散、穷”的基本特征，大量特色农产品提篮小卖、躺在深山人不知。酒香也怕巷子深，源于对于地方特色农产品如何实现优质优价和如何才能实现特产品牌化的思考，笔者产生了写作本书的动机。

2017年11月去杭州参加“第二届品牌农业百县大会”，会议赠书《品牌的诞生—实现区域品牌化之路（译稿）》，序言中原作者田村正纪指出“地方特产被打造为品牌的态势日趋明显，品牌化的地方特产被称为‘区域品牌’”，作者研究聚焦在地方特产品牌化的问题。找到共鸣，更坚定了我研究农产品区域公用品牌的信心与决心。

为了获取更为详实的品牌农业一手资料数据，参与河北省特色农业产业发展专题调研，深入河北省5个市18个县的37家新型经营主体中，通过发放调查问卷、典型走访和案例解剖了解特色农产品发展情况。在河北省农业农村厅品牌办公室实习期间参与全省11地市品牌农业大调研，开展政府主体、农业企业、行业协会的座谈研讨，后又陆续到浙江、山东、上海、陕西、广西、北京、天津深度访谈品牌农业发展系列问题。

书稿的顺利完成离不开许多人的付出与帮助。感谢赵帮宏教授、宗义湘教授、王哲教授、张亮教授、王俊芹教授、张润清教授等多位恩师对书稿写作思路提供的建议与指导；感谢河北省农业农村厅品牌化办公室各位领导提供的多次调研机会；感谢农业农村厅严春晓处长和农业项目规划中心信息科周繁科长持续提供资料帮助。感谢中国财政经济出版社张晓丽编辑对本书所给予的无私付出！

谨以此书献给我亲爱的家人、老师以及所有提供支持帮助的人们！

王丽丽

2023 年 7 月 20 日于河北保定